일러두기

· 이 책은 『프랙탈 경영 전략』, 『브랜드 3.0』을 개정한 완결판이다.
· 브랜드 전략 실무에서 일반적으로 사용하는 용어들을 실제 사용 방식('콘셉'은 '컨셉', '론칭'은 '런칭', '타깃'은 '타겟' 등)으로 표기하였다.
· 본문 이해를 돕기 위한 브랜드 사례로는, 최신 사례보다는 시기에 관계없이 '브랜드 X팩터' 이론을 설명하기에 최적의 사례를 선정하여 다루었다.

성공하는 브랜드의
숨겨진 비밀

박찬정 지음

브랜드
X 팩터

BRAND
X
FACTOR

아템포

김지윤

(MIT대 정치학 박사, MBC 100분 토론 진행자)

정치학자인 나는 처음에는 이 책이 조금 낯설었다. 그러다 이내 이 책의 내용이 정치와 묘하게 맞닿는 점을 발견했다. 몇 년 전부터 도래했다고 떠들어온 정치적 불확실성의 시대, 기득권과 궤를 달리하는 아웃사이더 정치인의 등장, 그리고 그들에게 환호하는 대중과 무너지는 기존 정치권. 때로는 브렉시트로, 때로는 도널드 트럼프로 예시되는 승리한 정치 브랜드를 생각하며 이 책을 읽었다.

마치 이단아 트럼프의 백악관 입성기를 보는 듯했다. 트럼프는 미국 대중의 뜻을 정확하게 읽고 그들의 언어로 그들의 이야기를 설파했다. 그의 브랜드 전략에서 빼놓을 수 없는 것이 SNS를 통한 대중과의 소통이다. 지지자들은 그의 트윗을 리트윗하고 답글을 달면서 '대통령 트럼프'를 만들어냈다. 한 정치 브랜드가 탄생하고, 탄생한 정치 브랜드를 대중이 더욱 발전시키는 시너지 효과를 보여준 것이다. 그리고 그는 이제 미국 정치의 이단아가 아니라 주류가 되었다.

시장이라고 다를까.

마찬가지 현상이 벌어지고 있다. 기업이 제품을 내놓고 스스로 소개하는 방식은 더이상 통하지 않는다. 이제는 제품을 바라보는 소비자의 시각이 그 제품의 브랜드를 만들어주기 때문이다. 그러므로 소비자와의 의견 교환이 끊임없이 필요하다.

제품 마케팅도 선거 캠페인도 결국 사람의 마음을 얻는 행위이다. 그렇기에 가장 중요한 것은 소비자 혹은 유권자와 특별한 관계를 맺는 것이다. 일방향의 관계가 아니라 양방향의 관계를 이루어야 한다. 소비자의 다양한 욕구를 알기 위해 소통이 필수이고, 소통을 통해 맺은 특별하고 재미난 관계는 브랜드를 더욱 발전시키고 확장시킨다. 이전에 겪어보지 못한 지금의 시장 환경에서는 활발하고 유기적으로 움직이는 브랜드만이 결국 살아남을 수 있다. 이것이 『브랜드 X팩터』가 내세우는 새로운 브랜드 전략이다.

혹 이 책을 그렇고 그런 케이스로 가득한 시중의 브랜드 마케팅 책으로 생각한다면 큰 코 다친다는 점을 미리 말해두고 싶다. 한마디로 '각 잡고', 필요하면 노트에 요약하며 읽어야 하는 책이다. 저자의 저서들이 모두 그러했듯이, 그는 이론 없이 사례를 설명하지 않고 사례 없이 주장을 밀어붙이지 않는다. 학술적이면서 실용적인 '박찬정'이라는 '브랜드'가 명확하게 드러나 있는 책이다.

단단한 이론적 토대 위에 오랜 시간 현장에서 다진 경험이 이 책에

특별함을 더한다. 진지하게 브랜드에 대해 연구하고, 이를 바탕으로 탄탄한 전략을 짜려는 사람에게 '강추'한다.

한 가지 더.

내가 이 책을 읽고 현재의 정치 상황을 해석했듯, 이 책은 각자의 방법으로 지금 이 시대를 바라보게 한다. 나아가 과학적이고 선형적인 이론에 익숙한 나에게 기존 방식이 더이상 최선이 아닐 수 있다고 생각하게 한다. 이전에는 한 번도 생각지 못한 일이다. 놀랍다. 새롭다. 게다가 맞다. 그런 면에서 『브랜드 X팩터』는 급변하는 시대를 숨가쁘게 따라가고 있는 여러분에게 새로운 솔루션을 제시할 수 있는 참된 책이다.

'대중에게 나는 어떤 모습으로 비쳐야 할까?'

방송을 통해 대중과 만나는 일이 잦아지면서 최근 들어 그런 물음을 나 스스로에게 던지게 되었다. 인터넷상에 새로운 플랫폼이 등장하고 기발하고 흥미진진한 컨텐츠를 담은 1인 미디어가 공중파를 위협하는 시대에, 나의 브랜드는 어떤 것인지 심각한 고민을 시작한 것이다. 책의 마지막 장을 덮고, X팩터를 활용한 나의 브랜드를 어떻게 만들어갈지 이제부터 긴 고민에 들어간다. 아마 독자들도 비슷한 경험을 하게 될 것이다.

21세기 이전까지 우리는 '닫힌 세상'에서 살았다.

시장 또한 닫힌 시스템이었다. 기업은 제품과 그 정보를 전략적으로 제공하는 '갑'이었고, 소비자는 기업이 전달하는, 제한적이고 전략적인 정보에 의존하여 제품을 구매하는 '을'이었다. 닫힌 세상, 닫힌 시장에서는 기업의 인위적이고 기계적인 관리가 가능한 시스템이 유지된다. 많은 업종에서 기업이 정부의 눈치를 보며 시장점유율을 마음대로 조절할 수 있는 시대였다. 즉 기업이 소비자를 조종할 수 있는 다양한 장치들이 있었으며, 기업이 브랜드를 만드는 시대였다.

하지만 21세기 들어 세상이 변했다.

사회를 밑바탕에서 지지하는 심층 기반도, 현상을 보여주는 시스템도, 그리고 가장 중요한 소비자도 변했다. 그동안의 성장을 설명해주는 경험 법칙이나 이론을 금지옥엽처럼 고집해오던 기업들조차도 변했다. 이를 '딥체인지deep change'라고 부른다.

'열린 세상'이 된 것이다.

열린 세상의 핵심은 디지털 혁명으로 인한 '세계화'와 '정보화'로 요약된다. 초고속 인터넷, 무선 이동통신으로 대표되는 정보 통신과 소셜네트워크서비스sns의 발달은 정보화와 더불어 세계화라는, 이전과는 전혀 다른 새로운 환경을 통해 단순했던 일상생활조차 복잡하게 만들고 있다. 열린 세상에서의 시스템은 에너지가 들어오고 나가는 것이 자유로워, 겉으로 드러난 현상보다 그 속에 감춰진 상호작용이 훨씬 복잡하고 그 작동 원리를 알기가 어렵다.

열린 세상으로 바뀌면서 일어난 가장 중요한 변화는 소비자의 변화다. 이전의 닫힌 세상에서 '미미한 다수trivial many'였던 약 80퍼센트의 일반 소비자는, 과거에는 고립되어 수동적인 정보에만 의존하던 개개인에서 이제는 서로 관계를 맺으며 상호작용하는 '의미 있는 다수significant many'로 바뀌었다. 이들은 한층 더 복잡해진 심층 기반과 열린 시스템에서 스스로 '정보의 생산, 공유, 확산'이라는 새로운 무기를 갖고 시장을 움직이고 주도하는 핵심 집단이 되었다. 또한 변화한 소비자들은 통제할 수 있는 시공간의 제약을 넘어선 장에서 상호작용하며 선형적이지 않은 현상을 만들어낸다. 비선형적인 현상은 우발성, 이질성, 창발성 등을 특징으로 하기에 예측의 어려움과 불확실성이 크게 높아진다.

이런 변화는 우리가 사는 세상의 질서를 근본부터 흔들어, 지금까지 알고 있던 경험 법칙이나 선형적 지식을 무효화한다. 기존 브랜드 전략이 시장에서 작동하지 않는 이유다. 닫힌 시스템에서 통하던 선형적 방법으로 해석하고 대처하는 기업은, 효과를 보기는커녕 예상치 못한 어려움에 직면할 수 있다.

변화한 소비자들은 살아 있는 정보를 원한다. 물론 기업들도 본능적으로 소비자의 변화를 감지하고, 디지털 마케팅이나 서비스 브랜딩 등의 수단을 통해 살아 있는 정보를 전달하려 노력한다. 그러나 소비자가 보기에는 이전보다 조금 더 정교해졌을 뿐 여전히 죽은 정보일 뿐이다. 소비자에게 살아 있는 정보란, 자신과 비슷한 다른 소비자가 비슷한 상황에서 제품을 구매하고 사용한, 즉 실제 경험이 녹아 있는 생생한 정보를 의미하기 때문이다. 살아 있는 정보를 가능하게 한 것은 바로 인터넷과 휴대폰, SNS의 발전이다. 소비자들은 인터넷 카페나 블로그, 페이스북과 유튜브 등을 통해 살아 있는 정보를 서로 공유하고 확대, 재생산한다. 결국 이전에는 미미하게 존재했던 80퍼센트의 소비자가 살아 있는 정보를 생산, 공유, 확대하여 살아 있는 브랜드를 만들어가는 세상이 된 것이다.

딥체인지에 의한 열린 세상에서는 거시적인 환경 변화에 주목해야 한다. 시장의 변화, 시스템의 변화, 소비자의 변화는 이전과는 다른 패러다임을 요구하기 때문이다. 이는 단순히 디지털 마케팅이나 서비스 브랜딩 등 변화의 끝단에서 나타나는 기술적인 접근을 말하는 것이 아니다. '관점point of view'을 바꿔보는 것이 아니라 '사고의 틀paradigm'을 바꿔야 함을 말한다. 그래야 거대하고 심층적인 변화의 본질을 파악할 수 있고 앞장서 대처할 수 있다.

이 책의 목적은, 이전에는 그 역할이 미미했던 일반 소비자들이 상호작용하며 만들어내는, 복잡하고 예측하기 어려운 비선형적 현상의 이면에 감춰진 질서를 밝혀, 살아 있는 브랜드 전략을 제시하는 데 있다. 시장에서 성공하는 매력 있는 브랜드가 되기 위해서는 어떻게 해야 하는지 이야기할 것이다. 최근에 등장한 브랜드나 사회현상의 이면에 감춰진 질서와 무질서의 패턴을 연구하여 어떤 사고의 틀이 새롭게 필요한지, 열린 세상에서의 브랜드 시스템 작동 원리는 무엇인지 구체적으로 밝힌다.

이제 우리가 피부로 느낄 수 있듯이, 시장과 브랜드와 소비자는 더 이상 독립적으로 각각의 역할만 하는 선형적인 관계가 아니다. 이들이 만들어내는 복잡한 상호작용에 대한 이해와 그로 인한 거시적인 현상을 밝히고자 하는 것이 새로운 브랜드 패러다임이며, 바로 '브랜드 3.0'이다.

『브랜드 3.0』(지식노마드, 2015)이 출간되고 벌써 4년이 흘렀다. 그사이 시장은 더욱 복잡해지고 다양한 창발 현상들이 나타나는 한편, 브랜드 3.0 패러다임이 공고해지는 시간이기도 했다. 이 책『브랜드 X팩터Brand X–factor』는 브랜드 3.0 패러다임의 중요성을 강조하기 위해 브랜드 3.0의 기본적인 내용은 유지하되, 용어와 개념을 다시 정리하고 최근 사례를 분석하여 보완했다. 무엇보다 새로운 브랜드 전략을 보강했다.

'X팩터'는 겉으로 명확히 드러나지는 않지만 성공에 필수적인 특별한 인자를 말한다. '브랜드 X팩터'는 결국 '복잡하고 무질서한 시장의 숨겨진 질서를 밝히는 브랜드 전략'이다. 다시 말해, 소비자들이 만들어내는 비선형적 현상의 본질을 파악하여 변화한 시장에서 성공할 수 있는, 새로운 브랜드 전략이다.

줄탁동시啐啄同時.

병아리가 부화하기 위해 알 속에서 껍질을 쪼아 알리고(부를 '줄啐'), 어미 닭은 동시에 밖에서 껍질을 쪼아(쫄 '탁啄') 알을 깨뜨리는 것을 말한다. 나는 브랜드 컨설팅 분야에서 약 20여 년간, 특히 최근 10여 년간 업계뿐만 아니라 기업 담당자들에게서 많은 '줄啐'의 소리를 들었다. 이 책을 읽으며 여러분은 기존 질서(껍질)를 깨뜨리기 위한 '탁啄'의 소리를 들을 수 있을 것이다. 여러분들에게 이 책이 '줄'과 '탁'이 될 수 있기를 기대한다. 껍질을 깨고자 노력해야 한다. 그래야 복잡함 이면에 감춰진 브랜드 본질을 알 수 있다.

영국의 철학자 존 로크는 "새로운 의견이나 변화는 일반적이지 않다는 이유로 언제나 의심받고 반대에 부딪힌다"고 강조했다. 이 책에서 제시한 비선형적 브랜드 전략은 세계 최초일 것이다. 하지만 세계 최초라는 의미보다, 브랜드에 실제로 도움이 되는 참값을 구한다는 의미가 훨씬 가치 있다. 브랜드와 관련하여 껍질을 깨기 위한 대화를 원한다면 언제든 그리고 누구든 환영한다.

이 세상에서 당신이 추구하는 변화는 무엇인가?

2019년 7월

박찬정

차 례

브랜드에
대한
두 가지 오해

브랜드는

기업이 만든다

브랜드의 시대다. 기업에서 만드는 제품의 '브랜드화化'뿐만 아니라 정치인, 연예인, 운동선수, 심지어 지방자치단체까지 브랜드가 될 수 있는 시대다. 이는 제품, 연예인, 운동선수 등이 본연의 기능을 하는 그 자체로서보다는 소위 '브랜드화'되었을 때 어떤 중요한 의미를 지니기 때문이 아닐까? 예를 들어 미국 LA 다저스에서 활약하고 있는 류현진 선수를 생각해보자. 야구선수로서 류현진 선수는 '실력이 뛰어난 왼손잡이 투수'다. 그러나 미국으로 건너가 최고의 선수들과 경쟁하며 실력을 발휘하는 지금은 '괴물 투수' 혹은 '코리안 몬스터'라는 꼬리표를 가진, 브랜드화된 야구선수가 되었다. 한동안 부상과 수술로 인해 고전했으나 최근 보란듯이 재기하여 최고의 투수에게만 수여하는 '사이영상Cy Young Award' 수상 가능성을 높이고 있다.

그렇다면 '제품'과 '브랜드'에는 어떤 차이가 있을까? 브랜드의 사전적 정의는 '어떤 상품을 다른 것과 구별하기 위하여 사용하는 이름이나 기호, 도안 따위를 통틀어 이르는 말'이지만, 브랜드 전략을 다루는 학계나 업계에서는 브랜드 분야의 세계적인 권위자인 미국 버클리대 교수 데이비드 아커David Aaker의 정의를 주로 따른다.

데이비드 아커는 브랜드를 아래 도표와 같이 정의한다.

그는 브랜드를 만들어가는 중요한 요소로 브랜드 개성, 정서적 편익, 브랜드와 고객의 관계, 사용자 이미지 등을 꼽았다. 그러나 바로 이 지점에서 브랜드에 대한 오해가 발생한다. 브랜드를 구성하는 원

데이비드 아커의 브랜드 정의

산지, 브랜드 개성, 사용자 이미지, 정서적 편익 등의 용어에서 느낄 수 있듯이, 대중은 이 요소들을 기업 차원에서 구축해야 하는 브랜드 전략의 한 부분으로 인식하는 것이다. 따라서 브랜드 전략이 수립되고 다양한 커뮤니케이션 수단을 통해 소비자와 소통하면, 그것으로 제품이 브랜드가 되었다고 생각한다. 다시 말하면, 기업이 브랜드를 만들어낸다고 오해하는 것이다.

그러나 브랜드는 소비자 중심의 개념이다. 기업에서 브랜드 전략을 수립하든 그러지 않든 브랜드는 소비자가 만든다. 다만 기업의 브랜드 전략은 소비자가 브랜드를 만들어가는 과정을 좀더 쉽게 하기 위한 방편일 뿐이다. 극단적으로 말하자면, 소비자가 브랜드를 만든다는 인식을 갖지 않는다면 기업이 수립하는 브랜드 전략은 '제품의 브랜드화'에 오히려 방해만 될 수도 있다.

류현진 선수의 예로 돌아가보자. '실력이 뛰어난 왼손잡이 투수'인 류현진 선수는 '코리안 몬스터'라는, 소비자가 만든 꼬리표로 브랜드가 되었다. 이 꼬리표를 류현진 선수 스스로 만들었을까? 아마도 독자들의 생각을 가장 잘 아는 언론에 의해 처음 만들어졌을 것이며, 그것이 많은 국민들의 공감을 얻어 계속 불리게 되었을 것이다. 만일 '코리안 몬스터'(혹은 '괴물 투수')라는 의미가 류현진 선수에 대한 대중의 공감대와 일치하지 않았다면, 계속 그렇게 불리지 못했을 것이고 지속적으로 소통되지 못했을 것이며 꼬리표로서 역할을 다하지 못하고 다른 것으로 바뀌었을 것이다. 나는 브랜드를 다음과 같이 정의한다.

브랜드=제품+의미(meaning or value)

　여기서 의미는 '소비자들이 인지하고 소통하는' 의미나 가치를 말한다. 결국 브랜드에 붙는 꼬리표와 같은 뜻이다. 기업이 만드는 제품에 소비자들이 부여하는 의미가 없다면 브랜드는 제품으로만 존재한다. 아무리 훌륭한 브랜드 전략을 수립하여 광고나 마케팅 활동을 통해 소비자에게 전달하더라도 소비자가 그 의미나 가치에 공감하지 못한다면, 그리고 소비자들 사이에서 소통의 꼬리표로 활용되지 못한다면 제품은 아직 진정한 브랜드가 되지 못한 것이다.
　이러한 브랜드 개념은 김춘수 시인의 「꽃」에 잘 나타나 있다.

　"내가 그의 이름을 불러 주기 전에는/그는 다만/하나의 몸짓에 지나지 않았다.//내가 그의 이름을 불러 주었을 때/그는 나에게로 와서/꽃이 되었다. (⋯) 우리들은 모두/무엇이 되고 싶다./너는 나에게 나는 너에게/잊혀지지 않는 하나의 눈짓이 되고 싶다."
　—김춘수, 「꽃」 중에서

　이 시에서 '하나의 몸짓'에 불과하던 그 무엇은, 이름이 불림으로써 의미 있는 '하나의 존재'가 된다. 시인은 관계 맺음 이전의 사물 일반은 그저 무의미한 하나의 몸짓일 뿐이라고 말한다. 이 시에서 중요한 점은, 브랜딩의 중요성을 설명할 때 흔히 쓰는 "내가 그의 이름을 불러 주었을 때"라는 표현보다 마지막 줄에 나오는 "잊혀지지 않는 하나의 눈짓"이라는 표현이다. 하나의 존재가 되기 위해서는 '눈짓이라는 의미'가 있어야 한다는 것이다. 얼마나 브랜드를 잘 설명하고 있는가? 소비자가 인지하고 공감하지 못하는 브랜드 의미는 진정한 브랜드 의미가 아니다. 그러한 제품은 브랜드가 되지 못하고 제품 차원의 하나의 몸짓에 머물 뿐이다. 소위 강력한 브랜드는 대다수 소비자들이 인지하고 공감하는 명확한 의미나 가치를 통해 브랜드 꼬리표를 갖는다.

우리나라 최고의 브랜드라고 인식되고 있는 '삼성 갤럭시'는 제품일까, 브랜드일까? 브랜드라면 강력한 브랜드일까? '삼성 갤럭시'와 '애플 아이폰'의 차이는 무엇일까? 여러 가지 해석이 가능하겠지만, 먼저 브랜드는 기업이 만든다는 관점에서 보면 삼성 갤럭시는 브랜드가 맞다. 브랜드 전략을 수립하여, 해마다 수천억 원이 넘는 엄청난 광고비와 마케팅 비용을 들이며 세계적으로 인지도를 쌓고 브랜드 의미를 만들어가고 있다. 그러나 브랜드는 소비자가 만든다는 관점에서 보자면 삼성 갤럭시는 아직 브랜드가 아니다. 강력한 브랜드는 더더욱 아니다.

소비자가 생각하는 갤럭시의 브랜드 의미 또는 가치는 무엇일까? 갤럭시는 세계적으로 인정받는 훌륭한 제품이지만, 아직 소비자들이 인지하는 명확한 브랜드 의미나 가치는 갖지 못한 듯 보인다. 반면 애플 아이폰은 '쿨cool'하다는 브랜드 의미를 가지고 있다. 전 세계 소비자들이 새로운 아이폰이 출시될 때마다 밤새우며 줄 서서 기다리는 이유는 바로 그 '쿨한' 가치를 구매하고자 함이다. 많은 소비자들이 갤럭시를 성능이 좋은 제품으로 인식하고 구매하는 반면 아이폰을 구매할 때는 멋진 브랜드를 구매한다고 생각한다. 이러한 차이는 앞으로 삼성 갤럭시에 큰 위협 요인이 될 수 있다. 만일 블랙베리, 소니, 모토로라, 샤오미 등 지금까지 뒤처져 있던 경쟁사에서 뛰어난 제품을 만들어 시장에 내놓는다면, 아이폰보다는 갤럭시에 훨씬 큰 타격이 될 것이기 때문이다.

그러나 최근 들어 변화 조짐이 있다. 삼성 갤럭시가 소비자들로부터 '혁신'이라는 브랜드 가치를 조금씩 얻어가고 있다. 반면 애플 아이폰의 '쿨함'은 조금씩 사그라들고 있다. 스티브 잡스의 죽음, 삼성과 애플의 세계적인 특허 전쟁, 삼성의 지속적인 제품 개발, 휴대폰 단말기 디자인의 차별성 감소, 상대적으로 비싼 가격 등이 맞물린 결과로 보인다. 향후 '혁신'이라는 브랜드 의미를 소비자들이 갤럭시의 진정한 가치로 인지하고 그것이 브랜드 꼬리표로 연결될지는 삼성의 적절한 전략적 대응에 달려 있다.

제품은 기업이 만들고, 브랜드는 소비자가 만든다.

이제 기업의 브랜드 전략은 브랜드를 만들어가는 과정이라기보다는 '소비자가 브랜드를 잘 만들 수 있도록 관리하는 전략'이라는 인식이 필요하다.

미국식 브랜드 전략은
어디서나 통한다

우리나라에 브랜드 전략이라는 개념이 도입된 시기는 1990년대 후반으로, 브랜드 분야의 선구자인 데이비드 아커의 『브랜드 자산의 전략적 경영』(비즈니스북스, 2006)이라는 책을 통해 소개되었다. 이후 데이비드 아커는 『데이비드 아커의 브랜드 경영』(비즈니스북스, 2003)과 『브랜드 리더십』(비즈니스북스, 2007) 등의 저서를 잇달아 내놓으며 브랜드 분야에서 세계적인 권위자가 되었다. 그리고 브랜드 전략은 케빈 레인 켈러Kevin Lane Keller와 린 업쇼Lynn Upshaw 등에 의해 보다 정교해졌고, 마케팅 분야의 필립 코틀러Phillip Kotler나 번 슈미트Bernd Schmitt 등에 의해 더욱 발전했으며, 이를 통해 국내에서도 데이비드 아커의 이론에 기반한 미국식 브랜드 전략이 대세를 이루게 되었다.

브랜드 전략은 이전까지 '소비자와 관계에서의 마케팅'이라는 좁은 울타리에 갇혀 있던 기업에 단비와 같은 역할을 한다. 기업이나 브랜드의 중장기적 지향점도 모른 채 단기적인 성과 위주 마케팅 전략에만 매달리던 상황에서 브랜드의 리더십, 정체성, 개성 등 기존과는 다른 브랜드 전략을 수립할 수 있는 새로운 패러다임이 제공되었기 때문이다. 그러나 국내에 데이비드 아커의 브랜드 전략이 도입된 지 20여 년이 지난 지금, 미국식 브랜드 전략은 한계에 부딪히고 있다. 이전과 달리 급변하는 기업 환경이나 복잡하고 예측하기 어려운 시장 상황에 적합하지 않다는 인식이 지배적이다.

그 첫번째 이유는 전략의 구조적인 문제이다. 미국식 브랜드 전략을 한마디로 말하자면 '과학적인' 브랜드 전략이다. 우리는 흔히 과학적이라고 하면 별다른 의심 없이 받아들인다. 과학적 개념은 깊이 있는 연구를 통해 신뢰할 수 있는 데이터 구축과 검증을 거쳐 일반화될 수 있다고 암묵적으로 믿기 때문이다. 그러나 과학적인 접근 방식이 문제가 되는 이유는, 소위 '3S'라고 불리는 '표준화standardization', '단순화simplification', '전문화specialization'로 나타나는 미국식 합리성에 따라 인위적으로 구조화되기 때문이다. 과학적인 합리성은 '단순한 것이 최선이다Simple is best'로 표현되는 것처럼 사물이나 현상을 최대한 단순하게 만들고 표준화하여 시스템을 구조화하는 것을 의미한다.

브랜드 전략 모델에서도 지나친 단순화와 표준화로 구조적인 문제가 발생하고 있다. 데이비드 아커는 브랜드가 지향해야 할 목표를 '브랜드 리더십'이라고 명명하고 리더십 유형을 아홉 가지로 표준화했다. 또한 브랜드 정체성인 '핵심 아이덴티티core identity'를 네 가지 요소로 단순화시켰으며, 브랜드를 의인화하여 성격을 규정한 '브랜드 퍼스낼리티brand personality'를 크게 다섯 가지 유형과 세부 항목으로 표준화했다. 앞서 언급한 다른 학자들 역시 이와 크게 다르지 않게 접근하고 있다.

물론 이러한 결과는, 깊이 있는 연구와 신뢰할 수 있는 데이터 구축과 검증을 거친 과학적인 산물임이 틀림없다. 그러나 엄청나게 많은 수의 기업들이 지향해야 하는 가치의 유형을 아홉 가지로 규정하는 것이 과연 맞을까? 과학적으로 또는 통계적으로 검증되었다는 명분으로 지나치게 단순화한 탓에 배제되거나 왜곡되는 부분은 없을까? 무엇보다도 이러한 미국식 과학적 접근에 따른 전략이 기본적인 문화가 다른 우리나라 시장이나 기업에도 맞을까?

예를 들어, 과학적으로 규명된 한국인의 혈액형은 크게 A, B, O, AB의 네 가지 유형으로 구분된다. 그리고 혈액형에 따라 각각의 특성을 정리하여 혈액형별로 사람들의 성향을 설명하곤 한다. 어떤 사람은 잘 맞는다고 손뼉을 치기도 하고 어떤 사람은 말도 안 된다고 무시하는 경우를 가끔 보았을 것이다. 그러나 근본적으로 5,000만 명이 넘는 한국인을 네 가지 혈액형으로 단순화하여 그 특성을 설명하는 것이 명쾌하게 느껴질지는 모르지만 얼마나 정확할지는 의문이 들 수밖에 없다.

지금까지의 미국식 과학적 접근은 1911년 미국의 공학자 프레더릭 테일러Frederick Taylor의 『과학적 관리법』(21세기북스, 2010)이라는 책에 의해 이론화되었다. 그의 저서는 경영서의 고전이 되었고, 그의 이론은 기업 경영의 원리가 되었다. 미국 산업 전체에 혁명을 불러올 만큼 파급 효과가 컸고, 지금까지도 다방면에서 막대한 영향을 미치고 있다.

프레더릭 테일러의 과학적 관리론을 계승한 사람은 헨리 포드Henry Ford였다. 헨리 포드는 포드 자동차의 창업자이며 세계 최초의 대중 자동차인 '모델 T'를 개발했다. 그리고 회사의 경영 합리화를 위해 제품의 표준화, 부품의 단순화, 작업의 전문화라는 3S 시스템을 구축했다. 3S 시스템에 의한 모델 T 조립 라인은 당시 사상 최고의 효율성을 자랑했고, 자신에 찬 헨리 포드는 지금까지도 전해 내려오는 유명한 말을 남긴다.

"어떤 고객이든 원하는 색상의 자동차를 가질 수 있습니다. 단, 원하는 색상이 검은색이기만 하다면 말입니다."

테일러주의와 포드주의는 지금까지 많은 변화를 겪었지만 기계적, 과학적 경영 모델이라는 그 핵심은 여전히 지배적인 경영 이론으로 남아 있으며, 합리적인 가치를 최우선으로 하는 미국식 질서의 상징이기도 하다. 이렇듯 구조적으로 최대한 단순하게 하여 표준화하는 것은 관리의 효율성이나 설득의 합리성 측면에서 보면 최선의 방법일 수 있다.

그러나 대량 생산, 대량 소비의 시대를 지나 다양성과 개성이 더욱 요구되는 21세기의 기업 환경에서, 표준화된 전략 모델로는 더이상 소비자에게 다가가는 전략을 수립하기가 어렵다. 지나치게 단순화하고 표준화하는 사이에 더 중요한 부분이 배제될 수 있기 때문이다. 게다가 인터넷과 무선통신의 발달로 촉발된 정보화 사회는 소비자들이 기업에서 전달하고자 하는 메시지 이상의 정보들을 가지고 상호작용하여 예측하기 어려운, 새로운 현상을 만들어간다. 따라서 미리 짜인 틀에 맞춰 찍어내듯 답을 주는 전략보다는 소비자들이 만들어가는 브랜드에 '구조적으로 유연한 전략적 틀'을 제공해주는 것이, 복잡하고 치열한 브랜드 경쟁 상황에 더욱 적합하다고 할 수 있다.

앞서 언급한 헨리 포드의 말을 미국식 브랜드 전략 이론에 빗대어 보면 다음과 같지 않을까?

"어떤 브랜드든 원하는 리더십을 가질 수 있습니다. 단, 원하는 리더십이 아홉 가지 유형 중에 있기만 하다면 말입니다."

두번째 이유는 전략의 내용적인 문제라고 할 수 있다. 내용적인 문제는 서로 다른 문화와 사고방식의 차이에서 비롯된다. 앞서 언급한 브랜드 리더십의 아홉 가지 유형은 코치와 같은 리더, 지원자적인 리더, 영감을 주는 리더, 기존 법칙을 깨는 리더 등을 포함한다. 핵심 아이덴티티의 경우는 제품, 인간, 조직, 심벌의 네 가지 차원으로 구성되고, 브랜드 개성은 신뢰성, 흥미 유발, 능력, 세련미, 강인함의 다섯 가지 카테고리로 나뉜다. 바로 이러한 각각의 전략적 요소들은 미국적인 문화와 가치를 담고 있다. 예를 들어 코치와 같은 리더와 지원자적인 리더의 차이를 동양적인 문화에 익숙한 사람들은 이해하기 어렵다. 이해하기 어렵기에 이를 전략적인 차원에서 솔루션으로 제공하는 것은 거의 불가능에 가깝다고 할 수 있다. 또한 브랜드 개성에서 나타나는 '강인함'은 영어로는 'ruggedness'인데 이는 미국 문화에 대한 이해가 깊지 않으면 정확한 의미를 알기 어렵다. 이처럼 이질적인 문화에서 만들어진 브랜드 전략 모델을 다른 문화의 기업에 적용하는 것이 바람직한가?

이에 답하기 전에 미국과 한국의 문화 혹은 사고방식의 차이가 어느 정도인지 간단히 살펴보자. 다음 그림에서 A와 B의 중앙에 서 있는 남자의 상황이 같다고 생각하는가 아니면 다르다고 생각하는가?

미국 미시간대학의 연구에 따르면, 대다수의 미국인은 중앙에 서

A   B

있는 남자의 상황이 같다고 응답한 반면 대다수의 동양인은 다르다고 응답했다. A와 B의 차이는 오로지 주변에 있는 사람들의 표정이 다르다는 것이다. 미국인들은 주변의 상황과 관계없이 중앙에 있는 남성이 같으면 같다고 인식한다. 그러나 동양인(특히 한국인과 중국인)은 사람들은 서로 영향을 주고받기 때문에 주변 상황에 따라 남자의 상황이 달라진다고 믿는다.

다음 그림은 동양인과 미국인의 사고방식 차이를 설명한다. 넓은 평야에 코끼리가 있는 장면을 동양인과 미국인에게 보여주면, 동양인은 중앙에 있는 코끼리뿐만 아니라 주변 환경까지 '전체'를 보고 있다고 설명하며, 미국인은 본질이라고 생각되는 코끼리만을 부각하여 '부분'만 보고 있다고 설명한다.

많은 사회학자들과 심리학자들의 연구에 따르면, 미국인의 특성은 독립적, 이성적, 논리적, 부분적인 반면에 동양인(한국인, 중국인, 일본인)은 관계적, 감성적, 경험적, 전체적이다. 미국인은 기계론적 세계관을 가지고 있고 동양인은 유기론적 세계관을 가지고 있다. 다음 그림

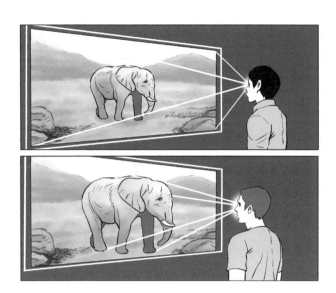

의 예시에서도 나타나듯이, 이는 세상을 보는 눈이 서로 다르다는 것을 의미한다. 세상을 보는 눈이 다르면 시장에서 나타나는 현상도 다르고 브랜드를 보는 시각도 다를 것이다. 그러므로 브랜드 전략 또한 달라야 하지 않을까?

지금까지는 우리나라 기업 문화나 소비자 특성을 외면한 채 미국식 브랜드 전략이 보편타당성이 있다고 보았으며, 잘 안 맞는 부분이 있더라도 의도적으로 외면하거나 오히려 우리 기업의 잘못인 것처럼 인식해왔다. 미국 개척기 시대부터 내려온 '강인함ruggedness'이라는 미국식 가치를 우리는 그저 '강하다strong'는 특성만으로 해석하여 브랜드 정체성의 일부로 사용하고 있는 식이다. 그러나 국내 기업과 브랜드가 미국식 브랜드 전략에 의존하는 것은, 마치 한복을 입고서 머리에는 카우보이모자를 쓰고 발에는 투박한 부츠를 신은 것과 같다. 이는 기껏 잘되어야 미국 브랜드의 아류로 인식될 가능성이 높다. 그들이 만들어놓은 경쟁 질서 속에 후발 주자로 한참 늦게 뛰어드는 셈이기 때문이다.

브랜드 전략에 담기는 내용은 당연히 그 나라의 문화와 가치, 사고방식 등을 반영해야 한다. 게다가 21세기 들어 시장 상황은 소비자 중심으로 급격하게 변했다. 소비자들이 브랜드를 만드는 주체가 됨으로써 이전의 글로벌 브랜드가 지향했던 글로벌 전략은 로컬을 더욱 중요시하는 전략으로 바뀌어야 한다. 미국식 브랜드 전략 일변도에서 벗어나 소비자들이 상호작용할 수 있도록 새로운 브랜드 전략을 수립할 때, 제품을 잘 만드는 기업에서 소비자가 인정하는 강력한 브랜드로 진화할 수 있을 것이다.

브랜드에 대한 새로운 사고의 틀

이제 변화에 대한 새로운 접근이 필요한 시기다. 브랜드 전략 역시 마찬가지다. 사실 미국식 브랜드 전략의 구조적인 문제와 우리 문화에 맞지 않는 내용적인 문제는, 현재 브랜드가 직면하고 있는 현실의 심각성을 강조하기 위해 조금은 지나치게 표현되었을 수도 있다. 그동안 우리가 미처 알지 못했던 많은 부분들을 그들의 과학적 논리와 이론을 통해 배운 것 또한 엄연히 사실이기 때문이다. 또한 글로벌 시대가 되어 세계적으로 적용되는 공통적인 문화가 존재하는 것도 사실이다. 게다가 특정한 현상에 대한 깊이 있는 분석이나 통계를 통한 정량적인 검증 등은 그 중요성을 더욱 강조해도 지나치지 않다.

나는 약 7년 동안 미국의 대학에서 경영학을 전공했고 대학원에서 광고학을 공부했다. 졸업 후 브랜드 컨설팅 회사에서 데이비드 아커와 브랜드 이론에 대해 직접 논의할 기회가 있었으며, 그와 『브랜드 리더십』을 공동으로 저술한 에릭 요컴스탈러 박사와는 미국에서 프로젝트를 함께 진행하기도 했다. 그런 과정 속에서 브랜드에 대한 그들의 합리적인 분석 능력과 현실적인 통찰력에 감탄하기도 했다.

그럼에도 불구하고 새로운 사고의 틀과 전략이 필요하다고 보는 이유는, 세상이 변했기 때문이다. 21세기 정보화 사회는 그동안 우리가 알고 있던 많은 상식조차 더이상 통용되기 어렵다는 사실을 일깨워준다. 동서양을 막론하고 사회 심층 기반으로부터 변화가 일어나 복잡성이 더욱 증가하고 에너지가 더욱 자유롭게 드나드는 열린 시스템으로 바뀌었으며, 소비자가 브랜드를 만드는 중심에 있다는 브랜드 환경의 커다란 변화가 진행중이다. 말 그대로 '딥체인지'다.

딥체인지에 의한 시장 환경 변화는 브랜드 시스템을 더욱 복잡하고 예측하기 어려운 장으로 만들고 있다. 무엇보다도 복잡하고 예측하기 어려운 브랜드 시스템 변화의 핵심에는 소비자 상호작용이 있다. 이제는 시간과 공간에 대한 제약 없이 소비자들 간의 정보 소통과 공유, 재생산이 가능해졌다. 이전에는 소극적이고 수동적이었던 소비자가 제품 생산에 직간접적으로 참여하는 '프로슈머prosumer'를 거쳐 브랜드를 만들어가는, 적극적이고 능동적인 '브랜슈머brandsumer' 가 된 것이다.

딥체인지로 인한 새로운 현상들은 우발적, 비선형적, 이질적으로 나타난다. 이는 기존의 과학적인 논리에 의한 기계론적, 환원주의적, 선형적 방법론이 더이상 작동하기 어렵다는 의미이다. 현상을 있는 그대로 보는 것이 아니라 이미 정해놓은 프레임에 맞추어 보느라 현상의 많은 부분이 배제되거나 왜곡되기 때문이다. 그리고 현상을 분석하기 위해 쪼개고 해체하는 순간 상호작용을 통해 발생한, 눈에 보이지는 않지만 살아 있는 새로운 부분이 사라진다. 따라서 살아 있는 열린 시스템을 실험실처럼 폐쇄적이고 통제 가능한 공간으로 옮겨놓고 세상의 이치는 과학적인 연구를 통해 진리를 탐구하는 것이라는 논리를 주장한다면 '죽은 진리'를 만들어낼 가능성이 크다. 아니, '진리에 가깝지 않을' 가능성이 더 크다.

다시 한번 말하자면, 브랜드 전략은 기본적으로 기업과 소비자의 관계를 규명하고 소비자가 브랜드를 만들어갈 수 있도록 전략적인 지침을 주는 것이다. 소비자가 원하는, 다양한 '브랜디드 컨텐츠branded contents'를 줄 수 있어야 한다. 변화한 브랜드 환경과 소비자가 만들어내는 역동적인 현상들의 이면을 밝혀내고 설명할 수 있는 새로운 사고의 틀과 살아 있는 브랜드 전략이 절실히 필요한 이유가 여기에 있다.

1부

딥체인지
Deep Change

1장

브랜드,
이전과는
다른 변화를
만나다

'가성비', '워라밸', '소확행', '욜로'라는 용어에 익숙해질 만하니 어느새 '가심비', '프리터', '랜선 집사' 등 새로운 용어들이 뜨고 있다. '가심비'는 가격 대비 심리적 만족도, '프리터 free arbeiter'는 자유로운 비정규직, '랜선 집사' 는 인터넷을 통해 다른 사람이 키우는 고양 이의 사진과 동영상을 보며 심리적 위안과 만 족감을 느끼는 사람을 뜻하는 조어다.

소비자를 구성하는 대표적인 세대가 베이비 부머와 X세대를 넘어 밀레니얼 세대로 바뀌 고 있다. 각 세대들은 서로 다른 특징을 지니 고 있으며, 시장에서 각기 다른 목소리를 내 며 예측하기 어려운 복잡한 현상을 만들어 내고 있다. 게다가 스마트폰과 SNS의 시너지 효과로 새롭게 나타나는 현상들은 무질서해 보이기까지 하다.

심층 기반의 변화와
소비자의 변화

아침 출근길에 나서면 지하철이나 버스 등 대중교통을 타고 간밤의 새로운 뉴스와 인스타그램 등 SNS를 보면서 회사에 도착한다. 업무 시간에는 필요한 정보를 검색하기 위해 다양한 사이트를 넘나들고, 퇴근해서 집에 돌아온 뒤 여가로 텔레비전 시청을 즐기는 시간까지 우리는 하루에 약 1,500개 이상의 브랜드에 노출된다고 한다. 집에서 텔레비전 드라마 한 편을 시청하는 동안에도 인기 드라마의 경우 10개 이상의 브랜드들이 PPLproduct placement이라는 광고 형태로 우리 시선을 잡기 위해 노출되고 있다. 일부 대기업 브랜드는 연간 1,000억 원 이상의 막대한 광고비와 마케팅 비용을 지출하기도 한다. 하지만 우리는 그중 몇 개의 브랜드나 기억할까?

대다수의 브랜드는 최소한의 광고비로 최대한의 효과를 얻기 위해 텔레비전, 신문, 라디오, 잡지 등 기존 4대 매체를 통한 광고 활동인 'ATLabove the line'이 더 나을지, 미디어를 매개로 하지 않는 옥외 매체 중심의 'BTLbelow the line'에 보다 집중할지 고민한다. 최근에는 첨단 이동통신과 SNS의 발달에 힘입어 소비자의 일거수일투족까지 마케팅에 활용할 수 있는 '빅데이터'에 관심이 더욱 쏠리고 있다.

어떻게 하면 강력한 브랜드가 될 수 있을까? 막대한 물량의 광고나 새로운 기법의 마케팅으로 소비자들을 세뇌시키면, 그에 비례하여 매출이 오를까? 또한 그에 비례하여 브랜드 자산이 구축될까? 세계적인 브랜드가 된 애플의 아이폰은 광고와 마케팅의 힘으로 강력한 브랜드가 되었을까? 모토로라, 노키아, 소니는 여전히 강력한 브랜드일까? 불과 10여 년 전까지만 해도 모토로라, 노키아가 세계 휴대폰 시장을 지배하고 있었다. 게다가 소니는 전자 산업에서 세계적으로 독보적인 브랜드가 아니었던가? 막강한 화력을 자랑하던 브랜드들이 불과 몇 년 사이 소리 소문 없이 자취를 감추는 상황에서 아이폰은 강력한 브랜드로 계속 유지할 수 있을까?

21세기 들어 시장이 점점 더 복잡해지고 있다. 거의 모든 업종에서 브랜드 간 경쟁이 더욱 치열해져, 이제 성숙기 시장을 지나 포화 상태라고 입을 모은다. 또한 기존의 경험이나 논리는 기업과 브랜드의 성장에 더이상 도움이 되지 않는다고 우려한다. 그에 따라 새롭게 변화하는 현실에는 인문학적 접근이 최선이라거나, 행동경제학이 세계적인 대세라거나, 또는 빅데이터에 정답이 있다면서 갑론을박이 한창이다.

분명한 것은, 시장 환경이 갈수록 예측하기 힘들어지고 있으며, 브랜드들의 일방적인 구애와 정보의 홍수 속에서 소비자의 피로도가 누적되고 있다는 점이다. 따라서 브랜드 환경이 이전과 정말 다른지, 다르다면 무엇이 어떻게 다른지 살펴보는 것이 매우 시급하다.

심층 기반의 변화

거시적인 변화의 물결이 급격히 일어나더라도 오랫동안 형성되어온 기존의 사회 시스템은 쉽게 변화하지 않는다. 사회 구성원들의 오랜 습관과 제도적 관성이 유지되기 때문이다. 앨빈 토플러Alvin Toffler는 이를 "물결들 사이의 충돌"이라고 말한다. 1960년대에 패러다임이라는 용어를 처음으로 사용했던 토머스 쿤Thomas S. Kuhn은 과학적 패러다임은 한덩어리가 아니라 실타래처럼 얽혀 있어 결코 단번에 변화할 수 없다는 점을 강조한 바 있다. 기존의 지배적 패러다임은, 그에 의존했던 기존 과학이나 실천 관행들이 위기를 맞아 붕괴될 때까지는 쉽사리 변하지 않는다. 현실적인 증거의 축적 외에도 변화에 저항하는 관성이라는 최후의 장애물이 존재하기 때문이다.

　세계적으로 경쟁 압력이 증가하는 가운데 기업들은 끊임없이 혁신을 요구받으면서도 지속 가능성을 모색하고 있다. 기업의 생존 전략에서도 패러다임의 변화와 저항에 얽혀 난관을 겪고 있다. 오늘날 기업의 CEO들은 끊임없이 시장 변화에 주목하면서 합병하고 매각하고, 또 주식시장을 들락거린다. 어느 달에는 핵심 역량을 키우는 데 주력하다 곧이어 시너지 효과를 추구하기도 하고, 다시 최신 경제 예측 자료와 경영 트렌드를 찾아 움직인다. 그러나 앨빈 토플러가 언급했듯이 새로운 세계를 해독하는 데 큰 장애가 되는 것은, 대부분의 CEO들이 이전에 배웠던 경제·경영 지식과 경험을 자명한 것으로 생각하고 단기적으로 주어진 문제 해결에 급급하기 때문이다. 진정으로 문제를 해결하고자 한다면, 우리가 명백하다고 생각하지만 실상은 시대에 뒤떨어진 원칙들의 이면, 소위 기반이라는 것을 떠받치고 있는 '심층 기반'의 변화에 주목해야 한다.

심층 기반	변화 내용
시간	• 변화 속도가 빨라지고 있지만 사회 전반의 구조는 이를 따라잡지 못하고 있음 • 비동시성과 불안정성이 증대됨 • 비동시화를 제어할 수 있는 동시화의 원리가 중요함
공간	• 아시아, 특히 중국이 세계의 부를 주도할 것 　(산업혁명)　(제2차세계대전)　(지식혁명) • 아시아 ⟶ 유럽 ⟶ 미국 ⟶ 아시아 • 공간이 비약적으로 확장, 재세계화re-globalization됨, 우주 공간으로 도약
지식	• 무한한 자원이자 새로운 성장의 주요 요인 • 지식의 변화와 발전 속도가 빨라짐 • 이동성의 증대, 네트워크 산업 • 지식의 통합과 경계 넘기, 컨버전스

심층 기반의 변화

앨빈 토플러는 『부의 미래』(청림출판, 2006)에서 근대와 탈근대 사이의 물결 변화 원인을 설명할 수 있는 가장 심층적인 토대를 시간, 공간, 지식이라 하고, 이를 '심층 기반deep fundamental'이라 불렀다. 변화 속도가 빨라지고, 공간이 비약적으로 확장되며, 무형의 무한한 자원인 지식이 새로운 성장의 주요 요인으로 등장한다는 것이 심층 기반 변화의 핵심이다. 심층 기반의 변화 내용을 요약하면 위의 표와 같다.

심층 기반의 변화는 사회 전반에 걸쳐 딥체인지를 요구한다. 또한 심층 기반의 변화로 인해 세계는 우발적이고 이질적인 것들이 결합하여 새로운 패턴을 만들어내는 방향으로 급격히 요동친다. 물론 이런 요동은 허공에서 갑자기 일어나는 것이 아니다. 이미 다품종 맞춤형 소량 생산과 소량 소비라는 새로운 생산 양식과 생활양식이 지난 20여 년간 조금씩 확산되어왔다. 이렇게 누적되어온 변화가 증폭되면서 사회적 장 자체가 예측하기 어렵게 요동하는 상태로 나아가고 있기 때문에, 사회질서를 파악하는 데 우발성, 이질성, 창발성이라는 요소들이 매우 중요하게 작용하고 있다. 생명공학, 정보과학, 나노과학, 로봇공학의 발전으로 영화에서나 등장하던 생명 복제와 3D 프린팅 제작 등이 20세기에 접어들며 현실화되기에 이르렀다. 또한 1차, 2차, 3차 산업 전반에 결합된 디지털 자동 기술의 비약적 발전으로 전에 없던 새로운 직종이 나타나고, 동시에 기존의 많은 직종이 해체되기도 했다. 4차 산업혁명이 시작된 것이다.

4차 산업혁명에서는 자본과 금융의 세계화에 따른 국제 정치·경제 질서의 변화, 초국적 기업의 인수·합병이나 국가 간 FTA 같은 '닫힌 시스템의 해체'와 '열린 시스템의 재구성'이 진행되고 있다. 또한 여가 시간이 늘어나고 문화 정보 관광 상품이 증가하면서 문화적 세계화의 속도와 범위도 급증하고 있다.

그간 이러한 흐름을 흔히 세계화, 정보화, 지역화의 '복합적 흐름'이라는 말로 표현해왔다. 그러나 이는 20세기와 21세기를 구별하는 현상적 변화를 기술하는 용어일 뿐, 글로벌 차원의 복잡하고 빠른 변화 속에서 새로운 기회를 찾아내고 위험을 최소화할 수 있는 가이드라인을 제시하지는 못한다. 이 때문에 최근 들어 정부와 기업은 물론 각계 전문가들 모두, 세계적인 변화를 포괄적으로 파악하고 새로운 질서와 패러다임을 찾기 위해 동분서주하고 있다.

이처럼 심층 기반의 변화에 의한 딥체인지의 핵심을 요약해보면, (1) IT 혁명으로 촉발된 기술혁명의 확산, 이에 따른 (2) 소프트웨어 측면에서 다양하고 엄청난 양의 정보 컨텐츠 생산, (3) 하드웨어 측면에서의 정보 공유 및 확산 수단의 출현 등이다. 그리고 무엇보다 (4) 단순했던 심층 기반이 복잡해진 점에 주목해야 한다.

심층 기반의 변화로 인해 나타나는 현상은 이전과는 전혀 다른 우발성, 이질성, 창발성을 특징으로 하므로 예측하기 어렵고 더욱 불확실하다. 그렇기에 무질서하다고 표현하는 것이다. 지금까지 알고 있던 경험 법칙이나 이론적 지식으로는 무질서한 현상을 부분적으로 해석하거나 잘못된 해결 방안을 제시할 수밖에 없기에 대응하기가 어려울 가능성이 크다.

브랜드 시스템의 변화

심층 기반의 변화는 자연스럽게 시스템의 변화를 수반한다. 시스템이란 상호작용하는 요소들의 일반적인 집합을 의미하며, 흔히 경제계, 과학계, 학계 등과 같이 범주를 나타낼 때 사용된다. 시간과 공간과 지식 전반에서 비롯된 심층 기반의 변화로 인해 시스템은 점점 복잡해지고, 기존 질서가 요동치면서 예측하기 어려운 혼돈 상태가 된다. 여기서 점점 더 복잡해진다는 의미는 시스템을 구성하고 있는 요소들이 단순히 뒤죽박죽 엉켜 있다는 뜻이 아니라, 이들의 상호작용으로 인해 나타나는 현상들이 다양해지고 불확실한 양상을 띤다는 뜻이다.

복잡함의 요인은 다음과 같이 세 가지로 요약해볼 수 있다.

첫째, 현상에 관여하는 구성 요소의 종류와 수가 많다. 소득 수준이 낮았던 과거 경제 성장기에 비해 오늘날 우리나라의 시장은 훨씬 복잡하다. 과거에는 기업과 브랜드들이 획일화된 소비 성향에 맞춰 제품의 기능과 가격에서 경쟁을 벌였고, 소비자가 선택한 제품은 오랜 기간 치열한 경쟁 없이 시장에서 우위를 유지했다. 시장에서 벌어지는 현상이 그만큼 단순하고 예측 가능했던 시기였다. 하지만 오늘날 기업과 브랜드들은 소비자 기호가 다양해진 만큼 그에 맞는 다양한 제품을 공급하기 위해 끊임없이 노력해야 한다. 나아가 세계 각국에서 수입된 제품들과도 무한 경쟁해야 하는, 이전과는 다른 환경을 맞게 되었다.

맥주 시장을 예로 들어보자. 1990년대 중반까지 우리나라 맥주 시장은 'OB맥주(동양맥주)'가 거의 독점하다시피 했다. 유일한 경쟁 상대로 '조선맥주'가 있었지만 유명무실한 수준이었다. OB맥주는 정부의 눈치를 살피며 시장점유율을 관리하는 여유까지 즐겼고, 소비자들 또한 당연히 OB맥주 브랜드에 익숙해져 습관적으로 구매하는 저관여 제품 중 하나였다. 이러한 상황에서, 우리나라 마케팅 역사상 최고의 성공 사례 중 하나로 꼽히는 '하이트' 신화가 탄생한다.

오래전에 등장한 브랜드인 하이트를 새삼 거론하는 이유는, 하이트의 성공 신화 이후 새로운 경쟁 브랜드인 '카스'가 등장했고, OB맥주 또한 치열해진 경쟁 상황에 맞춰 멀티 브랜드 전략으로 대응하기 시작했기 때문이다. 즉 단순했던 맥주 시장이 복잡해진 것이다. 이후 소비자의 다양해진 욕구에 따라(알코올 도수, 용량, 맛 등) 수많은 수입 브랜드들이 쏟아져 들어와 수백 종의 맥주들이 시장에서 각축을 벌이게 되었다. 거기에 더해 다양한 수제 맥주들이 인기를 얻으면서 경쟁의 장은 더욱 불확실성으로 가득하게 되었다. 이처럼 현상을 지배하는 구성 요소들의 다양성이 새롭고 복잡한 시스템을 만들어내고, 또한 한 치 앞을 예측하기 어려운 시장 구조를 형성하게 된다.

둘째, 현상에 관여하는 구성 요소들 각각의 행동을 지배하는 법칙을 쉽게 알지 못한다는 것이다. 100만 원대 드롱기 커피머신, 30만 원이 넘는 발뮤다 토스터 등 럭셔리한 소형 가전이 인기를 끌고, 55만 원이 넘는 다이슨 헤어드라이어와 5만 원짜리 모나미 금장 153 볼펜이 히트 상품 반열에 오른다. 그런가 하면, 정수기와 자동차 분야에서 시작한 렌탈 시장은 여행용 가방, 침대 매트리스, 안마 의자 등으로 넓어졌다. 2012년에 런칭한 카셰어링 업체 '쏘카'의 회원 수도 400만 명으로 늘었다. 2017년 25조 원이었던 국내 렌탈 시장 규모는 2020년 40조 원 안팎이 될 전망이라고 한다. '소유'와 '공유'가 넘나들어 소비자 행동 법칙을 알기 어렵게 되었다.

2017년 초, '오뚜기'에 창발 현상이 일어났다. 갑자기 오뚜기가 '최애(가장 사랑하는)' 브랜드가 된 것이다. 그간의 선행이 뒤늦게 알려진 덕분이었다. 함영준 오뚜기 회장이 1,500억 원대 상속세를 고스란히 낸 사실이 알려지자 소비자들은 '갓뚜기(god+오뚜기)'라는 별명을 붙이고 환호했다. 그러고는 자발적으로 오뚜기의 미담을 찾아내기 시작했다. 이들은 '대형 마트 시식 사원까지 정규직으로 채용하는 착한 기업', '10년 넘게 라면값을 올리지 않은 뚝심 있는 기업'이라는 사연을 SNS를 통해 공유하고 확산했다. 이후 소비자들의 자발적인 '오뚜기 상품 구매 운동'에 힘입어 2014년 18.3퍼센트였던 라면 시장 점유율이 2018년 5월 26.7퍼센트로 증가했다.

소비자들이 접할 수 있는 정보의 양과 질은 과거와는 비교할 수 없을 만큼 엄청나며, 이는 소득 수준의 향상과 함께 소비자가 다양한 욕구를 표출하게 만드는 핵심 요인이 되고 있다. 따라서 과거에 소비자 행동을 예측하던 선형적 논리로는 변화한 구성 요소(소비자)들이 만들어내는 다양한 행동과 이를 통한 상호작용의 결과를 명확하게 파악하기 어렵다. 새롭게 변화한 시스템에서는 창발적이고 비선형적인 현상들이 일어나기 때문에 잘못된 분석이나 엉뚱한 예측을 하기 쉽다.

셋째, 현상에 관여하는 구성 요소들이 서로 다양한 영향을 주고받으며 적응하고 진화해나간다. 시스템에서 복잡성이 증가하는 이유는 구성 요소의 종류와 수가 많아지고 그들의 행동 법칙을 알기 어렵다는 이유도 있지만, 그들이 서로 영향을 주고받는 행위, 즉 상호작용을 통해 환경에 적응하고 진화하는 것이 가장 큰 이유다. 과거에는 시장에서 기업, 경쟁사, 소비자가 독립적인 형태로 존재하여 각각 일방향적 혹은 쌍방향적인 관계만 형성했다. 그러나 지금은 상호의존적인 형태로 바뀌어 기업 간, 경쟁사 간, 소비자 간 상호작용이 이루어지고, 또한 기업과 소비자 간의 상호작용도 다각도로 이루어져 앞날을 예측하기 어려운, 복잡한 환경을 만들어가고 있다. 기업의 블로그나 페이스북을 마치 일반 소비자가 운영하는 것처럼 보이게 한다든가, 프로슈머에서 더 진화한 브랜슈머가 된 소비자들이 제품 생산에 직간접적으로 참여하고 브랜드를 만들어가는 등 이전의 독립적이고 고정된 역할에서 새롭게 진화해가고 있는 것이다.

지금까지 살펴본 브랜드 시스템의 변화를 한마디로 표현하자면, 하나의 계(시스템)가 외부와 끊임없이 에너지를 주고받으며 넘나드는 '열린 시스템'으로의 변화라고 할 수 있다. 시스템이 열려 있다는 것은 외부 환경과 차단되어 있지 않고 지속적으로 영향을 주고받는다는 뜻이다.

하이트 맥주 사례에서 볼 수 있듯이 하이트가 출현하기 이전의 맥주 시장은 닫힌 시스템이었으나, 하이트로 인해 변화한 경쟁 관계와 다양해진 소비자 욕구로 인해 열린 시스템으로 바뀌었다. 지금은 무한 경쟁 시대이다. 세계화, 정보화로 인해 현실 세계는 거의 모든 영역에서 열린 시스템을 보이고 있으므로, 열린 시스템에 대한 폭넓은 이해와 대처 능력이 향후 브랜드의 사활에 중요한 영향을 미칠 것이다.

소비자의 변화—미미한 다수

심층 기반의 변화와 시스템의 변화는 결국 소비자의 변화를 일으켰다. IT 혁명으로 촉발된 기술 혁신의 확산, 인터넷과 무선 이동통신, SNS의 출현은 수동적이었던 소비자를 능동적인 소비자로, 정보를 생산하고 확산하는 소비자로 바꾸었다. 과거에는 기업이나 일부 앞선 소비자(오피니언 리더 또는 얼리 어답터)들

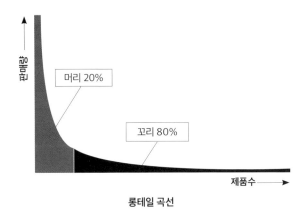

롱테일 곡선

이 브랜드에 대한 정보를 제공하는 핵심 역할을 했으나, 이제는 우리 주변의 많은 일반 소비자들도 인터넷과 스마트폰, SNS 등을 활용해 스스로 정보를 찾아 공유하고 확산하여 재생산하는 주체가 되었다.

필립 코틀러는 『마켓 3.0』(타임비즈, 2010)에서 정보의 주체로서 소비자 변화를 C. K. 프라할라드C. K. Prohalad와 벤카트 라마스워미Venkat Ramaswamy의 저서 『경쟁의 미래』(세종서적, 2004)에서 인용하여 "소비자의 역할이 바뀌고 있다"고 말한다. 이제 소비자는 더이상 고립된 개인이 아니라 서로 연결된 개인이고, 정보를 모르면서 결정을 내리는 피동적 대상이 아니라 다양한 정보에 따라 결정을 내리는 주도적 주체이며, 수동적이 아니라 능동적으로 기업에 유용한 피드백을 제공하는 행위자라는 것이다.

이와 같은 소비자 변화를 가능하게 한 집단은 아이러니하게도 기존 질서에서 여론 형성이나 정보 제공의 핵심 역할을 했던 오피니언 리더나 얼리 어답터가 아니라 미미한 다수로 일컬어지는, 이전까지는 거의 주목받지 못했던 대다수(80퍼센트)의 '일반 소비자들'이다. 미미한 다수를 설명해주는 것이 우리가 잘 알고 있는 '롱테일 법칙Long tail principle'이다.

롱테일 곡선은 머리와 몸통에 해당하는 왼쪽 부분의 20퍼센트에 비해 80퍼센트를 차지하는 긴 꼬리를 가졌다고 하여 붙여진 명칭이다. 롱테일 법칙은 기존의 '파레토 법칙Pareto principle'의 반대 개념으로 나온 것이다. 이탈리아의 경제학자 빌프레도 파레토Vilfredo Pareto는 자신이 재배하는 완두콩의 수확량 80퍼센트가 20퍼센트의 콩깍지에서 나온다는 사실을 발견한 후, 이러한 법칙이 우리 인간 사회의 거의 모든 현상에도 적용될 수 있다는 이론을 완성했다. '20 대 80 법칙'으로도 잘 알려져 있는 파레토 법칙이 지금까지의 단순한 질서로 이루어진 선형적인 세상에서 나타나는 현상들을 설명해주었다면, 롱테일 법칙은 복잡한 질서의 세상이 왔음을 알리는 일종의 신호탄이다.

회사의 총수익 중 80퍼센트는 20퍼센트의 주력 상품에서 나오고, 총매출의 80퍼센트는 20퍼센트의 소비자들로부터 발생하며, 범죄 건수와 교통사고 건수의 80퍼센트는 20퍼센트의 범죄자나 운전자가 저지른다는 점, 전화의 80퍼센트는 자주 연락하는 20퍼센트의 사람으로부터 걸려온다는 등의 파레토 법칙은, 그동안 닫힌 시스템의 단순한 질서, 선형적인 현상들을 설명하는 데 유용하게 사용되었다. 이에 많은 기업들은 마케팅의 효율성을 위해 상위 20퍼센트에 집중하는 '선택과 집중' 전략으로 20퍼센트의 소비자를 위한 'VIP 마케팅'

을 실행하곤 했다. 백화점 업무 시간이 끝나는 8시 이후에 20퍼센트 VIP들이 편안한 쇼핑을 할 수 있도록 따로 매장을 오픈하는가 하면, 은행이나 증권사에서는 20퍼센트 VIP를 모시기 위해 다양한 맞춤형 서비스를 준비했다. 이렇듯 20퍼센트의 '머리'에 집중한 또다른 이유는, 오피니언 리더 역할을 하는 이들로 인해 나머지 80퍼센트의 '꼬리'는 자연스럽게 따라온다는 선형적 논리 때문이었다.

그러나 딥체인지에 의한 열린 시스템에서는 80퍼센트의 꼬리, 그동안은 미미했던 다수들이 중요한 현상을 만들어내기 시작했다. 예를 들어, 인터넷 서점 '아마존'이 20퍼센트의 베스트셀러가 아닌 연간 몇 권 팔리지도 않는 80퍼센트의 소외되던 책들에서 더 많은 수익을 올렸다는 것과, '구글'이 〈포춘〉지 선정 500대 기업 같은 대형 광고주가 아닌 동네 화원이나 빵집 같은 자잘한 광고주들을 모아 큰 매출을 기록했고, '이베이' 역시 그동안 무시당해왔던 영세 중소 사업자들과 소비자들을 연결해 매출이 급성장했다. 그렇다면 아마존, 구글, 이베이 사례의 공통점은 무엇인가? 이러한 현상들이 나타날 수 있었던 이면에는 어떠한 변화가 숨어 있을까?

기존의 닫힌 시스템에서는 소수의 20퍼센트만이 중요한 정보를 얻을 수 있었고 그들끼리만 정보를 서로 공유했다. 주식이나 부동산과 관련된 고급 정보는 일반인들이 접근하기 어렵고 소수의 특정 집단만이 누릴 수 있는 특권 같은 것이었다. 그러나 지금은 인터넷과 휴대폰을 통해 누구나 쉽게 정보에 접근하고 정보를 제공받을 수 있다. 그뿐 아니라 메일과 블로그 및 다양한 SNS를 통해 수초 만에 주변으로 공유하고 확산할 수 있게 되었다. 미미한 다수들이 모여 집합체로서 힘을 갖게 된 것이다.

이렇듯 거시적인 관점에서의 변화가 미미한 다수였던 일반 소비자들이 시장에서 핵심 역할을 하게 된 것이라면, 미시적인 관점에서의 변화는 '밀레니얼 세대millennials'의 출현을 꼽을 수 있다.

소비자의 변화 — 밀레니얼 세대

밀레니얼 세대는 1980~2000년 사이에 태어난, 현재의 2030세대를 지칭한다. 베이비붐 세대라 불리는 1955~1964년생 5060세대, X세대라 불리는 1965~1979년생인 3040세대 이후에 등장한 세대이다. 밀레니얼 세대의 특징은 다음과 같다.

- 이전 세대와 공통점을 찾기 어렵고, 행동 방향을 예측하기 어렵다.
- 모순투성이 (ex. 고성능이지만 가격은 저렴한 상품을 찾아 엄청난 시간을 들여 인터넷 쇼핑을 하면서도 〈미슐랭 가이드〉에 선정되었다는 레스토랑에 가서 값비싼 코스 요리를 먹거나 필라테스 수업을 등록하고, 고가의 해외 뮤지션 콘서트 티켓을 사는 데 돈을 아끼지 않는다.)
- '혼밥', '혼술' 등 1인 트렌드를 보이면서도 또래 집단의 평가를 중시하고, 온라인 커뮤니티 활동을 활발하게 한다.
- 장황하게 설명하는 글보다는 사진, 또는 짧은 동영상 컨텐츠를 선호하면서도, 필요한 정보를 검색할 때는 시간을 충분히 할애한다.

• 자기 자신을 위하고 자기만족을 내세우면서도 SNS상에서 타인의
  시선을 의식한다.

밀레니얼 세대들에게 세상의 중심은 '나 자신'이다. "인맥이 자산"
이라며 인적 네트워크를 쌓는 데 골몰했던 베이비붐 세대나 X세대와
는 다르다. "인맥 관리할 시간에 나 자신에 집중하자"고 생각하는 세
대이다. 이것이 '혼밥', '혼술' 트렌드가 나온 배경이다. 그들의 혼자 놀
기는 최근 들어 혼자만의 공간과 취미를 결합하는 방식으로 진화하
고 있다. 낚시 카페, 만화 카페, 체험 카페 등이 대표적이다. 아예 집
한쪽을 카페나 포장마차로 꾸미는 이들도 늘고 있다. 이들은 돈을 쓸
때도 '남에게 어떻게 보일 것인가'보다 '나에게 얼마나 큰 만족을 줄
수 있는가'를 잣대로 삼는다.

밀레니얼 세대는 PC, 스마트폰과 함께 자란 세대다. 어릴 때부터
인터넷을 통해 세상에 로그인(접속)한 '디지털 네이티브'이다. 각종 모
바일 디바이스에 익숙하고, 이를 이용한 정보 검색에도 능숙하다. 소
비 시장에서 '밀레니얼 입김'이 셀 수밖에 없는 이유다. 이선화 삼성전
자 글로벌마케팅센터 프로는 "밀레니얼 세대는 어떤 제품을 살 때 가
격 비교는 물론 소비자 리뷰 등도 꼼꼼히 살핀다"며 "지갑을 여는 건
베이비붐 세대인 부모이지만 실질적인 브랜드 결정권은 밀레니얼 세
대가 쥐고 있는 경우가 많다"고 말했다.

또한 SNS를 통한 '대리 체험'이 인기를 끄는 것도 밀레니얼 세대에
게 나타나는 특성 중 하나다. 반려동물을 키울 여건이 안 되는 밀레

니얼 세대들은 SNS를 통해 '찜'한 동물의 근황을 지켜보며 함께 응원하고 분노한다. 유기견 '인절미'가 인스타그램 팔로어 100만 명을 거느린 스타가 된 배경도 이 때문이다. '랜선 집사'에서 시작된 대리 체험은 '랜선 이모' '랜선 애인' 등으로 범위를 넓혀가고 있다.

밀레니얼 세대는 '소유'보다 '경험'에 투자한다. "X세대가 경험의 맛을 알게 된 첫 세대라면, 밀레니얼 세대는 소비의 중점을 소유에서 경험으로 바꾼 첫 세대"(김용섭·날카로운상상력연구소 소장)라고 해석한다. 모바일 드라마 제작사 '플레이리스트'가 2017년 3월에 내놓은 〈연애플레이리스트〉는 웹드라마계의 전설로 불린다. 조회 수는 총 6억 5,000만 건에 달했다. 웹드라마가 텔레비전 드라마를 압도할 수 있다는 사실을 보여줬다고 평가한다. 전문가들은 이 드라마의 성공 비결 중 하나로 한 회당 5분 안팎의 '짧은 재생 시간'을 꼽는다. 이동 중에도 부담 없이 시청할 수 있는 분량, 그에 걸맞은 속도감 있는 전개가 '참을성 없는' 밀레니얼 세대에게 딱 맞았다고 분석한다. 또다른 인기 웹드라마인 〈전지적 짝사랑 시점〉의 1회 재생 시간은 2분에 불과하다. 밀레니얼 세대가 텔레비전을 보는 방식은 기성세대와는 다르다. 큼지막한 화면보다는 자그마한 스마트폰으로, 처음부터 끝까지 보기보다는 유튜브를 통해 핵심만 추려서 본다.

밀레니얼 세대는 '러쉬Lush'의 제품을 선호한다. 경쟁 브랜드보다 가격이 비싸지만, 러쉬 제품을 구매하면 착한 기업을 도왔다는 뿌듯함을 느끼기에 비용 부담이 상쇄된다. 러쉬는 제조 과정에서 동물 실험을 하지 않을 뿐 아니라 원료를 구매할 때도 아동 착취 전력이 있는 기업의 제품은 사지 않는다는 원칙을 내세우고 있다. 밀레니얼 세대는 물건을 고를 때 제조사가 환경을 파괴하지 않는지, 어려운 이웃을 돕는지 등을 꼼꼼히 따져 '착한 제품'을 선택하는 경향이 뚜렷하다. 페이스북 이용자들은 이런 제품을 산 사람들에게 '개념 소비'를 했다며 '좋아요'를 눌러준다. 그 덕분에 환경, 보건, 빈곤 등 사회적 이슈 해결에 적극적인 기업은 몸값이 치솟고 있다.

딥체인지 시대. 브랜드 환경이 변했고 브랜드를 만드는 주체 또한 변하고 있다. 과거에는 고립되어 수동적인 정보에만 의존하는 미미한 다수였던 일반 소비자들이, 이제는 서로 관계를 맺으며 상호작용하여 새로운 현상을 만드는 '의미 있는 다수'로 바뀌었다. 이들은 한층 더 복잡해진 심층 기반과 열린 시스템에서 스스로 '정보의 생산과 공유, 확산'이라는 최고의 무기를 가지고 시장을 움직이고 주도하는 핵심 집단이 되었다. 브랜드 전략에서 이 의미 있는 다수의 소비자를 빼면 더이상 할 얘기가 없을지도 모른다. 기업에서 소비자로, 그것도 예전의 미미했던 일반 소비자로 브랜드의 주체가 바뀌었다.

밀레니얼 세대의 출현으로 시장 상황은 더더욱 예측 불가능하게 변화하고 있다. 단순히 기존 소비자와 특성이 다른 집단이어서가 아니라, 이들이 디지털로 무장한 채 자유와 유연성을 외치며 어디로 튈지 모르기 때문이다. 마치 진화를 거듭하는 디지털 기기와 같다. 이제 소비자에 대한 기업의 생각이 바뀌어야 한다. 이전에 성공했던 경험이나 논리에 의존하는 많은 법칙들은 더이상 미래를 예측하는 데 유용한 도구가 아니기 때문이다.

잃어버린 동전은
어디에 있을까

한 남자가 가로등 아래에서 무언가 열심히 찾고 있었다. 마침 옆을 지나가던 사람이 궁금해서 무얼 찾고 있느냐고 물었다.

"잃어버린 동전을 찾고 있습니다."

지나가던 사람이 도와주고 싶은 마음에 동전을 어디서 잃어버렸느냐고 다시 묻자, 남자는 가로등 불빛이 없는 어두운 곳을 가리키며 대답했다.

"저쪽에서요."

그런데 왜 여기서 찾고 있느냐고 다시 묻자, 남자가 이렇게 대답하는 게 아닌가.

"여기가 환하니까 찾기 쉬울 것 같아서요."

우리는 문제 해결을 할 때 본능적으로, 학습에 의해, 때로는 의도적으로 쉬운 방법을 택한다. 쉬운 방법을 찾는 가장 쉬운 방법은, 어떤 문제나 현상을 단순화하고 축소시켜 복잡함을 최대한 배제하여 해결하는 것이다. 어두운 곳에 가서 찾아 헤매는 복잡함보다 밝은 곳에서 찾는 단순함을 택한다. 그러다 찾으면 다행이지만 못 찾으면 포기하게 된다. 잃어버린 동전은 찾기 어려운, 어두운 곳에 있다는 것을 알면서도 말이다.

복잡함을 배제하고 단순함을 추구하는 사상은 서양의 오랜 철학 사상에 바탕을 두고 있으며, 현대에 이르기까지 철학, 과학, 수학뿐 아니라 경제학, 경영학까지 지배해왔다. 2,000여 년 전의 유클리드 기하학에 뿌리를 두고 17세기 데카르트에서 출발하여 뉴턴에 의해 완성된 이 세계관을 우리는 기계론적 세계관, 또는 선형적 세계관이라고 한다.

그러나 21세기 세상은 질서와 무질서가 공존하는 불안정한 세상이다. 기존 체계가 유지되어 매우 평온한 듯 보이는(사실은 폐쇄적인 시스템이어서 발전이 없는) 질서 정연한 시스템이 있고, 심층 기반의 변화와 열린 시스템으로 인해 다양한 에너지가 넘나들어 불확실하고 예측 불가능해 보이는 시스템이 있다. 그러나 지금까지 우리는 모든 시스템을 질서 정연하다고 가정하고, 질서 정연하지 않은 시스템조차도 복잡함을 최대한 배제하여 단순화하거나 의도적으로 왜곡하여 문제를 해결해왔다. 왜 이렇게 되었을까?

복잡성의 회피

"단순한 것이 최선이다."

이는 17세기 서구 근대과학의 발전 이후로 최근까지 자연과학, 인문과학, 그리고 사회과학까지 포함하여 모든 과학과 철학적 사고를 꿰뚫는 말이다. '본질은 필요 이상으로 부풀려서는 안 된다'는 선형적 사고의 핵심을 표현한 말로, 17세기의 인과적 결정론causal determinism에서 출발한 요소환원주의reductionism적 방법론의 명제다.

인과적 결정론이란 모든 인간 행동이나 자연현상에는 원인이 있으며, 그 원인에 따라 결과가 나타난다는 개념이다. 인과적 결정론에 따르면 초자연적 힘에 의해 생길 수 있는 기적이나 우연은 있을 수 없으며, 인간 행동뿐만 아니라 자연현상조차도 결정된 원인과 결과가 있다. 뉴턴의 뒤를 이은 프랑스의 피에르 시몽 마르키스 드 라플라스Pierre Simon Marquis de Laplace에 이르러 인과적 결정론이 꽃피우게 된다. 그는 저서에서 "모든 자연현상은 수학으로 기술되는 인과론적 원리에 의해 완벽하게 설명될 수 있다"고 주장한다.

요소환원주의란 어떤 현상을 설명하기 위해 현상을 개별적인 구성 요소로 분해하여 그 성질을 밝히고, 분해된 요소들의 종합을 통해 전체를 설명하는 관점을 말한다. 데카르트가 주도한 요소환원주의는, 구성 요소들의 합이 전체와 일치한다는 선형적 세계관이다. 선형적이고 기계론적인 세계관은 요소환원주의와 인과적 결정론이라는 방법론을 앞세워 근대과학의 기본적인 사상이 되었다. 길게 다룬 이유는, 이 세계관이 지금까지도 과학뿐만 아니라 철학, 인문학, 사회학, 경제학에 이르기까지 거의 모든 분야를 지배하는 패러다임이기 때문이다.

기계론적 세계관의 기본적인 접근 방식은 '분석analysis'이다. 다시 말하면, 문제 해결을 위한 모든 접근 방식은 '쪼개는' 것이다. 모든 대상이나 현상을 잘게 쪼개어 최소 단위 요소까지 파고들어가(요소환원주의) 원인이 되는 요인을 결과와 연계하여(인과적 결정론) 설명하는 것이며, 이러한 기계론적 세계관의 패러다임을 '단순계simple system'라고 한다. 기계론적 세계관이 지배하는 질서인 단순계 패러다임은 어떤 특성을 지니고 있을까?

첫째, 선형성이다. 선형성은 입력input과 출력output의 관계가 언제나 일정한 비율을 가지고 있음을 뜻한다. 이는 일차방정식처럼 하나의 변수의 변화에 비례해 다른 변수가 변화하는 관계이다. 논리학에서도 'A 하면 B 한다(If A, then B)'처럼 선형성은 인과적 결정론을 설명하기 위한 중요한 도구이다. 주변의 대다수 현상들도 선형적 관계로 설명할 수 있으며, 선형적 관계의 현상들은 대부분 예측이 가능하다. 텔레비전이나 라디오의 볼륨을 두 배로 올리면 소리도 두 배로 커지는 것이 간단한 예이다.

그동안 단순계 패러다임에서는 선형성을 통해 거의 모든 자연현상이나 사회현상을 명쾌하게 설명해왔다. 또한 선형적 시스템은 변수에 문제를 대입하고 시뮬레이션을 통해 결과를 쉽게 예측할 수 있는 방식으로, 선형성은 기계론적 세계관을 가능하게 한 대표적인 개념이다.

둘째, 합리성이다. 단순계 패러다임에서의 합리성은 '논리적 확실성'을 의미한다. 유클리드 기하학의 연역적 추론과 아리스토텔레스의 논리학에서 비롯된 논리적 확실성은 수학, 철학, 과학뿐만 아니라 신학에서도 명제의 확실성을 보장받기 위해 사용되었다. 경제학과 같은 실용주의 학문에서는 '완전 합리성'이란 개념으로 변형되어 사용되었다. 기존의 주류 경제학에서는 경제의 주체가 되는 소비자가 모든 상황을 완전히 합리적으로 생각하고 판단할 수 있는 능력을 지닌, 논리적인 기계 컴퓨터라고 규정한다. 즉 인간은 자신의 처지나 이해관계를 충분히 알고 있고, 따라서 가장 적절한 의사 결정을 한다는 것이다. 이러한 완전 합리성은 논란의 여지가 많지만 여전히 주류로 인정받고 있다.

셋째, 안정성이다. 안정성은 '구조적 안정성'이라고 하는데, 어떤 시스템에서 구조들이 조금 왜곡되거나 교란되더라도 전체적으로는 크게 변화하지 않는다는 개념이다. 이는 안정적인 균형 상태stability로도 설명되며, 어떤 시스템이 규범이나 표준으로부터 이탈한 경우 평형상태로 돌아가려는 성질을 말한다. 예를 들면, 아침 출근길의 지하철이 조금 연착해도 직장에 몇 분 늦는 정도의 결과라든가, 빵을 구울 때 요리책에서 제시한 것보다 오븐의 온도를 몇 도 더 높여도 빵에 그다지 문제가 되지 않는다는 것과 같은 개념이다. 경영학에서 통계의 기본이 되는 정규분포는 균형이라는 개념에 기초해 예외적으로 보이는 양극단의 숫자나 현상들은 배제하고 설명하는 것으로, 평균적인(안정적인) 관념을 고정하는 세계관 형성에 중요한 역할을 했다.

이처럼 입력과 출력이 언제나 비례한다거나 하나의 결과에 하나의 주된 원인만이 존재한다는 선형성이나, 인간은 주어진 상황을 완전히 이해할 수 있고 따라서 최적의 선택이나 행동을 한다는 완전 합리성, 시스템이 왜곡되거나 교란되어 어떠한 기준으로부터 벗어난다 해도 결국은 평형상태로 돌아온다는 안정성은, '복잡성의 회피'라는 커다란 문제에 직면하게 되었다.

지금까지 우리는 하나의 결과에 다양한 원인들이 존재하고 그 원

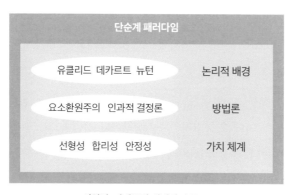

선형적, 기계론적 세계관의 구조

인들이 상호작용하여 또다른 복잡한 원인을 만들어내는 '비선형성', 감정을 가진 인간이기에 언제나 논리적인 기계처럼 생각하거나 행동을 할 수 없고 현실적으로 완벽한 정보를 가질 수도 없다는 '한정 합리성', 평형상태나 기존 질서에서의 작은 변화가 나중에 더욱 커다란 변화를 몰고 올 수도 있다는 '불안전성'이나 '창발성' 등을 사실상 의도적으로 회피하거나 배제해온 것이다.

복잡성은 이러한 비선형성, 한정 합리성, 불안전성, 창발성 등의 개념을 본질로 한다. 복잡성을 회피한다는 것은, 복잡성의 원인에 대한 논의조차 이뤄지지 않아 그 원인이 무시되거나 왜곡되는 것을 의미한다. 이는 선형적 모형에 포함된 변수들을 시스템에 외생적이라 여기고(시스템에 대한 많은 정보를 담지 않는다고 생각하여), 시스템을 제대로 이해하는 데 핵심인 '내적 복잡성'이 아니라 외부에서 비롯된 '외적 복잡성'이라고 간주했기 때문이다. 어두워서 찾기 어렵더라도 잃어버린 동전은 잃어버린 곳에서 찾아야 맞지 않은가!

　20세기까지의 선형적인 세상은 '정수' 차원의 세상이었다. 정수는 분수(또는 소수)와 비교하면 선형적이고 합리적이며 안정적이다. $\pi(3.1415926535\cdots\cdots)$와 같은 복잡한 소수는 간단하게 근삿값을 취하거나 때로는 아예 인정되지 않는다. 작거나 하찮은 요소들은 의도적으로 배제한다. 복잡함을 최대한 단순화하는 것이(구불구불한 길을 쭉 뻗은 바둑판 모양의 도로로 만드는 것처럼) 가장 합리적이고 최고의 미덕이다. 이처럼 단순한 것을 최선으로 여기는 기계론적 사고의 틀로, 복잡성이 본질인 살아 있는 유기체와 시스템을 설명할 때마저 근삿값 중심의 선형적 모델을 적용한다면 이는 겉으로만 정교하고 완벽해 보이는 게 아닐까?

선형적 브랜드 전략

　　　　　　　산업혁명 이후로 서양 산업은 주로 대량 생산에 의존해 발전과 성장을 거듭해왔다. 대량 생산의 중심에는 최적의 투입과 산출, 수요와 공급, 생산자와 소비자라는 이분법적이고 인과론적인 합리성이 깔려 있으며, 근본적으로는 기계론적 세계관에 뿌리를 두고 있다. 17세기 이후의 과학은 자연과 인간 사회를 선형적, 기계적인 관점으로 바라보고, 단순한 인과론적 결정론으로 복잡한 현상들을 단순화해 설명할 수 있다고 확신했다. 경영자들도 기업 경영과 조직에 기계적이고 과학적인 경영 모델을 적용해왔다. 이는 기업 경영에서 선형적 효율성, 통제성, 예측 가능성이라는 이름으로 더욱 빛을 발하게 된다. 선형적 효율성은 위에서 언급한 합리성이 기업 경영에 적합하게 변형된 개념으로 '도구적 합리성'과 같은 의미다. 도구적 합리성이란 목표에 도달하기 위한 최적의 수단을 추구하는 것으로, 업무 달성을 목표로 인적, 물적 자원을 투입하는 경우 조직원은 결과물을 산출하기 위한 하나의 수단으로 취급받게 된다. 이 경우 조직 구성원은 인간으로서의 인격보다 생산성을 높이는 도구로, 그 능력을 수치로만 평가받게 된다. 이러한 도구적 합리성 혹은 선형적 효율성은 전체적인 통제와 예측 가능성까지 더욱 높일 수 있다는 특징이 있다.

기계론적 세계관이 투영된 이러한 경영 모델은 1911년 미국의 공학자인 프레더릭 테일러의『과학적 관리법』을 통해 이론화되었다. 당시 미국 산업계에 혁명을 불러올 만큼 파급 효과가 컸던 그의 책과 이론은 경영서의 고전이자 기업 경영의 원리가 되었고, 현재까지도 다방면에서 막대한 영향을 미치고 있다. 프레더릭 테일러의 사상은 당시의 물리학, 특히 '뉴턴의 운동법칙'과 '열역학'에서 많은 영향을 받았다. 과학자들은 이 두 이론을 결합해 기계의 효율성을 극대화하는 방법을 계산할 수 있었는데, 프레더릭 테일러는 이 선형적이고 기계적인 과학적 패러다임을 경영의 세계로 끌어들였다.

그는 작업장에서 벌어지는 인력 낭비의 근본적인 원인이 '비합리적 경영' 때문이라고 생각하여 환원주의적 분석을 해결책으로 제시했다. 이는 하나의 체계를 다수의 구성 요소로 분해해 각각의 작용원리를 파악하는 방법이었다. 그는 그것이 사람들의 작업 방식을 재

조직하고 최고의 효율성에 이르게 하는 최상의 방법이라 생각했다. 이러한 법칙에 의해 규정된 체계는 이해와 예측, 통제가 가능하다고 믿었고, 과거에는 인간이 먼저였으나 미래에는 체계가 우선되어야 한다고 생각했다. 프레더릭 테일러는 노동자들이 '생산의 수동적 단위'이고, 체계나 직장은 기계와 같다고 생각했다. 경영자가 할 일은 이 기계가 매끄럽게 돌아가도록 하는 것으로, 그에게 노동자들은 본질적으로 기계 안의 톱니바퀴였다.

이후 프레더릭 테일러의 과학적 관리론을 계승한 사람은 헨리 포드였다. 헨리 포드는 포드 자동차의 설립자로, 세계 최초의 대중 자동차인 '모델 T'를 개발했다. 그리고 회사의 경영 합리화를 위해 제품의 표준화, 부품의 단순화, 작업의 전문화라는 3S 시스템을 구축했다. 테일러주의는 생산성을 크게 향상시켰고, 사실상 현대적인 산업 경영을 창조했다.

20세기 후반에 들어 마케팅의 중요성이 더욱 커지면서 가장 기본적이고 중요하게 다루는 부분이 STP 전략이다. STP 전략은 세분화 segmentation, 타겟팅targeting, 포지셔닝positioning의 영문 이니셜을 딴 약자로, 소비자 분석에서 광고 전략까지 포함하는 전체적인 마케팅 전략의 핵심이다. 우선 '세분화' 또는 '시장 세분화'는 기업의 제품에 가장 적절한 소비자군target market 선정을 위해 소비자를 성별, 연령별, 거주지별 등 인구통계학적 기준으로 나누어 분류하고, 그들의 성향, 가치관, 라이프스타일 등을 분석하여 동질성을 지닌 소그룹으로 다시 나누는 전략이다. 전략적으로 나뉜 소비자 그룹은 제품의 핵심 타겟과 포지셔닝의 기본이 된다. 딩크족, 보보스족, 로하스족, 여미족 등과 최근 등장한 욜로족 등이 그 예이다.

그렇다면 보다 구체적인 마케팅 전략에서는 어떨까? 마케팅 전략이란 '기업의 목표, 즉 매출 향상을 통한 이윤의 극대화를 위해 소비자의 인식이나 행동을 의도적인 방향으로 바꾸려는 전략적 계획'으로 정의할 수 있다. 마케팅 전략 수립을 위해 기업은 소비자를 정확히 분석하여 그들의 필요와 욕구wants and needs를 정확히 알아야 한다. 이렇게 파악한 정보를 바탕으로 전략을 수립하고 다양한 커뮤니케이션 활동을 전개함으로써 소비자를 '내 편'으로 만들고자 하는 것이다.

이러한 관점에서 제품 구매 행동 유발을 위해 기업이 전달하는 정보에 대한 소비자들의 정보 처리 과정을 설명하는 두 가지 이론이 있다. 하나는 인식론적 접근cognitive approach이고 다른 하나는 행동론적 접근behavioral approach이다. 인식론적 접근은 기업이 광고나 홍보 등의 커뮤니케이션 수단을 통해 전달하는 정보를 소비자들이 인식상에서 어떻게 처리하는지, 그리고 구매 단계까지 어떻게 연결되는지를 분석하기 위한 방법이다. 여기에는 몇 가지 변형된 모델이 있으나 가장 기본적인 것이 AIDA 모델이다. 아래 도표 'AIDA 모델'에 따르면, 기업이 제공하는 정보 또는 메시지를 접한 소비자들은 '주의attention→해석interpretation→욕구desire→행동action'의 4단계 과정을 거쳐 의사 결정을 하고 구매한다.

기업은 이 과정에서 소비자의 관심을 끌거나, 기업이 원하는 전략

적인 방향으로 해석될 수 있는 정보와 메시지를 개발하고 전달하는
등, 소비자의 구매 욕구를 자극하기 위해 최선을 다한다.

반면 행동론적 접근은 소비자들의 이성적 인식 변화가 아니라 학
습에 의해 바뀌는 행동상의 변화를 분석하기 위한 방법으로, 가장 대
표적인 것이 '고전적 조건 형성classical conditioning 이론'이다. 우리에게는
러시아 심리학자인 파블로프의 이름을 딴 '파블로프의 조건 형성 이
론'으로 잘 알려져 있으며, 개가 음식을 보고 침을 흘리는 현상에 착
안하여 이론화했다. 개는 음식(무조건자극unconditional stimulus)을 보면 침
(무조건반사unconditional response)을 흘린다. 무조건자극은 반응을 자동
적으로 유발하는 자극이고, 무조건반사는 무조건자극에 의해 자동

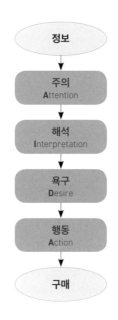

소비자 구매 의사 결정 과정
(AIDA 모델)

적으로 일어나는 것으로, 이전에 학습되지 않은 자동적 반사작용이다. 이후 음식을 줄 때마다 종 치는 것을 여러 차례 반복하면 개는 종소리와 함께 음식을 준다는 것을 학습하게 되어 종소리가 들릴 때마다 침을 흘리게 된다. 이때 음식과 침은 여전히 무조건자극과 무조건반사이며, 종소리는 중립 자극neutral stimulus이 된다. 중립 자극은 조건 형성 이전에는 어떤 반응도 유발하지 못하는 자극을 말한다. 이후 개는 반복된 학습에 의해 나중에는 종소리만 듣고도 침을 흘리게 되는데, 이때 종소리가 조건자극conditional stimulus이 되고 침은 조건반사conditional response가 된다. 조건자극은 조건 형성을 통해 반응을 유발하는 자극이고, 조건반사는 이전의 중립 자극으로 학습된 반응이다. 고전적 조건 형성 이론은 반복에 의한 조건자극, 바로 자동적인 조건반사로 연결시킬 수 있다는 점 때문에 마케팅 전략에서 소비자의 행동 변화를 유도하기 위한 이론으로 유용하게 사용되곤 한다.

하지만 마케팅 이론의 기본이 되는 인지적 관점의 'AIDA 모델'과 행동적 관점의 '고전적 조건 형성 이론' 또한 이론 자체의 완성도를 빼면 선형적 관점에서 벗어나지 못함을 알 수 있다. 지금까지 기업은 내부 직원뿐 아니라 소비자도 하나의 '부품'으로 인식하는 기계론적 세계관으로, 소비자를 핵심으로 하는 마케팅 역시 기계론적, 선형적 모델에 의한 근삿값으로 전체를 해석해왔다.

브랜드 전략은 데이비드 아커에 의해 세계적으로 알려지기 시작해 1990년대 말에 우리나라에 도입된, 비교적 최근 전략이다. 브랜드 전략은 효과적인 '브랜드 자산 관리 전략'이라고도 할 수 있다. 브랜드 자산 관리의 목적은 브랜드 아이덴티티 요소를 정확히 분석하고 다른 경쟁 브랜드와 차별화할 수 있는 요소를 파악하여 브랜드 자산 가치를 극대화하는 데 있다.

　데이비드 아커의 '브랜드 리더십 유형'과 '브랜드 아이덴티티 모델' 도표는 이전의 선형적이고 정형화된 마케팅 전략 모델보다는 다소 발전된 형태로, 기존의 마케팅 4P 전략에서 벗어나 중장기적 브랜드 자산 구축과 아이덴티티 확립의 중요성을 강조한 브랜드 전략 모델이기도 하다. 데이비드 아커는 강력한 브랜드가 되기 위해서는 먼저 '브랜드 리더십'의 목표를 명확하게 설정하고 그에 따라 세부적인 '브랜드 아이덴티티' 전략을 수립하여 소비자와 교감해야 함을 강조했다. 그럼에도 불구하고 그의 전략 모델은 여전히 단순화하고 표준화하는,

브랜드 리더십 유형

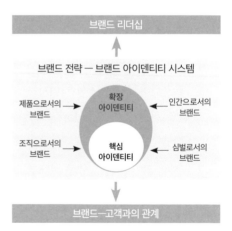

브랜드 아이덴티티 시스템

기계적이고 선형적인 접근에서 자유롭지 못하다는 한계가 있다.

현재 우리나라에서 사용하고 있는 대부분의 브랜드 이론과 전략은 데이비드 아커의 전략 모델에 기반하고 있다. 그러나 그의 브랜드 전략 모델은 1980~1990년대 미국 기업의 활동과 경험에서 나온 것으로, 그 이론적 심층 기반은 대량 생산, 대량 소비 방식의 포드주의 체제 경영 전략에 적합하고, 21세기 이후 심층 기반 변화와 함께 시작된 딥체인지 시대의 새로운 소비자 현상을 설명하는 데는 한계가 있다.

또한 데이비드 아커의 이론뿐만 아니라 대다수 브랜드 전략 모델이 미국 등 서구에서 개발되었기 때문에, 우리나라를 비롯한 다른 국가의 브랜드나 지역에 적용하기에는 무리가 따른다는 점도 문제다. 즉 브랜드 전략 수립에서 핵심이 되는 브랜드 리더십, 브랜드 아이덴티티, 브랜드 퍼스낼리티 등이 정성적qualitative 요소들인데, 이 정성적 요소들을 이루는 구체적인 내용이 대부분 미국 문화에 기반하여 개발된 것이기 때문이다. 이는 서문에서도 밝힌 바 있다.

그러나 제품을 정의하는 요소들은 기능적인 데 반해, 브랜드를 정의하는 요소들(브랜드 개성, 정서적 편익, 브랜드—고객 관계, 사용자 이미지 등) 대부분은 감성적이고 정서적인 요소들로 이루어져 있음을 알 수 있다. 바꾸어 말하면, 브랜드는 다분히 소비자의 감성이나 정서, 즉 그 브랜드가 속한 집단이나 사회, 국가의 문화를 대변하고 있으며, 따라서 브랜드 자산 가치에는 문화적 의미가 담겨 있다. 그러므로 우리가 현재 브랜드 전략의 근간으로 사용하고 있는 이러한 전략 모델은 미국적인 문화를 반영할 수밖에 없다는 한계가 있으며, 그것은 브랜드 정체성의 핵심인 브랜드 개성brand personality 요소에서 잘 드러난다. 이에 데이비드 아커는 브랜드 개성의 다섯 가지 핵심 요소를 진실성sincerity, 흥미excitement, 강인함ruggedness, 유능함competence, 세련됨sophistication으로 규정하고, 이 핵심 요소를 포함하는 44개 항목의 브랜드 개성 척도를 개발했다.

그러나 그가 말한 브랜드 개성의 다섯 가지 핵심 요소와 그 세부 요소들은 모두 미국적인 문화 요소를 대변하는 것으로, 결국 미국이 아닌 다른 문화권에 적용하면 참값이 아닌 근삿값을 구하게 되는 우를 범할 수 있다. 이러한 한계는 그동안 우리나라 학계에서도 여러 차례 지적되어 우리 문화를 반영하는 요소로 수정 및 보완을 시도해왔다. 그러나 전체적인 틀과 핵심 내용에서는 여전히 그의 '빅파이브Big Five' 모델에서 크게 벗어나지 못한 것이 사실이다.

결과적으로, 브랜드와 소비자를 분리하는 이분법적 접근, 소비자를 쪼개고 파고들어 파악하는 요소환원주의적 분석, 브랜드 리더십과 개성의 예처럼 틀에 맞춰 찍어내듯 전략을 수립하는 표준화된 방법 등을 보면, 여전히 선형적이고 기계적인 세계관의 한계를 벗어나지 못하고 있다. 이런 점에서 한국 사회는 현재 긍정적인 창발 현상들이 용솟음치고 있다 해도 과언이 아니다. 새로운 브랜드 패러다임을 정립하고, 이를 통해 새로운 기회를 포착하여 세계적인 브랜드로 거듭나기 좋은 환경이 지금 이곳에서 마련되고 있는 것이다. 한국은 공업화에서는 후발 주자였지만 정보화에서는 선두를 달리고 있듯이, 선형적이고 기계론적 브랜드 패러다임에서는 후발 주자였지만, 비선

형적이고 유기론적인 브랜드 패러다임에서는 선두주자가 될 가능성
이 매우 높다.

질서와 무질서

"자네, 길을 아는가? 이 강은 바로 저들과 나 사이에 경계를 만드는
곳일세. 언덕이 아니면 곧 물이라는 말이지. 인간의 윤리와 만물의 법
칙이란 물가 언덕과 같은 법. 그러므로 길이란 다른 데서 찾을 게 아
니라 바로 이 '사이'에 있는 것이네."
—『열하일기』, '도강록' 6월 24일 중에서

조선 후기 실학자인 연암 박지원은 길은 강이라는 질서와 언덕이
라는 질서 사이의 꼬불꼬불한 사잇길에 있다고 말한다. '강의 질서'와
'언덕의 질서' 사이의 불규칙해 보이는 사이 공간에 어느 쪽 질서에도
속하지 않는 '무질서'가 존재하고, 그 무질서 속에 새로운 질서가 있다
는 것이다. 그는 당시 조선 주류파가 중화주의 사상에 빠져 오랑캐인
청나라를 배척하는 질서는 조선에 도움이 되지 않음을 강조하고, 청
나라의 문물을 받아들이고 배워 명도 청도 아닌 조선만의 새로운 이
용후생의 실학, 즉 새로운 질서가 필요함을 역설했다. 나아가 농경 사
회에서 상공업 사회로 변화해야 한다는 새로운 시대정신을 주장했다.
근현대에 들어와 우리는 알게 모르게 새로운 사상을 강요받아왔
으며 그에 익숙해졌다. 새로운 사상은 서구의 과학적 패러다임으로,

세계화라는 흐름 아래 전 세계를 지배하는 사고의 틀을 말한다. 과학적 패러다임은 앞서 언급한 바와 같이 분석적, 인위적, 독립적, 기계적, 선형적 접근 방식이다. 이는 복잡함과 무질서함을 배제하고 단순함을 추구하는 사상으로, 서양의 오랜 철학적 사고에 바탕을 두고 모든 순수 학문 및 실용 분야에까지 지배적인 영향을 미쳤다. 선형적인 질서가 대세인 '닫힌 세상'이었다.

하지만 21세기에 들어 세상이 변했고, 또 변해가고 있는 중이다. 초고속 인터넷, 무선 이동통신 및 SNS의 발달은 '정보혁명'이라는 이전과는 전혀 다른 새로운 환경을 만들어, 단순했던 우리의 일상생활조차 복잡하게 바꾸었다. 인터넷상의 가상공간과 다양한 SNS를 통해 물리적 한계를 뛰어넘어, 통제도 예측도 불가능한 소통의 장을 형성하고 있다. 이것이 바로 '열린 세상'이다.

닫힌 세상을 지배하던 서구의 과학적 패러다임이 열린 세상에서는 더이상 작동되지 않는다고 다양한 분야의 전문가들이 입을 모은다. 닫힌 세상에서는 실험실의 선형적 모형에서 얻은 결과값을 실제 현실에서도 적용할 수 있었다. 하지만 열린 세상에서는 에너지가 자유롭게 들어오고 나가며 더욱 많아진 구성 요소들이 상호작용하기 때문에, 현실로 나타나는 현상들이 매우 복잡하고 무질서해 기존의 선형적 논리로는 설득력을 갖기 어렵다는 것이다. 비유하자면, 눈에 보이는 물체의 운동은 뉴턴 역학으로 충분히 설명할 수 있지만, 양자의 세계로 들어가면 양자역학이 아니면 운동을 제대로 설명할 수 없는 것과 비슷한 이치다.

그럼에도 우리가 기존의 접근법이 여전히 유효하다고 생각하는 이유는, 열린 세상에서의 복잡하고 무질서한 현상을 강제적 혹은 의도적으로 재단하여 선형적인 틀에 맞게 맞춰 나름대로 명쾌하게 설득하는, 솜씨 좋은 전문가들이 있기 때문이다. 또한 우리 스스로 이전 논리의 익숙함에서 벗어나기 싫어하는 관성이 있기 때문이기도 하다. 그러면 우리는 열린 세상에서의 복잡해진 현상들을 어떻게 이해해야 할까? 무질서하고 복잡한 현상을 이전처럼 선형적인 의미로 축소하여 배제하거나 왜곡해야 할까?

무질서 속의 질서

무질서 속의 질서를 이해하는 가장 단순한 사례가 '시너지 효과synergy effect'다. 시너지 효과는 살아 있는 유기체 둘 이상이 합쳐지면 각각의 합보다 더 큰 힘이 생기는(때로는 각각의 합보다 더 적어질 수도 있는) 현상이다. 예를 들어, 말 한 마리가 4톤의 무게를 끈다고 할 때 두 마리가 각각 끌면 8톤의 무게를 끌 것이다. 하지만 두 마리가 힘을 합쳐 끌면 약 22톤의 무게를 끌 수 있다고 한다. 각각의 말이 끌 수 있는 무게의 합(8톤)보다 무려 14톤이나 더 끌 수 있으니 시너지 효과가 대단하다.

시너지 효과는 구성 요소 부분의 합보다 서로 힘을 합쳤을 때 발생하는 상호작용의 요인이 더욱 크고 중요하다는 것을 말해준다. 시너지 효과는 전형적인 비선형적 현상이다. 만일 시너지 효과를 '부분의 합이 전체'가 되는 선형적 논리로 설명한다면, 말 두 마리가 끄는 무게는 8톤에 불과하므로 두 마리 말이 서로 버팀목이 되어 상호작용으로 만들어낸 14톤의 무게는 온데간데없이 사라지게 된다. 현상 분석을 위해 나누는 순간, 나누기 전의 전체적인 현상이나 대상을 제대로 이해하는 것이 불가능해지는 것이다. 결국 시너지 효과로 발생하는 14톤의 무게는 종합적이고 유기적이며 연속적이고, 관계 속에서만 파악할 수 있다. 앞에서 선형적 논리에 의한 현상 분석과 설명이 근삿값이라고 표현한 것을 기억하는가? 두 마리 말이 힘을 합쳐 끄는 전체 22톤의 무게가 참값이라면, 분석하기 위해 두 마리를 분리하고 한 마리가 끄는 무게를 측정한 후 이를 다시 더해 얻은 8톤의 무게는 전체의 근삿값일 수밖에 없다. 그것도 전체의 50퍼센트도 안 되는 근삿값이다.

여기서 '질서'와 '무질서', 그리고 '무질서 속의 질서'의 차이에 대한 중요한 시사점을 찾을 수 있다. 세상을 안정적인 질서가 유지되고 있는 시스템이라고 전제하는 단순계 패러다임은, 대상이나 현상을 선형적, 과학적, 합리적, 인위적, 독립적, 기계적으로 분석하고 파악한다. 시너지 효과라는 현상을 분석하는 방식 또한 같다. 말 두 마리가 함께 짐을 끄는 현상에서의 '질서'는 독립적인 두 마리의 말이 존재하고 이들 각각은 4톤의 무게를 끈다는 사실이다. 그리고 전체를 파악하기 위해 이를 합치면 8톤의 무게가 된다는 결과값 또한 질서다. 따라서 8톤 이외의 다른 모든 결과값은 앞에서 언급한 '외적 복잡성'으로 치부하고 그 중요성을 배제한다. 외적 복잡성으로 인한 무질서는 질서를 구성하는 핵심 요소에 의미 있는 영향을 주지 못한다고 왜곡한다.

시스템은 본질적으로 '안전성'을 유지하려 하기 때문에 8톤이라는 질서 이외에는 모두 불안정하고 불합리하다고 생각하는 것이다.

반면에 '무질서'는 질서적인 요소를 포함하여 독립적인 말 두 마리가 '합쳐졌다는 것'과 그들이 '함께' 22톤을 끈다는 것을 말한다. 무질서는 '무에서 유'가 나오는 것이 아니라 '유에서 새로운 유'가 나오는 것을 의미한다. 각각의 말에서는 나타나지 않았던 새로운 결과(현상)가 무질서를 만들었다. 무질서로 나타난 새로운 결과값이 14톤(22톤에서 8톤을 뺌)으로, 질서로 분석한 8톤보다 더 크다. 이것을 무시할 수 있는가? 전체의 약 64퍼센트를 나타내는 결과값을 의미 없는 무질서의 요인이라고 치부할 수 있는가? 현상을 만들어내는 구성 요소들의 선형적인 질서뿐만 아니라, 그들이 상호작용하며 함께 만들어내는 비선형적인 무질서를 알아야 전체를 정확히 파악할 수 있는 것이다.

브랜드로 돌아가보자. 변화한 브랜드 환경에서는 소비자를 포함한 많은 구성 요소들이 더욱 복잡한 관계를 형성하고 다양한 소통 창구를 활용해 상호작용한다. 이를 지금까지의 선형적 브랜드 전략으로 접근한다면 전체 중 매우 한정적인 부분만을 이해하고 알 수 있다. 그렇다면 살아 있는 유기체인 브랜드가 만들어내는, 무질서하고 비선형적인 현상의 전체를 파악하기 위해서는 어떻게 접근해야 할까?

열린 세상으로 바뀌면서 일어난 가장 중요한 변화는 '소비자의 변화'이다. 앞에서 언급한 대로, 이전의 닫힌 세상에서 미미한 다수였던 대다수의 소비자들이 과거의 제한적이고 수동적인 정보에만 의존하던 고립된 개인에서, 서로 관계 맺고 상호작용하여 새로운 현상을 만들어내는 '의미 있는 다수'로 바뀌었다. 열린 세상에서 소비자들은 휴대폰과 SNS라는 무기를 활용하여 '정보의 재생산, 공유, 확산'의 힘으로 시장을 주도하고 움직이는 핵심 집단이 되었기 때문이다. 변화한 소비자들은 시공간의 제약을 넘어선 장에서 상호작용하며 비선형적인 현상을 만들어낸다. 비선형적인 현상은 자연적, 관계적, 우발적, 이질적, 창발적으로 나타나기 때문에 불규칙하고 복잡하고 무질서하게 보일 수밖에 없다. 질서를 전제로 한 기존의 브랜드 전략은 선형적인 전략 모델을 활용하기 때문에, 비선형적으로 변화한 소비자와 시장 전체를 분석하고 예측하는 것이 어렵다. 시너지 효과 사례의 시사점과 같다. 따라서 새로운 브랜드 전략은 미시적으로는 소비자들의 비선형적 상호작용을 밝히고, 거시적으로는 소비자 개개인에게서는 보이지 않았던, 무질서하게 나타나는 새로운 현상을 명확히 파악하여 '숨어 있던 무질서 속의 질서'를 밝혀야 한다.

하지만 시장에서 벌어지고 있는 상황을 보면 그렇지 않은 것 같다. 예를 들어, 최근에 떠오른 '디지털 마케팅'은 디지털 기반의 다양한 미디어들을 단지 광고, 홍보, 마케팅의 수단으로만 여긴다. 그리고 다양한 디지털 미디어에 대한 매체 활용 지식이 있으면, 앞서가는 브랜드 커뮤니케이션 전문가로 여긴다. 하지만 디지털 미디어 확산의 의미를 소비자와의 접점이 늘어난 디지털 매체의 증가 정도로만 축소하고 왜곡해서 생각하기보다는, 소비자 간 소통의 장이 넓어져 더욱 무질서한 현상을 만들 가능성이 높아졌다고 인식할 필요가 있다.

연암 박지원이 말하는 길은 강과 언덕 사이의 꼬불꼬불한 사잇길로, 강과 언덕 경계 사이의 무질서에 있고 그 무질서 속에 새로운 질서가 숨어 있다. 그리고 두 마리 말의 눈에 보이지 않는 상호작용에 무질서가 있고, 그 무질서 속에 시너지 효과의 숨겨진 질서가 있다. 따라서 소비자들이 만들어내는 '무질서의 본질'을 찾아내는 것이 중요하고, 그것이 '브랜드 전략의 본질'이 되어야 한다. 브랜드 전략의 본질은 무질서 속의 질서를 밝히는 것이다.

무질서한 시장 속에
브랜드 질서가 숨어 있다

세계적인 자동차 회사 BMW의 '미니MINI' 열풍이 한국에서도 뜨거웠다. 2005년 우리나라에 정식 출시된 미니는 2011년에 4,282대가 판매되었다. 2010년 2,220대 판매라는 실적에 비해 92.9퍼센트의 상승세를 기록한 것이다. 이는 수입차 중 최고 성장률이라고 수입 자동차 전문가들이 말한다. 이후에도 매년 승승장구하며 2012년 5,927대, 2013년 6,301대, 2014년 6,572대 판매를 기록했다. BMW가 영국에서만 인기가 높던 미니를 프리미엄 소형차로 재탄생시켜, 한국뿐만 아니라 글로벌 판매도 30만 대를 돌파하면서 당시 공급 물량이 부족

미니 자동차

할 정도였다. 무엇이 미니를 이처럼 소비자가 열광하는 브랜드로 만들었을까?

자동차 전문가들은 제품 라인업 전략과, 정확한 타겟 고객층을 집중 공략한 마케팅 전략을 미니의 성공 배경으로 꼽는다. 해치백으로 시작한 미니는 2014년에 차체 타입만으로도 두 가지 오픈 모델을 포함해 로드스터, 크로스오버에 이르기까지 7개 모델의 라인업을 갖추고 있었다. 미니의 다양한 제품 라인업이 시장에서 큰 반향을 불러일으키고 있는 것을 반영한 정책이었다. 현재까지도 20~30대의 젊은 층을 핵심 타겟으로 설정하여 커뮤니티를 활성화하고 '미니 세대'를 형성하는 작업을 지속하고 있다.

소비자가 브랜드에 비싼 가격을 지불하는 것은 무엇보다 그 브랜드의 가치를 인정하기 때문이다. 전문가들이 꼽는 자동차의 브랜드

가치는 성능, 헤리티지, 희소성, 독창성, 혁신성, 그리고 프리미엄 마케팅으로부터 나온다. 그러나 미니의 뜨거운 성공을 설명하기에는 기존 관점에 기반한 분석만으로는 뭔가 부족하다.

예상하지 못했던 중저가 화장품의 성공

2002년 4월, '미샤Missha'라는 화장품 브랜드의 직영 매장이 이화여대 앞에 1호점을 열었다. 미샤는 '뷰티넷'이라는 온라인 브랜드로 시작하여 2003년 8월에 100만 명의 회원을 돌파했고, 2004년 3월에는 오프라인 직영 매장 100호 점을 열었다. 같은 해 8월에는 200호 매장을 열고, 12월에는 연 매출 1,100억 원을 달성했다. 화장품은 비싸야 잘 팔린다는 인식이 깊게 자리잡은 철저한 이미지 업종으로, 중저가 시장에서 미샤 돌풍은 업계 대다수 전문가들도 예상하지 못한 결과였다. 미샤는 화장품 가격 파괴를 주도하며 새로이 중저가 시장군을 형성했다. 이후 '더페이스샵', '스킨푸드', '네이처리퍼블릭' 등 후발 브랜드들의 시장 진입으로 거센 추격을 받으면서 중저가 화장품 시장의 규모는 더욱 커졌다.

흔히 이전의 경험 법칙에 의한 예상이나 예측이 빗나갈 경우, 이전과 다른 단절적 변화를 크게 겪을 경우 사람들은 매우 당황한다. 예고도 없이 쏟아지는 소나기, 주식시장에서 어느 날 갑자기 발생하는 폭등과 폭락, 전 세계인을 놀라게 했던 쓰나미 등 예측하기 어려운 현상이 발생할 경우, 일반인은 물론 전문가들도 이전의 논리나 이론으로 분석하여 원인을 설명하려 한다. 그리고 기존 분석 방법론으로 설명하기 어려울 경우에는 대개 예외적인 현상으로 치부한다.

업계 전문가들은 미샤에 대해 "고품질의 제품을 저가로 판매한 것이 성공의 핵심"이라거나 "초기에 광고 없이 입소문 마케팅 전략의 효과", 또는 "온라인과 오프라인의 적절한 통합 전략" 등이 성공 요인이라고 분석했다. 다른 전문가들은 새로운 시장의 창출, 즉 기존의 미미했던 중저가 시장을 공략하여 업계에서 실질적으로 '최초 브랜드 되기'에 성공한 것을 핵심 요인이라고 분석하기도 했다. 요약하면, 가격 거품을 뺀 고품질 초저가 정책, 구전 효과, 온라인 마케팅 전략, 새로운 시장 창출 등 소위 마케팅과 커뮤니케이션의 적절한 통합 전략이 잘 구현되어 성공한 좋은 사례라고 해석하는 것이다. 이러한 기존 관점에서의 분석과 해석은 얼마나 설득력이 있을까?

숨겨진 질서

딥체인지 시대를 맞아 경제·경영 분야는 물론 사회 전 분야에 걸쳐 예상하지 못한 여러 현상들이 나타나고 있다. 변화의 방향과 속도를 이해하고 대응하는 것이 생존을 위해 필수적인 개인이나 기업의 입장에서는, 한 치 앞을 내다보기 어려운 '격동의 시기'라든가 '불확실성의 시대'라는 규정 이상의 구체적인 방법론이 필요해졌다.

오늘날의 예측 불가능성이나 불확실성을 만들어내는 핵심은 바로 '비선형성'에 있다. 선형이란 하나에 하나를 더해 둘이 되는 것(1+1=2)과 같이 입력과 출력이 언제나 일정한 비율을 이룬다는 뜻이

다. 반면에 비선형은 하나에 하나를 더했는데 영이 되거나 셋 이상이
되는 것(1+1=0 혹은 1+1=3)처럼, 입력과 출력의 관계가 일정하지 않은
것을 말한다. 선형이 아닌 것은 모두 비선형이다. 비선형성의 가장 큰
특징은 나비 효과, 즉 초기의 사소해 보이는 작은 요동이 나중에 커
다란 결과를 초래할 수도 있다는 점이다. 이는 주로 현상에 관여하는
구성 요소들 사이의 상호작용에 의한 '되먹임feedback'으로 인해 발생
하며, 비즈니스에서 그 주역은 소비자이다.

　미니 열풍과 미샤의 예외적인 성공은 비선형적 현상의 좋은 사례
이다. 두 사례 사이에는 공통점이 별로 없어 보이지만, 사실은 두 사
례 모두 겉으로 드러난 현상 이면에 감춰진, 일정한 패턴이 있다.

　첫째, 시장에서 기존 질서를 파괴하는 새로운 경쟁 우위 요소가 있
었다는 점이다. 이는 기존 브랜드들의 강점을 합쳐 차별적인 새로운
가치를 만들어내야 가능하다. 미니 사례에서 보면, 일반적으로 소형
차를 구매하는 소비자들은 경제적인 이유에서 크기가 작은 대신 값
은 비싸지 않은 차를 구입한다. 그러나 미니는 '프리미엄 소형차'를 표
방하며 기존 시장에는 없던 새로운 카테고리를 만들어 소비자에게
다가갔다. BMW는 미니를 디지털 세대와 접목시킬 수 있는 다양한
방법을 강구하며, '작은 고급 차' 이미지를 구축하기 위해 소형차의
강점과 중대형차의 강점을 아우르는 제품 전략을 취했다. 예를 들어,
작은 차체지만 넓은 실내 골조로 대중적인 차 설계, 앞바퀴 굴림 방
식, 가로 배치 직렬 엔진 탑재, 뛰어난 실내 인테리어 등 당시의 신기
술과 새로운 개념을 도입하면서 세간의 이목을 집중시켰다. 그 결과

'미샤' 로고

미니는 소형차의 깜찍함과 중대형차의 고급스러움을 모두 갖춘 '작은 고급 차'로서, 이전에는 존재하지 않았던 새로운 경쟁 우위 요소를 만들어 소비자에게 차별적인 가치를 제공하게 되었다.

미샤 또한 2002년 런칭 시점에 기존 화장품 시장에서 새로운 경쟁 우위 요소를 찾아 소비자의 마음을 움직였다. 흥미롭게도 미샤는 기존 화장품 시장에 없는 새로운 제품이 아니라 새로운 유통 전략으로 경쟁 우위 요소를 만들어냈다. 당시 화장품 브랜드들의 유통 구조는 백화점 매장 등 고가의 고급 브랜드를 판매하는 단독 직영 매장 형태와 여러 저가 화장품 브랜드를 함께 취급하는 영세한 규모의 대리점 형태로 나뉘어 있었다.

미샤는 중저가 화장품 브랜드임에도 불구하고 단독 직영 매장을 운영하여, 기존의 백화점 브랜드 매장과 다양한 브랜드를 취급하는 대리점 사이에서 경쟁 우위 공간을 만들어냈다. 즉 미샤는 신뢰할 수 있는 고품질의 제품을 공급하고 중저가 화장품 브랜드임에도 불구하고 단독 직영 매장을 운영하여, 백화점의 고가 브랜드와 다양한 브랜드를 취급하는 대리점 사이에서 경쟁 우위 공간을 만들어냈다. 제품을 신뢰할 수 있고 고급스러운 서비스를 받을 수는 있지만 가격이 부담스러운 고가의 브랜드 매장과, 저렴하게 제품을 구입할 수 있는 것은 장점이지만 서비스가 상대적으로 부족한 대리점의 유통 채널 사이에서, 미샤는 저렴한 가격에 고품질의 제품과 서비스를 제공하는 직영 매장을 최초로 시작한 것이다.

시장에서 기존 질서를 무너뜨리고 새로운 경쟁 우위 공간을 만들어내는 전략은 제품 자체에만 국한되는 개념은 아니다. 미니는 제품을 통해 새로운 제품군을 형성했지만 미샤는 유통 채널을 통해 만들었다. 많은 브랜드들이 치열하게 경쟁하는 시장에서는 제품, 가격, 유통, 서비스 등 다양한 차원에서 이미 확고한 시장 질서가 형성되어 있다. 강력한 질서가 구축된 대다수 시장에서 기존의 접근 방식으로는 브랜드의 성공을 장담할 수 없다. 아니, 불가능에 가깝다. 기존의 시장 질서를 뚫고 나오기 위해서는 미니와 미샤처럼 기존 질서의 강점을 합친, 새롭고 차별적인 가치로 경쟁 우위 공간을 만들어내는 것이 필요하다. 기존 브랜드들이 만들어놓은 질서 안에 들어가 경쟁하는 것이 아니라 새로운 지형을 만들어 선점하는 것이다. 또한 기존 질서의 강점은 소비자들이 이미 받아들이고 인정한 점들이므로, 새로운 경쟁 우위 요소는 기존 질서를 인정하는 데에서 출발해야 한다.

둘째, 브랜드에 대해 소비자들이 소통하는 그들만의 언어가 있었다는 점이다. 미니는 그동안 'be mini', 'not normal', '변하지 않기 위해 변한다' 등 다양한 슬로건으로 소비자에게 말을 걸어왔다. 3세대 미니에 대해서는 'the new original'이라는 슬로건을 내걸었다. 하지만 소비자가 실제로 사용하는, 미니를 지칭하는 언어는 따로 있었다. 바로 '외계인이 만든 자동차 엔진'이다. 소형차이지만 뛰어난 엔진 성능과 멋진 외관을 갖춘 미니는 소비자들에게 단순한 제품 이상의 의미를 준다. '외계인이 만든 자동차'는 소비자들끼리 소통하는 그들만의 언어이며 그들의 눈높이에 맞는 표현이다.

중요한 점은, 소비자들은 기업이 제공한 정보에 더해 스스로 만든 정보로 상호작용하면서 기업이 전혀 예상하지 못한, 무질서하고 비선형적인 현상을 실제 시장에서 만들어낸다는 것이다. 나중에 살펴보겠지만, 브랜드를 지칭하는 소비자만의 언어가 없는 브랜드는 '브랜드가 아니라 제품'일 뿐이다. BMW는 '외계인이 만든 자동차'라는 소비자 별칭이 생긴 배경이 미니가 영국인 어머니와 독일인 아버지 사이에서 태어났기 때문이라고 추측한다. 미니는 영국에서 생산되지만 품질과 신뢰성, 성능 등으로 명성 높은 독일 BMW의 엔지니어들에 의해 개발되었기 때문이다.

미샤의 경우는 어떨까? 앞서 살펴본 미샤의 놀라운 성공은 직영점 형태의 단독 브랜드 매장이라는 유통에서의 새로운 경쟁 우위 요소와 함께 기초 화장품의 가격이 3,300원이라는 또다른 요인이 작용했다. 미샤의 로션, 스킨, 립스틱, 향수, 남성용 화장품 등 판매 제품의 60~70퍼센트가 3,300원이었다. 이는 당시 대다수 유명 브랜드 제품 가격의 10분의 1 수준이었다. 주름 방지 제품이나 미백, 탄력 개선 등 고기능성 제품도 1만 원을 넘지 않았다. 기업 차원에서는 '광고 등의 마케팅을 하지 않는 대신 제품의 가격을 그만큼 내렸다'라든가 '포장이나 용기 등에서 비용을 줄여 제품의 질과 가격을 낮췄다'는 점을 주요 홍보 이슈로 부각시켰다. 그러나 미샤 고객들 또한 스스로의 언어로 소통하기를 원했다. 그래서 브랜드를 가장 적절히 설명할 수 있는 단순 명쾌한 단어를 만들어냈다. 그것이 '3,300원'이었다. 미샤라는 브랜드를 지칭하는 소비자 언어가 만들어진 것이다.

'뷰티넷'이라는 온라인 사이트에서 시작해 제품의 생산 단계와 가격 결정 단계에까지 영향을 준 고객, 즉 프로슈머들은 '3,300원'이라는 그들만의 별칭을 통해 선택적 상호작용을 하며 집단화를 이루어 갔다. 소비자들 사이에서 소통을 위한 별칭이 서로 일치하지 않을 경우에는 집단 형성에 도움이 되는 상호작용이 일어나지 않는다. 미샤의 경우 '3,300원'이라는 소비자 언어는 매우 명확하고 간결해서 상호작용을 쉽게 해주었을 뿐만 아니라, 일치하는 정도가 높아 하나의 경계 안에서 쉽게 집단을 형성하게 했다.

셋째, 소비자들의 공명이 있었다는 점이다. 2002년 BMW는 자동차 연간 생산량 100만 대를 넘어섰는데, 16만 대 이상 팔린 미니가 일등공신이었다. 2012년 BMW는 200만 대를 돌파했다. 이 가운데 미니는 30만 3,177대였다. 우리나라에는 2005년 출시되어 '작은 수입차는 안 팔린다'는 편견에 도전했다. 미니는 2013년 국내에서 6,301대가 팔렸는데, '현대 벨로스터'나 '기아 쏘울'의 두 배가 넘는 성적을 냈다.

미니의 예상치 못한 현상 이면에는 기존 질서를 파괴하는 '새로운 경쟁 우위 요소'와 브랜드에 대한 소비자들이 소통하는 '그들만의 언어'가 있었다는 것 외에 '소비자들의 공명'이라는 한 가지가 더 있다. '공명resonance'은 다른 사람의 생각이나 말에 동감하여 자신도 따르려는 생각을 갖게 되는 것을 말한다.

미니의 소비자 공명을 만들어낸 숨은 공신은 바로 미니 동호회였다. 여러 동호회 중에서도 가장 활발한 동호회는 '미니코리아(미코)'다. 미코는 '미니 드라이빙 스쿨 & 챌린지' 등 미니와 관련된 다양한 행사를 자발적으로 기획하여 진행했는데, 그중 '미니런MINIRUN'이 반응이 가장 뜨겁다. 미니런은 영국에서 1995년부터 시작된 미니 마니아들의 행사로, 우리나라에서는 2006년부터 시작되어 자동차 동호회 문화의 상징이 되었다. 동호회가 자체적으로 기획하여 미니 오너들을 하나로 만드는 행사로 자리잡았기 때문이다. 미코 동호회 활동은 '톡톡 튀고 운전하는 재미가 있는' 미니의 모습을 그대로 닮았다고 평가된다. 미니런은 회를 거듭할수록 미니코리아를 대표하는 얼굴이 되어갔다. 동호회 홈페이지를 통해 참가 신청을 받는데, 5분 내에 마감된다고 한다.

미니런의 인기 덕에 동호회 규모도 급속히 커졌다. 2005년 450명이었던 회원 수는 10년 만인 2015년에 4만 명을 넘어섰다. "미니런이 동호회를 활성화하는 데 큰 역할을 했습니다. 차를 팔기 전에 마지막으로 미니런에 참여했다가 못 팔고 계속 타는 회원들을 많이 봤죠. 미니런에 나가려고 미니를 사는 사람도 꽤 있을 정도예요." 당시 미니코리아를 이끄는 박재형 대장의 말이다. 미코의 미니런 행사가 소비자 공명의 구심점이 된 것이다. 또한 그는 행사를 후원하겠다는 기업들의 제안이 몰리고 영리를 목적으로 동호회를 사겠다는 제안도 받았지만 거절했다고 한다. "미니런도 BMW코리아 외에는 후원을 받지 않아요. 미니코리아의 순수한 색깔을 지키기 위해서죠. 미니런만 해도 미혼이었던 회원이 결혼해서 가족과 함께 오는 등 여러 세대가 어우러집니다. 로버 미니를 타는 할아버지가 뉴미니쿠퍼를 타는 손자와 함께 올 수 있는 동호회, 그것이 저의 꿈입니다." 미코 회원들의 열성적이고 자발적인 활동과 적극적인 소통은 소비자 공명 현상을 위한 촉매가 되어, 결국 우리나라에서 작은 수입차는 안 팔린다는 편견을 깨는 데 핵심적인 역할을 했다.

　미샤 열풍의 공명 현상은 더욱 드라마틱하다. 미샤의 공명 현상은 온라인(뷰티넷)과 오프라인(단독 직영 매장)에서 얻은 다양한 정보와 구매 경험이 있는 소비자들의 긍정적 상호작용을 통해 발생했다. 그리고 미샤의 프로슈머들이 소비자 공명의 구심점 역할을 했다. 프로슈머들은 온라인 사이트를 통해 미샤 제품의 생산에서부터 가격까지 그들의 의견을 반영하고 다른 소비자들과의 상호작용을 이끌었다. 그뿐 아니라 매장에서 직접 구매를 함으로써 고객이 되기도 하고, 구매 경험을 또다시 온라인과 오프라인에서 소통하고 확산함으로써 공명 현상을 더욱 가속화했다. 물론 이들의 상호작용은 "가격이 싸서 걱정했는데 품질이 참 괜찮더라"로 시작하여 결론은 "미샤는 3,300원"이라는 그들만의 언어였다.

고밀도 초연결 사회에서는 개개인의 능력도 중요하지만 '다른 사람들의 의견'이 만들어내는 역동성이 더욱 중요하다. 미니 동호회와 미샤 프로슈머의 자발적인 활동은 촉매가 되어 예상치 못한 비선형적 현상을 만들어냈다. 처음에는 450여 명이었던 회원들이 마중물이 되어 결국 4만 명의 물줄기를 만들어낸 것이다. 이처럼 소비자 스스로의 상호작용으로 반향을 일으키는 공명 현상은 '전체는 부분의 합보다 크다'라는 비선형적 명제를 '참'으로 만든다.

비선형적 현상에 소비자 상호작용이 있다

미니와 미샤의 사례를 통해 이들이 복잡한 시장 상황을 뚫고 새로운 현상을 만들 수 있었던 세 가지 공통점을 살펴봤다. 시장에서 기존 질서를 무너뜨린 매력적인 '경쟁 우위 요소'가 있고, 소비자 스스로 만든 브랜드에 대한 '그들만의 언어'가 있으며, 마지막으로 소비자들의 '공명 현상'이 있었다는 점이 비선형적 현상을 만들어낸 일정한 패턴이다. 다시 말하자면, 미니는 프리미엄 소형차로의 차별적인 경쟁 우위 요소, '외계인이 만든 자동차'라는 소비자 언어, 미코 동호회로 비롯된 소비자 공명이 거대한 비선형적 현상을 만들어낸 창발적 메커니즘이다. 또한 미샤의 경우에는 단독 브랜드 매장이라는 유통에서의 경쟁 우위 요소, 미샤는 '3,300원'이라는 소비자 별칭, 프로슈머들의 촉매 역할로 인한 공명의 삼박자가 어우러진 결과였다. 결국 매력적인 경쟁 우위 요소를 가진 제품을 소비자들이 상호작용하며 공명 현상을 만드는, 즉 '제품이 브랜드가 되어가는 과정'이 바로 복잡하고 무질서한 현상에 숨겨진 질서이자 소비자가 만드는 브랜드 진화 메커니즘이다.

단순히 좋은 제품을 만들어 막대한 광고와 마케팅 활동을 하는 방식으로는 더이상 소비자의 마음을 얻을 수 없다. 새로운 제품을 런칭하는 경우에는 더욱 그렇다. 시장과 브랜드, 소비자를 잇는, 통합적이고 유기적이고 새로운 브랜드 전략이 필요하다. 그 중심에 소비자가 있다. 소비자들이 자신들만의 언어로 상호작용하며 기업이 예상하지 못하는, 복잡하고 무질서하고 새로운 현상을 만들어내기 때문이다. 기업 활동이 이루어지는 시장뿐만 아니라 현대사회는 질서와 무질서가 공존하는 '살아 있는 복합 공간'이다. 변화가 빠르고 복잡한 양상을 띠는 오늘날, 현상을 몇 가지 핵심 변수로 단순화하여 합리적으로 설명하려는 기존의 선형적 이론으로는 그 무질서의 복잡한 이면을 들여다볼 수 없다.

딥체인지는 우리 자신도 새로운 '사고의 틀'로 바꿔야 한다는 강력한 시사점을 던져준다. 미니와 미샤 사례 외에도 2002년에 대한민국을 뜨겁게 달구었던 한일 월드컵의 '붉은악마' 현상, 2007년 1월에 런칭해 돌풍을 일으킨 바나나 과즙 우유 '바나나는 원래 하얗다'(매일유업), 세계적인 스타가 된 '방탄소년단' 등 21세기 이후 나타나는 새로운 현상들은 기존 논리로는 그 본질을 파악하기가 어렵다. 그렇기 때문에 비선형적 현상을 설명할 수 있는 새로운 이론과 전략이 필요하다. 새로운 브랜드 전략을 논하기 위해 먼저 브랜드 패러다임의 변화에 대해 간단히 살펴보려 한다.

2장

브랜드
패러다임이
바뀌다

지난 20년 동안 우리는 '브랜드'라는 새로운 개념을 경험했다. 그전까지 우리나라의 모든 기업들이 성장 위주의 비즈니스 전략에 따라 마케팅을 핵심으로 삼았다면, '브랜드'라는 새로운 개념이 도입된 이후에는 스스로의 정체성을 확립하고 경쟁 브랜드와의 차별성을 구축하여 강력한 브랜드가 되고자 했다. 이러한 브랜드 관점은 지금도 유효하다. 브랜드의 존재 이유 혹은 가치는 기업이 브랜드를 영위하는 데 가장 중요한 요소이기 때문이다. 하지만 최근 몇 년 사이 대다수 기업들은 기존 브랜드 전략이 시장에서 더 이상 작동하지 않는다고 입을 모은다. 또한 더욱 복잡해지고 예측하기 힘들어진 시장에서 기업 중심의 브랜드 전략보다는 매출과 직접적으로 관련 있는 과거의 마케팅 전략으로 돌아가는 것이 오히려 낫다고 목소리를 높인다. 무엇이 문제일까?

브랜드 3.0 시대,
브랜슈머를 잡아라

지금의 10년은 과거의 100년과 비교할 수 없을 만큼 빠르게 변하고 있다. 21세기에 들어 브랜드 2.0 패러다임은 엄청나게 빠른 속도로 발전한 인터넷과 무선 이동통신, SNS의 확산으로 인해 이미 많은 부분에서 작동하지 않는 낡은 사고의 틀이 되었다. '정보화의 코페르니쿠스적 대전환'이라고 할 수 있는 디지털 미디어의 출현과 발전으로 소비자 중심의 '브랜드 3.0 시대'가 되었기 때문이다. 다음 표는 브랜드 패러다임의 변화를 보여준다.

	브랜드 1.0	브랜드 2.0	브랜드 3.0
관점	기업 중심	브랜드 중심	소비자 중심
전략적 개념	브랜드 정체성 brand identity	브랜드 커뮤니케이션 brand communication	브랜드 경영 brand management
브랜드 목표	매출 극대화	브랜드 차별화	브랜드 진화
브랜드 관리	제품력 CI & BI	소비자 만족 consumer satisfaction	소비자 상호작용 consumer interaction
시장 특성	마케팅 전쟁 marketing war	브랜드 전쟁 brand war	소비자 전쟁 consumer war
소비자 특성	소비자 consumer	프로슈머 prosumer	브랜슈머 brandsumer

브랜드 패러다임의 변화

브랜드 1.0 시대

　　　　　　　　　　브랜드는 언제부터, 왜 중요해졌을까? 브랜드를 이야기하기 위해서는 마케팅에 대한 언급을 피할 수 없다. 전통적인 마케팅은 기본적으로 상품product, 가격price, 유통place, 판매 촉진promotion의, 우리가 잘 알고 있는 4P 전략을 중심으로 하고 있다. 이들 4P 요소 중 다른 경쟁 제품 대비 가장 경쟁력 있는 요소를 중심으로 '차별적 가치 제안unique selling proposition', 즉 USP 전략으로 소비자를 설득하여 판매를 향상하는 것이 마케팅의 기본 목적이다. 이를 실현하기 위한 마케팅의 가장 큰 특징은, 제품의 기능적 특성과 그것이 가져다주는 소비자 혜택을 중요시한다는 점이다. 이러한 마케팅 접근 방식은 소비자를 '이성적이고 합리적인 의사 결정자'로 보는 관점에 뿌리를 두고 있다. 따라서 마케팅 리서치를 통해 밝히고자 하는 핵심은, 제품 본연의 혜택이 소비자의 인식 및 태도에 어떻게 영향을 미치는지이다.

　　그러나 세계적으로 기술이 발달하고 신흥 개발국들의 제품 경쟁력 또한 날로 발전하면서, IT 분야의 일부 업종을 제외하면 더이상 제품의 기능만으로는 소비자들의 마음을 끌기가 어렵다. 게다가 제품의 기능적 경쟁 우위를 앞세운 시장 확대 역시 한계에 부딪히게 되었다. 이와 같이 상황이 변하면서, 마케팅 시대가 끝나고 브랜드 시대가 시작되었다. 물론 마케팅 시대의 끝이 어느 한순간에 칼로 무 자르듯 마무리되었다는 뜻은 아니다. 예를 들어, 브랜드 개념이 사용되기 시작한 후인 1999년에 세계적인 마케팅 구루인 번 슈미트Bernd H. Schmitt는 저서 『번 슈미트의 체험 마케팅』(김앤김북스, 2013)에서 제품의 기능적 혜택보다 소비자의 감각, 정서, 인지적 경험 등을 중요한 개념으로 제시하고, 단순한 소비 행위보다는 마케팅 관점에서의 총체적인 경험을 강조했다. 그러나 그의 이론도 결국 '마케팅에서 브랜드로의 전환'이라는 큰 흐름을 막지는 못했다. 단지 기존의 경험 법칙을 중요시하는 기업가나 마케팅 신봉자들에게 잠시 위안을 주는 징검다리가 되었을 뿐이다.

브랜드는 1991년 데이비드 아커의 『브랜드 자산의 전략적 경영』이라는 저서를 시작으로 활성화되기 시작했다. 그는 브랜드 자산이 무엇이고, 또한 자산을 구성하는 네 가지 차원(브랜드 인지도, 소비자가 인지하는 제품의 질, 브랜드 연상 이미지, 브랜드 로열티)은 무엇인지 자세히 설명했다. 그리고 브랜드 네임과 심벌의 역할, 세계적인 브랜드 전략을 둘러싼 쟁점을 언급했다. 이는 당시까지 마케팅 전략에만 의존해 오던 업계에 새로운 영감을 주었다.

1996년 데이비드 아커는 저서인 『강력한 브랜드의 구축』(한국어판 『데이비드 아커의 브랜드 경영』)을 펴낸다. 이 책에서 그는 브랜드 아이덴티티는 무엇이고 어떻게 개발될 수 있는가, 브랜드 개성은 무엇이고 어떻게 사용되는가, 브랜드 시스템 관리 방안은 무엇이고 어떻게 운영되는가 등에 대해 논하고, 마지막으로 브랜드 자산 평가를 위한 접근 방법을 소개했다. 21세기를 눈앞에 두고 펴낸 데이비드 아커의 저서 두 권은 세계적으로 '브랜드 1.0 시대'가 본격적으로 시작되었음을 알리는 중요한 의미를 지녔다.

1990년대는 여전히 공급자 중심의 대량 생산과 대량 소비라는 포드주의적 질서가 지배하던 시기였지만, 한편에서는 탈대량demass이라는 포스트 포드주의post-fordism의 싹이 조금씩 자라던 시기이기도 했다. 당시 많은 기업들이 브랜드 개념의 중요성을 받아들이고 브랜드 아이덴티티, 즉 브랜드 정체성 확립에 관심을 갖기 시작했다.

브랜드 1.0 패러다임의 핵심은 B2B이다. 여기서 B2B는 현재 주로 사용되는 'Business to Business'의 줄임말이 아니라 'Business to Brand'를 뜻한다. 비즈니스, 즉 기업 경영의 목적은 제품 판매를 극대화하여 이윤을 창출하는 것이므로 마케팅의 중요성이 강조될 수밖에

국내 브랜드의 CI 변경 사례

없다. 그러나 브랜드 1.0 시대를 맞이하여 기업들은 점차 제품 자체의 경쟁력을 넘어서는 새로운 가치를 인식하게 되고, 이를 포괄하는 개념으로서 브랜드 관점을 받아들인다. 마케팅 시대에서 브랜드 시대로의 전환이었다. 브랜드 1.0 시대에는 대다수 기업들이 브랜드 정체성의 표현으로서 CIcorporate identity와 BIbrand identity를 바꾸고, 보다 세련된 디자인으로 소비자에게 다가서기 시작했다.

브랜드 1.0 패러다임의 특징은 크게 네 가지로 요약할 수 있는데, 기업 내부와 외부의 온도차가 뚜렷했다. 첫째, 기업 내부적으로는 마케팅 중심의 시각에서 브랜드로 무게중심을 옮기기 시작했다. 둘째, 브랜드 정체성 수립의 일환으로 브랜드의 시각적 표현인 CI와 BI를 교체 또는 보완하면서 브랜드에 대한 관심이 서서히 뜨거워지기 시작했다. 반면 셋째로, 기업 외부적으로는 시장에서 여전히 대량 생산과 대량 소비라는 기존 질서가 유지되어 소비자들에게 제품의 기능적 측면이 강조되고 있었다. 그에 따라 매출 극대화를 위한 마케팅 전쟁이 뜨거웠던 이전투구의 시대라는 네번째 특징이 있다. 한마디로 이 시기는 마케팅과 브랜드 관점이 혼재하는 혼란기라고 할 수 있다.

브랜드 1.0 시대는 21세기가 되면서 조금씩 달라지기 시작한다. 사회 전반에 걸쳐 포스트 포드주의가 확산되면서 대부분의 산업에서 탈대량이 이루어지고, 본격적인 브랜드 중심 시장으로 바뀌기 시작했다. 이 시기에 기업들은 브랜드라는 개념을 도입하여, 브랜드 자산 구축이 기업 경영에 매우 중요한 요소라는 사실을 깨닫고 브랜드 정체성을 보다 정교화하는 작업을 진행했다.

이러한 브랜드 패러다임 변화가 가능해진 것 또한 데이비드 아커로부터 비롯되었다. 그는 2001년에 브랜드와 관련하여 최고의 명저로 꼽히는 『브랜드 리더십』을 에릭 요컴스탈러 박사와 공저로 세상에 내놓는다. 『브랜드 리더십』은 이전에 발표한 저서 두 권을 잇는, 브랜드 구축과 관리에 관한 마지막 저서로 브랜드 전략의 개론서이자 가장 큰 영향을 끼친 전략서이다. 데이비드 아커는 저서에서 '브랜드 리더십' 개념을 도입하여 이를 브랜드가 존재하는 한 지향해야 할 목표로 정의하고, 브랜드 리더십 구축을 위한 네 가지 방안을 제시했다. 즉 브랜드 에센스를 포함하는 브랜드 아이덴티티 정교화, 기업 내 개별 브랜드들의 시스템 구축을 위한 브랜드 아키텍처의 정립, 광고를 초월하여 효율적인 브랜드를 구축하는 방안, 마지막으로 브랜드 관리를 위한 기업 조직의 구축이 그것이다.

같은 해인 2001년, 또다른 브랜드 권위자인 미국 다트머스대학교 경영대학원 케빈 레인 켈러Kevin Lane Keller 교수는 저서 『전략적 브랜드 관리』(시그마프레스, 2015)에서 고객에 기초한 브랜드 자산 관리를 통해 브랜드 자산을 증대시켜야 함을 강조했다. 그의 브랜드 전략에 관한 기본적인 프레임은 데이비드 아커의 이론에서 크게 벗어나지는 않았지만, 새로운 브랜드 전략 모델에 목말라하던 당시 환경과 맞물려 주목받았다. 『브랜드 리더십』과 『전략적 브랜드 관리』, 이 두 권의 브랜드 관련 명저를 통해 우리나라의 브랜드 컨설팅 업계는 브랜드 전략에 관한 이론적 토대를 마련하게 되었다. 많은 기업들 또한 브랜드 정체성을 넘어 보다 정교한 브랜드 전략을 수립하고, 이를 소비자와 커뮤니케이션하기 위한 전략적 도구로 활용하기 시작했다. 이렇게 브랜드 2.0 시대의 새로운 지평이 열렸다.

브랜드 2.0 시대

브랜드 2.0 시대의 패러다임은 구체적으로 무엇을 말하는 걸까? 요약하면, 첫째로 '브랜드 중심'의 전략적 관점을 갖게 되었다. 이전까지의 기업 중심, 마케팅 중심의 패러다임에서는 제품의 기능과 소비자 혜택을 중요시했다. 그러나 기업 간의 기술 격차가 사라지면서 제품에서의 기능적 차별점 역시 미미해졌고, 소비자 또한 자연스럽게 더이상 이를 제품 구매의 핵심 요소key buying factor로 여기지 않게 되었다. 즉, 브랜드 2.0 시대의 소비자는 제품을 구매하는 것이 아니라 브랜드를 구매하게 된 것이다. 이는 실로 엄청난 의미를 지닌 변화였다.

기업은 끊임없이 제품을 개발함과 동시에 경쟁사에 앞서 브랜드 이미지를 선점하기 위해 더욱 치열한 시장 경쟁 구도를 형성했다. 소비자는 제품이 아닌 브랜드를 소비하면서 이성적 소비자에서 감성적 소비자로 바뀌었다. 또한 이 시기에는 인터넷이 획기적으로 발전하고 개인 이동통신이 확대되면서 소비자가 다양한 정보를 쉽게 접할 수 있는 환경이 만들어졌다. 그 결과, 이전까지는 기업 내부적인 브랜드 정체성 확립에 머무르던 브랜드 전략이 소비자와의 소통을 위한 브랜드 커뮤니케이션으로 확대되었다. 이전의 마케팅과 광고 전략에서는 소비자를 제품을 판매하기 위해 설득하는 대상으로 여겼다면, 브랜드 커뮤니케이션에서 소비자는 브랜드 이미지를 만드는 주체로서 신뢰를 쌓아야 할 '관계 맺기'의 대상이다. 브랜드 1.0에서의 관점이 B2B_{Business to Brand}였다면, 브랜드 2.0에서의 관점은 B2C_{Brand to Consumer}가 되었다.

둘째, 브랜드 차별화가 브랜드의 목표가 되었다. 제품의 물리적 속성에 의한 차별성이 약해지면서 제품 이외의 상징적 요소들이 차별성의 요인으로 부각되었다. 앞에서 살펴본, 브랜드를 구성하는 요소들인 정서적 편익, 자아 표현적 편익, 브랜드 개성, 조직 연상 이미지, 원산지 이미지, 사용자 이미지 등이 바로 소비자가 브랜드 이미지를 형성하는 개념들이다. 예를 들어, '3M은 혁신적 기업이다'라는 이미지는 조직 연상 이미지에서, '아우디에는 독일인의 장인 정신이 담겨 있다'라는 이미지는 원산지 국가의 요소로부터 전략적으로 차용한 것이다.

또한 삼성의 갤럭시와 애플의 아이폰은 사용자 이미지에서 서로 차이가 있다. 소비자 조사에 의하면, 갤럭시 사용자는 현실적이고 실용적이며 안전 지향적이라고 할 수 있는 반면 아이폰 사용자는 보다 이상적이고 멋을 추구하며 자기만족을 중요시한다고 할 수 있다. 이러한 사용자 이미지는 브랜드에 '되먹임 효과_{feedback effect}'를 가져와, 브랜드 이미지를 더욱 공고히 하고 브랜드에 차별성을 부여한다. 이처럼 브랜드를 구성하는 다양한 요소들을 통해 경쟁 브랜드와의 강력한 차별화를 구축하는 것이 브랜드 목표가 되었다.

마지막으로, 브랜드 2.0 패러다임에서는 '소비자 만족'이 브랜드 관리의 핵심이다. 시장 환경이 대량 생산, 대량 소비에서 다품종 소량 생산 시대로 접어들고, 기업이 브랜드 중심의 관점을 갖게 되면서 소비자가 더욱 중요해졌다. 브랜드 2.0 시대의 소비자는 단지 제품이나 브랜드를 소비하는 대상에서 제품 생산 단계까지 참여하는 프로슈머가 되었다. 소비자에서 프로슈머로 역할이 넓어졌다는 것은 단순히 제품의 생산 과정에 기여한다는 것 이상의 의미를 갖는다. 브랜드와 소비자가 보다 강력한 관계를 형성하여 이전까지와는 다른 수준의 브랜드 충성도를 구축하게 된 것이다. 결국 소비자를 자기 편으로 만들어야 한다는 총성 없는 브랜드 전쟁에서, 소비자 만족은 승리하기 위해 꼭 확보해야 할 교두보가 되었다.

브랜드 1.0 시대가 제품력을 바탕으로 다양한 마케팅과 프로모션으로 승부하던 '마케팅 전쟁'의 시기였다면, 브랜드 2.0 시대는 마치 호수 위에 떠 있는 백조처럼 겉으로는 우아하게 브랜드 이미지를 만들면서 수면 아래에서는 더욱 까다로워진 소비자를 만족시키기 위해 고군분투하는 '브랜드 전쟁'의 시기였다고 할 수 있다.

브랜드 3.0 시대

• 브랜드 패러다임의 관점

시대가 변하면서 브랜드 패러다임의 관점은 기업 중심에서 브랜드 중심으로, 다시 브랜드 중심에서 소비자 중심으로 이동했다('브랜드 패러다임의 변화' 표 참조). 브랜드 1.0과 2.0 패러다임에서도 소비자의 중요성은 늘 강조되어왔는데, 새로운 패러다임에서 말하는 소비자 중심이란 어떤 의미일까?

이전에는 소비자가 '제품 구매의 대상'(브랜드 1.0)으로서, 또 '커뮤니케이션 설득의 대상'(브랜드 2.0)으로서 강조되었다. 따라서 소비자 개개인의 라이프 스타일, 인식과 태도 또는 일상생활의 동선 등을 파고들어 분석했다. 또한 소비자가 광고를 보는 동안 어떤 부분에서 긍정적인 반응을 하고 호감을 느끼는지 알기 위해 과학의 힘을 빌려 동공의 크기 변화를 측정한다든가 뇌파의 변화를 측정하여 분석하기도 했다.

이처럼 개별 소비자 특성을 강조하는 이전의 관점과는 달리, 브랜드 3.0에서 말하는 소비자 중심이라는 개념은, 소비자들이 서로 소통하고 정보를 공유하고 재생산하며 상호작용하는, 즉 '브랜드를 만들어가는 주체'로서 소비자를 본다는 뜻이다. 브랜드 3.0 시대의 이런 변화를 명확히 인식해야 브랜드 중심에서 소비자 중심으로 바뀌는 시장을 이해할 수 있고, 올바르게 대응할 수 있다. 브랜드 3.0 패러다임의 관점은 바로 C2C_{Consumer to Consumer}이다. 이제 제품은 기업이 만들고 브랜드는 소비자들이 만드는 시대이다.

• 전략적 개념

브랜드 3.0 패러다임의 전략적 개념은 '브랜드 경영'이다. 브랜드 경영은 새로운 개념은 아니다. 이전에도 기업에서 보유하고 있는 개별 브랜드의 중요성을 강조하기 위해 사용해왔다. 예를 들어, '삼성 갤럭시'라는 표현에는 '삼성'이라는 기업명과 '갤럭시'라는 개별 브랜드명이 함께 쓰여, 그 중요성을 인지하고 잘 관리하겠다는 뜻이 포함되어 있다. 그러나 이전의 브랜드 경영이 '브랜드 중심의 경영'을 뜻하는 것이었다면, 브랜드 3.0 시대에는 '소비자 중심의 브랜드 경영'으로 재정의되어야 한다.

브랜드 3.0 패러다임에서 브랜드 전략은 기본적으로 '소비자 중심'이다. 기업의 브랜드와 관련한 모든 내부적인 경영 활동은 물론 외부적으로 자사 브랜드와 소비자와의 상호작용을 전략적으로 관리하는 데 초점을 맞춰야 하며, 궁극적으로는 소비자 스스로 브랜드를 만들어갈 수 있도록 브랜드 전략을 수립해야 한다.

최근 애플의 아이폰이 문제가 있어 보인다. 지금까지 아이폰은 혁신적인 제품, 멋진 디자인, 경영자 스티브 잡스 개인의 아이콘화 등 경쟁 브랜드들이 따라올 수 없는 차별점을 지니고 있었다. 특히 소비자들에게 '멋진cool'이라는 가장 중요한 브랜드 의미를 강력하게 각인시키고 있었다. 그러나 삼성 갤럭시의 엄청난 노력과 투자로 아이폰만의 혁신적인 이미지가 많이 희석되었고, 제품 디자인 또한 시간이 흐르면서 차별성이 떨어지고 있다. 게다가 스티브 잡스의 사망으로 애플로서는 매우 중요한 브랜드 자산 중 하나를 잃게 되었다.

브랜드를 둘러싼 이러한 일련의 과정들이 결국 아이폰에 대한 소비자 간의 상호작용에서 중심 개념이 되는 '멋진'의 의미를 점차 약화시키고 있다. 브랜드 경영을 잘못하고 있는 것이다. 얼마 전까지 애플은 미국, 일본, 독일, 호주 등 세계 곳곳에서 삼성과 특허 관련 소송을 진행했다. 애플의 특허 소송은 삼성에게 재정적인 압박은 가했을지 모르나 갤럭시를 아이폰의 대항마로 소비자에게 각인시키는 결정적인 역할을 했다. 그러는 사이에 아이폰은 점점 '덜' 멋진 브랜드가 되어가고 있다. 소비자들이 브랜드에 대해 어떻게 생각하고 무엇을 소통하며 상호작용하는지, 브랜드의 중심에 소비자를 두어야 하는 이유가 바로 이 때문이다. 브랜드 3.0 패러다임에서의 전략적 개념은 브랜드 경영이고, 브랜드 경영은 반드시 소비자 상호작용의 관리가 핵심이어야 한다.

•브랜드 목표

주전자에 물을 담아 열을 가하면 물은 온도가 서서히 올라간다. 계속해서 가열하면 주전자 안에 있는 물에서 기포가 생기고, 물의 흐름이 점점 활발해지다 물의 온도가 섭씨 100도에 이르면 액체 상태였던 물이 기체 상태의 수증기로 변하게 된다. 이처럼 어떤 시스템에서 전에는 보이지 않던 새로운 것이 한순간에 갑작스럽게 나타나는 것을 '창발'이라고 한다. 다시 말하면, 시스템을 구성하는 개별 요소(물: 액체)에서는 나타나지 않았던 현상이 그들의 상호작용(가열을 통한 물 분자의 운동)을 통해 전혀 예상하지 못했던 새로운 현상(수증기: 기체)을 만들어내는 것이 바로 창발이다. 창발은 브랜드 3.0 패러다임에서 브랜드 목표이다. 창발을 위한 브랜드 전략은 다음 장에서 구체적으로 다룰 예정이며, 여기서는 창발의 조건에 대해 간단히 알아보려 한다.

창발의 첫번째 조건은, 시스템의 구성 요소들이 '유기체'여야 한다는 점이다. 위에서 예로 든, 무기체인 물이 수증기가 되는 창발 현상은 외부적인 자극을 강제로 준 통제하에서만 가능하거나 자연 환경에서 가능하다. 스스로 창발하지 못한다는 의미다. 하지만 열린 시스템에서 브랜드는 시장 변화에 단순히 기계적으로 반응하는 무기체가 아니라, 소비자와의 상호작용으로 구성 요소를 재조직하며 능동적으로 적응하고 또 진화하는, 살아 있는 생물이다. 사람의 뇌가 신경세포의 회로망을 끊임없이 재구성하면서 경험을 통해 학습하고 진화해나가는 것처럼, 브랜드 또한 살아 있는 유기체로서 시장 환경에 따라 스스로 변화하며 지향점을 향해 나아간다. 소비자는 기업과 브랜드가 전달하는 정보와 메시지에만 의존하지 않고, 스스로 정보를 찾고 공유하고 확산하면서 브랜드의 의미를 재구성한다.

두번째는 끊임없는 비선형적 상호작용이다. 변화한 시장 환경에서 경쟁 브랜드와 소비자 등의 구성 요소들은 다양한 방식으로 상호작용한다. 사람의 뇌에 수십억 개의 신경세포가 마치 거미줄처럼 연결되어 있는 것처럼, 시장에는 수많은 소비자들이 존재하고 그들은 서로 정보를 공유하며 상호작용을 통해 브랜드와 교감한다. 시장의 소비자는 끊임없이 소통하고 상호작용하며 비선형적 관계를 맺는다. 이러한 비선형적 상호작용으로 결국 창발이 일어나고 예상치 못한 새로운 현상을 만들어내는 것이다.

이처럼 브랜드는 유기체의 진화와 구성 요소들과의 비선형적 상호작용을 통해 창발 현상을 만들어낸다. 인간의 수많은 신경세포 조직으로부터 '마음'이라는 새로운 창발 현상이 만들어지는 것과 비슷하다. 마음이라는 창발 현상은 신경세포 하나하나만으로는 도저히 예측할 수 없다. 마음을 이해하려면 미시적인 상호작용과 거시적인 질서 형성에 대한 이해가 동시에 필요하다. 이러한 창발 현상을 브랜드 관점에서는 '브랜드 진화'라고 한다.

• 브랜드 관리와 소비자 특성

세계적인 마케팅 대가 필립 코틀러는 저서 『마켓 3.0』에서 비록 소비자 상호작용이라는 개념을 직접 쓰지는 않았지만, 고립된 개인에서 연결된 개인으로 바뀌면서 소비자의 역할 또한 주도적 주체로 변화하고 있다고 강조했다. 그가 지적하는 부분이 바로 이 책에서 강조하는 '소비자 상호작용'이다. 다음은 필립 코틀러의 『마켓 3.0』에서 인용한 부분이다.

"본서에서 저는 새로이 변화하는 시대를 '3.0 시장'이라고 명명했습니다. '3.0 시장'이란 상품력으로 승부하던 1.0 시장이나 서비스와 고객 만족으로 승부하던 2.0 시장의 연장선이기도 하지만, 그것들과는 본질적으로 다르며 그 파급력은 더욱 지대합니다. 마치 스티브 잡스의 아이폰과 아이패드 혹은 제임스 카메론의 3D 영화 〈아바타〉를 보며 전혀 다른 세계의 도래를 예감하듯, 우리는 이미 '3.0 시장'이 지금 우리 옆에 와 있는 것을 목도하고 있습니다. 그것을 인정하고 변화의 행보를 시작하는 사람들은 그 시장을 선점할 것이고, 현실을 부인하며 현재의 방법만을 고집하는 사람은 뒤늦게 후회하게 될지도 모릅니다."

브랜드 1.0 패러다임에서는 '제품력'이, 브랜드 2.0 패러다임에서는 '소비자 만족'이 브랜드 관리 차원에서 핵심 요소였다면, 이제는 소비자 상호작용이 브랜드 관리의 핵심이다. 소비자 상호작용을 알지 못하고는 브랜드 관리를 할 수 없다. 소비자들이 상호작용을 통해 브랜드를 만들어가기 때문이다.

1980년 앨빈 토플러가 『제3의 물결』에서 최초로 사용한 '프로슈머'라는 용어는 제품 생산에 소비자가 직간접적으로 기여하는, 즉 생산자 역할을 수행하는 소비자를 뜻한다. 프로슈머는 제품의 기능과 소비자 만족으로 승부하던 브랜드 2.0 시대까지는 매우 중요한 역할을 했다. 그러나 이제는 소비자의 역할이 더 커지고 더 중요해졌다. 상호작용을 통해 브랜드를 만드는 주체가 되었기 때문이다. 그래서 브랜드 3.0 패러다임에서의 소비자는 프로슈머를 넘어 '브랜슈머'라고 명명하고자 한다. 프로슈머가 '제품을 생산하고 소비하는 소비자'라면, 브랜슈머는 '브랜드를 생산하고 소비하는 소비자'로 정의할 수 있다.

브랜드 3.0 시대가 열림에 따라 시장에서는 마케팅 전쟁과 브랜드 전쟁이 막을 내리고, '소비자 전쟁'이 시작되었다. 어느 브랜드가 전략적으로 소비자 상호작용을 이끌어내고, 브랜슈머를 자기 편으로 만드느냐에 따라 승부가 갈리는 전쟁이다. 필립 코틀러의 지적대로 이러한 딥체인지의 흐름을 이해하고 받아들이지 못하는 사람과 기업은 크게 후회하게 될지 모른다.

2부

브랜드 X팩터

Brand X-factor

1장

무질서 속
질서에
브랜드
X팩터가 있다

브랜드 3.0 패러다임의 핵심은, 브랜드 환경의 딥체인지로부터 발생한 비선형적 현상을 있는 그대로 바라보고, 무질서한 이면에 숨겨진 질서를 찾아내는 새로운 사고의 틀이다. 우리는 앞서 미니와 미샤의 사례를 통해 그러한 숨겨진 질서를 찾을 수 있는 가능성을 보았다. 복잡함을 복잡함 그대로 보고, 무질서한 현상의 본질을 외면하지 않고 본질 그 자체를 직시해야 함을 알았다. 시너지 효과에서 살펴본 것처럼, 그래야 현상의 '참값' 그대로를 알 수 있고 새로운 사고의 틀로서 '살아 있는 전략'을 만들 가능성이 크다. '숨겨진 질서', '참값', '살아 있는 브랜드 전략'이 바로 브랜드 X팩터의 다른 말이다.

숨겨진 질서를 밝히는
브랜드 X팩터

지금까지의 연구를 통해 알게 된 비선형적 현상의 본질은 세 가지 차원으로 정리할 수 있다.

첫째, 시장 차원이다. 변화된 시장은 열린 시스템이고, 열린 시스템에서는 무질서해 보이는 복잡한 현상이 일어난다.

둘째, 브랜드 차원이다. 브랜드는 살아 있는 유기체이고, 소비자와 상호작용하면서 진화한다.

셋째, 소비자 차원이다. 소비자는 브랜드를 만드는 주체로서 스스로 정보를 만들어 공유하고 확산하며 새로운 현상을 만들어낸다.

또한 미니와 미샤 사례를 통해 비선형적 현상 이면에 숨겨진 패턴이 있음도 알았다.

첫째, 기존 시장 질서를 무너뜨리는 '차별적 경쟁 우위 요소'가 있다.

둘째, 브랜드에 대한 소비자 눈높이의 '그들만의 언어'가 있다.

셋째, 거대한 현상을 만드는 '소비자 공명'이 있다.

이러한 비선형적 현상의 세 가지 본질적 요소와 숨겨진 패턴을 겹쳐보면, 공통분모는 미시적인 '소비자 상호작용'과 이를 통해 나타나는 거시적인 '브랜드 진화'로 정리할 수 있다. 따라서 새로운 브랜드 전략은 소비자 상호작용과 브랜드 진화를 이끌어내는 브랜드 성공 요인을 밝혀내는 것이 목적이다. 그러기 위해서는 위의 본질적인 요소와 특징이 왜곡되거나 배제되지 않고 브랜드 전략과 만나야 한다.

시장의 본질은 열린 시스템으로서, 각 브랜드들이 차별적인 경쟁 우위 요소로 소비자와 끊임없이 상호작용하는 것이다. 결국 소비자들이 인정한 경쟁 우위 요소를 지닌 브랜드가 새로운 시장 질서를 형성하여 시장 진화를 이끌어갈 가능성이 높다. 브랜드의 본질은 유기체로서, 상황에 따라 변화하는 복잡한 시장에서 다양한 방식으로 적응하거나 진화한다. 그리고 소비자는, 기업이 제공하는 브랜드의 다양한 컨텐츠를 자신들의 언어로 재가공해 소통하고 확산한다. 그들의 언어는 정교화 과정을 거쳐 '브랜드 꼬리표'가 되고 상호작용의 구심점이 된다. 소비자는 브랜드를 만드는 주체로서, 시장에서 차별적인 경쟁 우위를 갖고 브랜드 꼬리표가 있는 브랜드에 대해 '양(+)의 되먹임'으로 비선형적인 공명 현상을 만들어낸다.

결국 복잡하고 무질서한 시장 이면에 감춰진 브랜드 질서는
- 시장에서의 진화
- 브랜드 꼬리표
- 소비자에 의한 양의 되먹임

세 가지 요소로 이루어진다.
이 세 가지 요소가 바로 브랜드 X팩터이다.

X팩터는 겉으로 명확히 드러나지는 않지만 성공에 필수적인 특별한 요소를 말한다. 브랜드 X팩터는 결국 '복잡하고 무질서한 시장의 숨겨진 질서를 밝히는 브랜드 전략'이다. 다시 말하면, 소비자들이 만

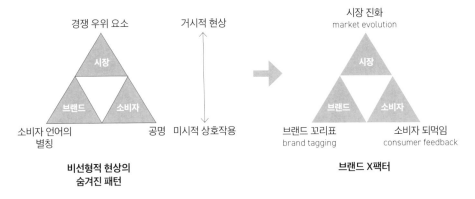

경쟁 우위 요소   거시적 현상   시장 진화
market evolution

소비자 언어의   공명   미시적 상호작용   브랜드 꼬리표   소비자 되먹임
별칭   brand tagging   consumer feedback

**비선형적 현상의
숨겨진 패턴**   **브랜드 X팩터**

• 비선형적 현상의 본질과 숨겨진 패턴이 브랜드 전략과 만나면, 시장과 브랜드와
  소비자 접점에서 새로운 브랜드 성공 인자를 찾아낼 수 있다!

들어내는 비선형적 현상의 본질을 파악하고, 변화한 시장에서 성공할 수 있는 새로운 브랜드 전략이다.

브랜드 X팩터 전략은 딥체인지의 시장 환경에서 새로운 도약을 원하거나, 복잡한 시장 상황을 뚫고 나오기 위해 진화가 필요하거나, 새로이 시장 런칭을 준비하는 기업이나 브랜드에게 무질서 속에 숨어 있는 질서를 밝혀 참값에 가까운 브랜드 전략을 제공해줄 것이다.

시장에서 새로운 경쟁 우위를 창출하고 '퍼스트무버first mover'로서 지위를 확보하기 위한 브랜드 X팩터 전략의 핵심은 "선견으로 선수하여 선점하라"이다. '선견先見'은 시장의 변화를 먼저 보는 것, '선수先手'는 경쟁 제품보다 한발 먼저 움직이는 것, '선점先占'은 소비자의 마음을 먼저 얻는 것을 의미한다.

이미 시장을 장악하고 있는 브랜드들은 경쟁 우위를 지속하기 위해 기존 시장 질서를 억지로 강요하지만, 딥체인지의 변화하는 시장은 새로운 시장 질서를 요구한다. 새로운 시장 질서를 구축하기 위해 시장에서의 진화 공간 창출, 브랜드 꼬리표 달기, 소비자 되먹임 만들기가 바로 '브랜드 X팩터 전략의 메커니즘'이다.

시장 진화 공간의 창출

브랜드 3.0 패러다임에서 시장의 개념은 폐쇄된 공간이 아니라 수시로 변할 수 있는 열린 공간이다. 시장에서는 어느 날 갑자기 새로운 브랜드가 시장에 진입하거나 사라지기도 하고, 같은 업종에서 경쟁 관계에 있던 두 브랜드가 어느 날 기업합병M&A을 통해 하나의 브랜드로 재탄생하기도 한다. 소비자의 기호 또한 빠르게 바뀌어 동종 업계 1위 브랜드 자리가 수시로 바뀌기도 한다. 시장을 살아 있는 생물로 보는 유기적인 관점의 시장 개념이 보편화되고 있다. 시장이 복잡한 환경의 열린 시스템임을 인정하기 때문이다.

시장에서의 공간은 실제 물리적인 공간이 될 수도 있고, 소비자 인식상 존재하는 개념적인 공간이 될 수도 있다. 물리적 공간에서의 진화는 유통, 가격, 제품 등 눈에 보이는 모든 경쟁 요소들에서 진화 공간을 찾을 수 있다. 그리고 개념적인 공간에서 진화는 포지셔닝과 같이 기존 브랜드들이 만들어놓은 소비자 인식상의 공간을 발전시켜 새로운 시장 공간을 만드는 것을 의미한다.

제품은 기업이 만들고 브랜드는 소비자가 만드는 브랜드 3.0 시대에는, 시장에서 진화 공간을 만들어내는 것이 기업이 해야 하는 핵심 역할이다. 시장에서 차별적인 경쟁 우위 요소로 새로운 진화 공간을 찾는 것이 소비자와의 상호작용에서 출발점이다. 새로운 진화 공간이 만들어졌을 때 비로소 소비자들이 움직이기 때문이다. 따라서 '시장에서 진화 공간 만들기'는 새로운 브랜드 전략의 시작이자 소비자 상호작용의 신호탄이다.

브랜드 꼬리표의 확보

'꼬리표tagging'의 사전적 정의는 '화물을 부칠 때 보내는 사람과 받을 사람의 주소와 이름 따위를 적어 그 물건에 달아매는 표, 또는 사람에게 늘 따라다니는 평판이나 평가'이다. 또한 '데이터 표시 식별 문자'라는 정의도 널리 쓰이고 있다. 즉, 어떤 데이터의 집합에 붙여진 하나 이상의 문자를 꼬리표라고 하는데, 데이터 집합에 관한 정보를 포함하며, 그것을 다른 집합과 구분하여 식별하게 해주는 기능을 한다. 꼬리표의 정의로부터 그 중요한 두 가지 조건을 추출할 수 있다. '대상의 정보를 담는 것'과 '식별 가능성'이다. 이를 다음의 기능으로 설명할 수 있다.

· 브랜드 꼬리표의 기능

① 새로운 진화 공간의 경계: 새로운 브랜드 전략의 시작이 시장에서 진화 공간을 찾아내는 일이라면, 그다음에는 새로 찾아낸 진화 공간에 대한 정보를 담아 식별하게 하는 꼬리표를 찾아야

한다.

② 브랜드와 소비자의 연결 고리: 소비자는 브랜드가 가진 꼬리표를 보고 자신과 맞는 브랜드인지 아닌지 결정한다. 만일 어떤 브랜드가 꼬리표를 가지고 있더라도 정보를 명확히 담지 못하고 식별력도 약하다면, 소비자의 인식에는 존재하지 않는 것과 마찬가지다.

③ 소비자 상호작용의 구심점: 소비자가 집단화를 이루기 위한 상호작용은 꼬리표를 통해 이루어진다. 미샤의 꼬리표는 '3,300원'이었다. 미샤의 '3,300원'이라는 꼬리표는 브랜드에 대한 정보를 명확하게 담고 있고 의미상의 식별 능력까지 뛰어나, 다른 화장품 브랜드들과도 쉽게 구분된다. 또한 소비자 상호작용을 위한 구심점이 되어 거대한 현상을 만들기 위한 매개체가 되었다.

꼬리표의 이러한 세 가지 기능은, 소비자 스스로 상호작용 하기 위한 '소비자의 자기 조직화' 원리라고도 할 수 있다. 소비자 스스로 브랜드 꼬리표를 통해 새로운 질서를 만들어가기 때문이다.

소비자 되먹임의 형성

먼저 '되먹임'은 어떤 입력에서부터 나온 출력이 다시 입력으로 들어가는 것을 의미한다. 만일 어떤 인과관계에서 되먹임 현상이 없다면 시스템은 지극히 단선적일 것이다. 열린 시스템에서는 되먹임이 비선형적 변화를 이끌어낸다. 양(+)의 되먹임은, 이러한 비선형성을 같은 방향으로 더욱 증폭시키는 쪽으로 작용하는 것을 말한다. 따라서 시스템에서 창발이 일어날 수 있다. 이는 꼬리표를 통해 작동하는 소비자 사이의 미시적인 상호작용이 양의 되먹임을 만들고 상위 차원의 거시적인 현상을 만들어낸다는 점에서 전략적으로 매우 중요하다.

다시 말하면, 소비자 상호작용에 의한 되먹임 현상이 없다는 것은, 브랜드가 아무리 시장에서 성공적인 진화 공간을 만들고 브랜드 꼬리표를 달아도 결코 원하는 정도의 비선형적 결과를 만들어낼 수 없다는 뜻이다. 따라서 시장에서 소비자의 되먹임 현상이 늘 일어나는 것은 아니다. 오히려 소비자들은 기업이나 브랜드 관리자가 기대하는 수준보다 훨씬 냉담하고, 때로는 무서울 정도로 반응이 없는 경우도 많다. 소비자에 의한 양의 되먹임은 시장에서의 진화와 브랜드 꼬리표와 함께, 복잡하고 치열한 시장 상황을 뚫고 나올 수 있도록 브랜드에 새길을 찾아주는 마지막 퍼즐 조각이다.

브랜드 X팩터: 시장 진화, 브랜드 꼬리표, 소비자 되먹임

선형적이고 기계론적인 기존 경험 법칙에 익숙한 대다수 경영·마케팅 전문가들은 '적응'을 말하곤 한다. 불확실성에 적응하여 생존력을

	브랜드 1.0 (마케팅 관점)	브랜드 2.0 (브랜드 아이덴티티 관점)	브랜드 3.0 (브랜드 X팩터 관점)
시장을 보는 눈	질서 (선형적)	질서 (선형적)	무질서 (비선형적)
브랜드를 보는 눈	무기체 (기계론)	유기체 (반기계론)	유기체 (유기론)
소비자를 보는 눈	구매자	브랜드 이미지 생산자	브랜드 컨텐츠 생산자
시장 전략	광고, 마케팅	브랜드 아이덴티티	브랜드 진화
브랜드 전략	4P 전략	브랜드 아이덴티티 전략	브랜드 X팩터 전략
소비자 전략	판매 설득	정체성 공감	브랜드 주체

브랜드 X팩터 전략의 개요

높이고 향후에 기회를 엿보자는 뜻이다. 그러나 지금의 적응은 과거로의 후퇴를 의미한다. 딥체인지 시대에 앞서가는 대다수 기업들은 비선형적 관점의 경영 방식을 연구하고 그 방법 찾기에 몰두하고 있다.

21세기의 새로운 시장 환경은 승자와 패자가 극명하게 드러나는 새로운 룰이 적용되는 시기다. 현재에 머무르는 기업은 퇴행하고 한발 앞서가는 기업은 진화하는 것이다. 브랜드 3.0 패러다임으로의 전환과 함께, 비선형적 현상을 받아들이고 새로운 브랜드 전략으로 무장한 기업이 새로운 질서를 이끄는 글로벌 리더가 될 수 있다.

브랜드 X팩터 전략의 핵심은 시장을 구성하는 요소들을 유기체로 보고 그들이 만들어내는 복잡하고 예측하기 어려운 현상의 본질을

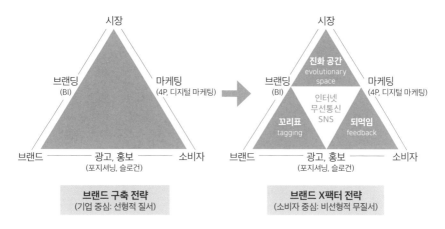

브랜드 X팩터 전략

찾아, 참값에 가까운 브랜드 전략을 수립하는 데 있다. 위의 표 '브랜드 X팩터 전략의 개요'와 '브랜드 X팩터 전략'은 브랜드 X팩터 전략이 기존 전략과 어떤 차이점이 있는지를 잘 보여준다. 이에 대해 지금부터 하나씩 짚어나갈 것이다.

2장

시장 진화
공간을
찾아라

예전에는 외국에서 한국 사람에게 묻는 첫번째 질문이 "Do you know Kimchi?"였다면, 2010년 이후에는 가수 '싸이'의 인기에 힘입어 "Do you know 'Kangnam Style'?"로 바뀌었다. 그러나 2018년 들어 이 질문은 "Do you know 'BTS'?"가 되었다고 한다. 바로 '방탄소년단'이다.

"10대에 대한 모든 편견과 억압을 방탄조끼처럼 막아내겠다"는 인문학적 슬로건을 앞세운 일곱 명의 소년들이 '방탄소년단Bulletproof Boys, BTS'이라는 이름으로 모였다. 2013년 데뷔 이후 국내보다는 해외에서 팬덤이 빠르게 형성되었고, 2018년 5월 방탄소년단의 앨범 'Love Yourself'는 7개 곡이 연속 빌보드 차트에 오르면서 1위에 랭크되었다. 〈FAKE LOVE〉는 빌보드 메인 차트 핫 100에서 10위를 기록하였으며, 빌보드 뮤직 어워드에서는 '톱 소셜 아티스트상'을 2년 연속 수상하기도 했다.

- 방탄소년단 공식 팬카페 회원수 **110만 명**
- 인스타그램 팔로어 수 **1,331만 명**
- 1년 안에 '빌보드 200' **1위** 두 번 기록
- <FAKE LOVE> MV 9일 만에 **1억 조회수** 기록
- '화양연화' 앨범 시리즈 **105만 장** 판매 달성
- '빌보드 뮤직 어워드'에서 컴백 무대를 가진 **최초의** 아시아 가수
- 2018년 빅히트엔터테인먼트 영업이익 **830억 원**
- 뉴욕 '시티필드'에서 열리는 방탄소년단 콘서트 한 시간 만에 **4만 석** 전석 매진

숫자로 보는 방탄소년단(2018년 10월 기준)

국내 시장에서 아이돌의 성패는 대개 데뷔 후 1~2년 이내에 결정되지만 방탄소년단은 3년 만에 성과를 냈을 뿐만 아니라 미국에서 먼저 성공을 거두는 특이한 현상을 보였다.

방탄소년단은 사회적 억압과 편견을 물리치고 자신들의 음악과 가치를 당당히 지켜내겠다는 메시지를 던지며, 자신들의 삶 이야기(시골 출신, 실패, 방황 등) 속 고뇌를 가사로 표현하여 세계 청소년들의 가슴을 움켜잡았다. 또래의 목소리를 대변한 것이다. 미국의 음악 전문지 〈빌보드〉는 〈강남스타일〉로 전 세계에 '말춤' 열풍을 일으킨 가수 싸이의 경제 가치를 약 1조 원으로 평가했다. 하지만 방탄소년단은 빌보드 1위를 차지하면서 이미 싸이의 가치를 뛰어넘었다. 업계에서는 방탄소년단의 경제 가치를 약 2조 5,000억 원으로 추산하고 있다.

2017년 유튜브 조회수도 56억 회로 세계 1위이며, 그동안 그들이 이뤄낸 기록들을 보면 전무후무할 정도다(위 '숫자로 보는 방탄소년

방탄소년단 리더 RM의 유엔 연설 모습

단' 참조). 또한 그들은 글로벌 공익 단체인 유니세프의 후원자가 되어 2018년 5월 〈스타워즈〉와 세계 빈곤 아동을 위한 모금을 시작했는데, 목표 100만 달러(약 11억 원)를 '아미' 팬클럽의 기부로 이틀 만에 달성하는 쾌거를 기록하기도 했다. 이에 외국의 여러 미디어들은 "국제적인 슈퍼스타international superstar라는 말로도 부족한 팀"이라고 극찬했다.

2018년 추석 연휴에 미국에서는 획기적인 일이 벌어졌다. 9월 24일, 뉴욕 유엔 본부 신탁통치이사회 회의장에서 방탄소년단이 한국 가수 최초로 단독 연설을 했다. 유엔아동기금(유니세프) 행사의 일환이었으나, 이날만큼은 전 세계인들이 방탄소년단의 연설에 귀를 기울였다. "너 자신을 사랑하라Love yourself"라는 리더 RM(본명 김남

준·24세)의 7분짜리 영어 연설에 전 세계가 크게 감동했다. 연설 이후 지구촌을 뒤흔드는 반응이 일어났다.

한 커뮤니티에는 「방탄소년단의 유엔 연설이 몰고 온 파장」이라는 제목의 글이 올라왔고, "모두 방탄소년단 RM의 유엔 연설 봤지? 그게 지금 전 세계적으로 어마어마한 파문을 몰고 온 거 같아. RM의 유엔 연설 직후 각계각층의 수많은 사람이 연설에 관해 얘기하기 시작했어"라며 전 세계의 움직임을 자세하게 소개하기도 했다.

방탄소년단은 이처럼 놀라운 기록을 남기며 하나의 브랜드로서 거듭 진화하고 있다.

진화 공간을 찾아내는
브랜드가 성공한다

시장에서 새로운 진화 공간을 만들기 위해서는 제품 차원의 진화가 전제되어야 하고, 이후 소비자들의 상호작용으로 브랜드 꼬리표가 만들어지는 과정을 거쳐야 한다. 제품 차원의 진화는, 마케팅 4P(제품, 가격, 유통, 프로모션)상의 어떤 요소로 시장에서 새로운 진화 공간을 만들어내는 것을 의미한다. '제품' 대신 '제품 차원'이라고 표현하는 이유는 제품 그 자체뿐만 아니라 제품의 가격, 유통 등의 요소를 포함하기 때문이며, 4P의 요소 중 하나인 '제품'과 혼동하는 것을 피하기 위해서이다. 제품의 진화라고 하면 제품의 가격이나 유통, 서비스 등의 요소들을 배제하고 제품 자체로만 한정하여 생각할 수 있기 때문이다. 그리고 시장에서의 진화 공간을 이해하기 위해서는 선행적으로 이해해야 할 개념들이 있다.

혁신의 의미

잠시 기업 혁신에 대해 생각해보자. 기업 혁신이란 '기업이 혁신적인 기술이나 제품, 혹은 비즈니스 모델을 만들어내는 것'을 말한다. 혁신에 대한 정의는 많지만, 대다수 경영학자들이 합의를 이룬 한 가지는 '혁신을 만들어내는 방법 중 핵심은, 이미 존재하는 지식과 지식을 조합하는 것'이다. 혁신이라고 하면 왠지 기존에는 없던, 무에서 유를 창조하는 어려운 과정이나 결과물로 생각하기 쉽다. 하지만 지식이 전혀 존재하지 않는 상태에서 새로운 지식을 만들어낼 수 없듯이, 기업 또한 이미 존재하는 다양한 기술이나 제품 등을 조합함으로써 새로운 혁신을 이루어낼 수 있다.

제품 차원의 진화도 마찬가지다. 예를 들어, 미샤는 기존 백화점 매장과 가두점 형태의 매장을 조합하고 서로의 장점을 합쳐 '단독 직영 매장'이라는, 유통에서의 새로운 진화를 만들어냈다. 스마트폰은 기존 휴대폰에 인터넷 기능이 합쳐져 진화한 제품이다. 태블릿 PC는 스마트폰과 노트북의 조합으로 진화한 제품이다.

이처럼 혁신을 통한 제품 차원의 진화는, 먼저 기존 시장을 명확히 이해하고 시장에서 형성된 질서를 제대로 파악하여 기존 질서의 강점을 보유한 새로운 조합을 만드는 것에서 출발한다.

시장 공간에 대한 이해

시장에서의 진화 공간을 이해하기 위해 먼저 시장 공간을 두 가지 형태로 구분하고자 한다. '질서' 공간과 '무질서' 공간이다. 다음 표에 정리한 것처럼, 질서 공간은 정수 차원의 유한한 공간을 말한다. 정수 차원의 유한한 공간은 기존 질서가 자리 잡은 한정된 공간이다. 또한 질서 공간은 우리가 눈으로 보고 느끼는, 현재 존재하고 있는 시장 공간이다. 그리고 이미 선점하고 있는 브랜드들이 서로 각축을 벌이고 있는, 실제로 경쟁이 벌어지고 있는 공간이다. 무질서 공간은 분수 차원의 무한한 공간을 말한다. 예를 들어 1과 2를 생각해보자. 1과 2 사이에는 정수가 단 두 개, 1과 2만 존재한다. 그러나 두 정수 사이에는 분수들이 무한히 존재한다. 다시 말하면, 정수 차원의 질서 공간 사이에서 무한하게 뻗어나가거나 좁혀가는 방식으로 존재하는 분수 차원의 공간이 바로 무질서 공간이다. 우리는 이미 존재하고 있는 질서 공간에 익숙해져 실제로 존재할 수 있는 모든 공간은 질서 공간으로 꽉 채워져 있다고 오인하기 쉽지만, 사실 질서 공간은 무질서 공간을 내포하고 있다. 즉, 무질서 공간이 질서 공간 사이에 무한한 형태로 존재하는 것이다. 질서 공간은 지극히 좁은 한정적인 공간이고, 무질서 공간은 무한히 넓은 공간이다. 무질서 공간은 시장에서 기존 브랜드가 선점하고 있는 질서 공간 사이에 비어 있는 진화 공간을 의미한다. 이 진화 공간이 바로 제품 차원의 진화를 통해 궁극적으로 브랜드 진화가 이루어질 새로운 공간이다.

브랜드 X팩터 전략에서 '공간'의 의미는 매우 중요하다. 여기서 말

질서 공간	• 정수 차원의 유한한 공간 • 시장에서 선점하고 있는 브랜드들의 경쟁이 이루어지고 있는 공간 • 이미 존재하고 있는 공간
무질서 공간	• 분수 차원의 무한한 공간 • 기존 브랜드가 선점하고 있는 질서 공간 사이의 비어 있는 진화 공간 • 현재 존재하지 않는 공간

시장 공간의 형태와 정의

하는 공간은 기존의 마케팅 전략에서 말하는 포지셔닝과는 조금 다르다. 포지셔닝은 소비자 조사를 통해 알 수 있는 소비자 인식상에 브랜드가 차지하고 있는 위치를 의미하는 반면, 공간의 개념은 시장에서 실제 존재하거나 또는 존재할 수 있는 모든 형태의 물리적인 공간을 포함한다. 예를 들면 유통, 가격, 타겟, 제품까지 실제 시장에서의 공간을 의미한다. 포지셔닝이 전략적 차원에서 소비자 인식상의 차별적 위치를 점하기 위한 무형적인 공간이라면(물론 시장에서의 유형적인 개념을 기본으로 하지만 핵심은 아니다), 공간은 실제 시장에서 현상으로 나타나는 유형적인 공간을 의미한다.

제품 단계의 이해

　　　　　　제품 차원의 진화를 통한 시장 진화 공간을 창출하기 위해서는, 우선 경쟁 관계의 기업이나 브랜드들이 이미 차지하고 있는 질서 공간을 분석해야 한다. 질서 공간에는 제품과 관련된 요소들이 다양한 단계에 다양한 형태로 존재한다. 이를 분석하는 가장 유용한 도구는 '제품 단계product level' 모델이다.

음료 시장의 '빙그레 바나나맛 우유' 브랜드를 제품 단계에 적용해 살펴보자. 아래 도표와 같이 제품 단계는 4단계의 위계 구조로 구성 되어 있다. 빙그레 바나나맛 우유가 속해 있는 가장 상위 단계는 '제 품 종류product type'로 분류되며 빙그레 바나나맛 우유는 '우유'에 속 한다. 제품 종류에 속해 있는 우유 이외의 다른 음료로는 탄산음료, 커피, 주스, 요구르트, 이온 음료, 전통 음료 등 다양한 제품이 존재 한다.

제품 단계에서 두번째 단계는 '제품군product category'이다. 우유의 제품군으로는 원유 100퍼센트 우유인 '흰 우유'와 우유에 식용 첨가 제를 섞어 맛을 낸 '가공 우유'가 있다. 가공 우유에는 빙그레 바나나 맛 우유처럼 우유에 다른 첨가물을 넣은 제품들이, 흰 우유에는 엄 청난 시장 규모에 걸맞게 다양한 제품이 각축을 벌이고 있다. 제품 단

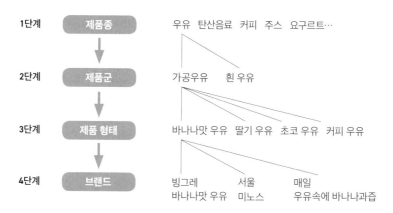

음료 시장의 제품 단계에 따른 질서 공간

계의 세번째 단계는 '제품 형태product form'이다. 가공 우유의 제품 형태 분류에서는 바나나맛 우유, 딸기 우유, 초코 우유, 커피 우유 등으로 구성된다. 마지막으로 네번째 단계인 '브랜드brand'는 그 자체로 시장 공간이기보다는, 상위 단계인 제품 형태에 속하는 개별 브랜드가 위치한다. 바나나맛 우유에 속하는 브랜드로는 '빙그레 바나나맛 우유', '서울 미노스', '매일 우유속에 바나나과즙' 등이 있다.

　이들 각각의 제품 단계를 분석해보면, 브랜드 X팩터 전략 관점에서는 이미 치열한 경쟁이 벌어지는 질서 공간이라고 할 수 있다. 즉 시장에 실제로 존재하고 있으며, 강력한 브랜드들이 자리잡고 있는 시장 공간이다. 다음 단계인 제품군과 제품 형태에서도 이미 시장을 선점하고 있는 강력한 제품들이 존재하는 질서 공간이다. 만일 새로 런칭하는 제품이나 서비스가 기존의 질서 공간에 들어가 경쟁하고자 한다면, 시장을 변화시킬 정도로 완전히 새롭고 차별적이고 경쟁력 있는 요소를 갖추지 않고서는 막대한 자본력으로 승부한다 해도 성공을 장담하기 어려울 것이다. 질서 공간을 이미 지배하고 있는 기존의 막강한 경쟁 브랜드들이 소비자의 인식을 선점하고 있기 때문이다. 따라서 음료 시장에 새로 진입하고자 하는 브랜드는, 강자들이 우글거리는 기존의 질서 공간보다는 새로운 무질서 공간을 찾아 제품 차원의 진화를 통해 진입하는 것이 보다 쉽고 성공률이 높을 것이다.

　제품 단계 모델에 따른 질서 공간 분석으로 각 단계별 시장 포화 상태와 경쟁 구도를 알 수 있고 진단할 수 있다. 각각의 단계에서 시장에서의 경쟁이 얼마나 치열한지, 시장 질서는 어떻게 이루어지고 있는지 분석하여, 어느 제품 단계에서 무질서 공간을 창출해야 할지 결정할 수 있다. 예를 들어 우유 시장의 제품 종류 단계에서는 주로 '음용 상황occasion'에 따라 기존의 질서 공간이 형성되고 있으며, '개인의 선호도taste' 또한 여기에 영향을 미친다. 땀 흘리는 운동을 하고 난 후에는 이온 음료를, 단순한 갈증을 느낄 때는 탄산음료를, 아침 식사 대용이나 간식으로는 우유를, 건강이나 다이어트를 생각한다면 주스나 건강 음료를 주로 마시는 것처럼 음용 상황이 제품 선택의 기준이 된다. 다만 가장 상위인 제품 종류 단계에서는 이미 예상할 수 있는 시장 공간을 다른 제품이 선점하고 있기 때문에, 새로운 무질서 공간을 창출하기 위해서는 많은 비용과 시간이 필요하다.

제품군 단계에서는 제품 종류 단계에서의 질서 공간 형성 요인이 보다 구체화된다. 즉, 제품 종류 단계의 우유는 제품군에서 흰 우유와 가공 우유로 나뉘며, 이는 주로 '식사 대용'(건강) 또는 '간식'(맛)이라는 음용 상황이 각각의 공간 형성 요인이 된다.

마지막으로 제품 형태의 단계에서는 '개인의 선호도'가 질서 공간 형성의 핵심 기준이 된다. 제품 형태로서 가공 우유에는 바나나맛 우유, 딸기 우유, 초코 우유, 커피 우유 등이 있는데, 소비자는 개개인의 선호도에 따라 제품을 선택할 것이다. 제품 단계별로 경쟁 상황과 경쟁 구도, 질서 공간 형성과 그 이유를 면밀히 분석하면, 이를 바탕으로 어느 단계에서 새로운 시장에 진출할 것인지, 즉 어느 단계에서 무질서 공간을 창출할 것인지를 결정할 수 있다. 실제적인 시장 진화 공간을 논하기 위해 지금까지 혁신, 시장 공간, 제품 단계를 살펴보았다.

브랜드 X팩터 그리드에
답이 있다

한 치 앞을 내다보기 어려운 시장 환경에서 경쟁 우위를 유지하여 살아남기 위해서는 진화가 필수적이다. 그런데 진화는 기존에 존재하지 않았던 새로운 방식으로 이루어지는 것이 아니다. 앞에서 살펴본 혁신과 같다. 기존 질서를 철저히 분석하여 이미 존재하고 있는 시장 질서가 어떤 경쟁 구도로 형성되어 있는지 정확히 파악하고, 그 바탕에서 출발해야 한다.

미샤는 기존의 화장품 시장 질서가 고가의 백화점 입점 브랜드와 저가의 대리점 브랜드로 형성되어 있음을 파악한 뒤, 중저가의 단독 직영점 방식으로 새롭게 진화했다. 미니는 소형차와 중·대형차 사이에서 '럭셔리 소형차'로서 각각의 장점을 아우르는 새로운 질서를 구축하는 진화 공간을 이끌어냈다.

이렇듯 제품 차원의 진화는 제품, 가격, 유통, 핵심 타겟 등 기존 시장에서 형성된 질서를 바탕으로 새로운 진화 공간을 창출하는 것을 의미한다. 이러한 진화 공간을 창출하기 위해서는 질서 공간이라고 정의한 기존 시장 질서를 정확히 분석할 수 있는 이론적 도구가 필요하다. 제품 차원의 브랜드 X팩터를 찾기 위해서는, 기존의 광고 및 마케팅 분야에서 주로 사용하던 양적quantitative 접근법의 한계를 극복하기 위해 기호학의 질적qualitative 접근법을 사용하는 것이 좋다. 질적 분석을 위한 가장 좋은 도구는 '기호 사각형semiotic square'이다.

그레마스 기호 사각형

기호 사각형은 프랑스 기호학파의 대가인 알기르다스 쥘리앵 그레마스Algirdas Julien Greimas가 개발한 것으로 아래 도표처럼 세 개의 개념적인 관계(대립, 포함, 모순)로 네 개의 위치 (A, B, not B, not A)를 정의한 기호학적 모델이다. 이들 사각형의 꼭짓점에 위치한 네 개의 공간은 '의미를 머금고 있는 오브제들'이다. 예를 들어, '좋다'와 '나쁘다'는 개념을 그레마스 기호 사각형에 대입해 보자. 그레마스 기호 사각형을 통한 분석은, 대립 관계에 있는 A 위치의 꼭짓점에서 시작하는 것이 일반적이다. A 위치에 '좋다'는 개념을 설정하면 대립, 상반 관계에 있는 B 위치에는 자연히 '나쁘다'는 개념이 자리한다. 그리고 A의 '좋다'를 포함, 상보하면서 B의 '나쁘다'와 모순, 부정되는 개념인 '나쁘지 않다'가 not B에 위치한다. 마찬가지로 B의 '나쁘다'를 포함하면서 A의 '좋다'와 모순되는 개념인 '좋지

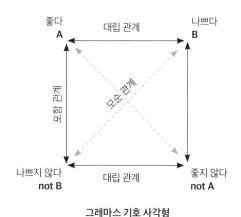

그레마스 기호 사각형

않다'가 not A가 되며, 이는 not B의 '나쁘지 않다'와는 자연스럽게 대립 관계가 된다. 이처럼 3개의 개념적인 관계는 다음과 같은 6개의 쌍을 이룬다.

대립 관계: 좋다 — 나쁘다/나쁘지 않다 — 좋지 않다
포함 관계: 좋다 — 나쁘지 않다/나쁘다 — 좋지 않다
모순 관계: 좋다 — 좋지 않다/나쁘다 — 나쁘지 않다

여기에서 대립 관계는 상반 관계, 포함 관계는 상보 관계, 모순 관계는 부정 관계와 동일한 의미로 쓰인다. 이는 나중에 그레마스 기호 사각형을 실제로 활용할 경우 이해의 폭을 넓혀줄 것이다. 이와 같은 세 가지 관계로 사각형의 각 꼭짓점에 4개의 위치 공간이 생기는데, 기호학에서는 이 4개의 위치 공간을 '문맥적 가치들'이라고 표현한다. 단어, 기호 또는 형상물 등이 관계적인 의미(대립, 포함, 모순)를 갖는다면, 그레마스 기호 사각형에 적용할 수 있다고 설명한다.

최근 마케팅이나 브랜드 분야에서 기존의 정량적 접근 방식이 한계를 드러내면서 정성적 접근을 통한 전략 수립이 중시되고 있다. 그레마스 기호 사각형은 정성적 접근법의 선두주자라 할 수 있으며, 시장에서 기업이나 브랜드 간의 경쟁 구도를 설명하기 위한 관계 relationship를 나타내기에 매우 적합한 모델이다.

소비자들은 화장품이라는 제품을 구매하는 것이 아니라 아름다움이라는 가치 혹은 의미를 구매한다. 이러한 가치나 의미를 그레마

스 기호 사각형으로 분석하면 경쟁 구도의 관계로 나타나고, 이는 기존 시장 질서를 뜻하며, 기존 시장 질서는 의미를 가진 오브제(가격, 유통, 제품 등)로 나타난다. 모든 분석 대상이 기호 사각형의 4개 꼭짓점을 다 채울 필요는 없다. 분석하고자 하는 시장이 형성된 지 얼마 안 되었거나 경쟁이 덜 치열한 시장은 대립 관계의 두 꼭짓점을 분석하는 것만으로도 충분할 수 있다.

그레마스 기호 사각형으로 기존 시장 질서의 관계는 매우 설득력 있게 분석할 수 있지만, 새로운 진화 공간을 창출하기 위한 이론적 도구로 쓰기에는 제한적이다. 즉 기존 시장에서 경쟁 브랜드 간의 관계를 4개 꼭짓점에 위치시켜 풍부하게 설명할 수는 있지만, 그를 통해 새로운 시장 공간을 발견할 수 있는 모델은 아닌 것이다. 미국을 중심으로 서양에서 발달한 기존 이론들은 1 또는 0, 흑 또는 백, 참 또는 거짓 등과 같이 이치성二値性, bivalence을 핵심으로 하기 때문이다. 이치성은 고정된 사물이나 관계를 설명할 때는 정확하지만 살아 움직이는 대상의 관계를 설명하기는 어렵다.

소비자가 만드는 브랜드와 시장은 살아 움직이는 유기체이다. 이들이 시장에서 자취를 남긴 흔적은 기존의 모델(그레마스 기호 사각형)로 충분히 설명할 수 있지만, 앞으로 어디로 어떻게 움직일지는 설명하기 어렵다. 그래서 브랜드 X팩터를 찾기 위한 또다른 모델로 퍼지 사각형이 필요하다.

퍼지 사각형

'퍼지 사각형fuzzy square'은 이치성이라는 기존의 과학적 접근법이 지닌 경직성을 해소할 수 있는 새로운 패러다임이다. 퍼지 이론은 세상을 단순히 참과 거짓 또는 흑과 백으로 구분하지 않고, 정도degree의 문제로 본다. 따라서 과학성이라든가 옳고 그름만을 논하는 이분법적 사고를 넘어, 퍼지 사각형으로 나타낼 수 있는 다치성多値性, multivalence에 주목하고자 한다. 퍼지 사각형은 0과 1만 존재하는 이진법이 아니라 흑과 백 사이에 존재하는, 무한한 회색의 농도를 나타낼 수 있는 아날로그analog를 표현할 수 있다. 아날로그적 접근이야말로 수학이 지배하는 인공적인 세계에서 벗어나 사람이 만들어가는 자연적인 세계의, 거칠지만 실제적인 현상을 보다 정확히 설명할 수 있다.

다음 도표에서처럼, 퍼지 이론에 의한 퍼지 사각형에서는 (0,0), (1,0), (0,1), (1,1)이라는 정수 차원의 4개 꼭짓점 외에 (1/2, 0), (0, 1/2), (1, 1/2), (1/2, 1), (1/2, 1/2)이라는 분수 차원의 새로운 접점이 생긴다. 즉 퍼지 사각형에서는 그레마스 기호 사각형에서 나타내는 관계적인 의미로서 네 개의 위치 공간 이외에 새로운 차원의 퍼지 공간이 형성되어 보다 폭넓은 접근이 가능하다. 퍼지 공간은 4개의 정수 차원 공간 사이에 위치한 공간으로, 이미 결정되어 있는 질서 공간에 비해 무한대라 할 수 있는 무질서 공간(예를 들면 1/2, 1/4, 1/8, 1/10……)을 만들어준다. 이러한 무질서 공간은 브랜드 전략에서 새로운 경쟁 우위 공간을 찾아낼 수 있는, 새로운 브랜드 진화 전략을 제공해줄 것이다.

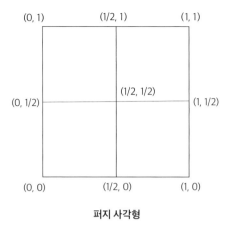

퍼지 사각형

그러면 서로 다른 두 모델을 어떻게 활용하는 것이 바람직할까? 그레마스 기호 사각형과 퍼지 사각형을 '겹쳐보기'가 답이다. 사실 그레마스 기호 사각형과 퍼지 사각형은 각각 장단점이 매우 뚜렷하다. 그레마스 기호 사각형은 기존 시장 질서를 설명하기에는 적합하지만 4개 꼭짓점에 위치한 공간을 넘어서는 설명은 하기 어렵다. 반면 퍼지 사각형은 무수한 분수 차원 공간을 설명할 수 있다는 장점이 있지만, 기준이 되는 4개 정수 차원 공간을 무엇으로 정의할 것인가에 대한 설득력이 약하다. 따라서 두 사각형을 겹쳐보면 서로의 강점을 살리고 약점은 보완할 수 있는, 새로운 형태의 사각형이 만들어진다. 겹쳐보기로 새로이 탄생한 사각형을 '브랜드 X팩터 그리드Brand X-factor grid'라고 한다.

브랜드 X팩터 그리드

그레마스 기호 사각형에서 세 가지 관계, 즉 대립상반 관계, 포함상보 관계, 모순부정 관계에 의해 나타나는 4개 꼭짓점은 질서 공간으로, 기존 시장 공간을 의미한다. 퍼지 사각형에서 분수 차원으로 나타났던 공간은 새로운 시장 공간을 의미한다. 다시 말하지만, 질서 공간은 이미 존재하는 기업이나 브랜드가 차지하고 있는 시장 공간이다. 무질서 공간은 현재 존재하지 않는 시장 공간이다. 무질서 공간은 미개척 시장 공간으로 기업이나 브랜드에 새로운 수요를 창출하거나 새로운 성장을 가능하게 하는, 브랜드 진화를 위한 기회의 공간이라 할 수 있다.

앞서 살펴본 방탄소년단의 예로 돌아가보자. 많은 전문가들이 방탄소년단의 이례적인 성공에 대해 중독성 강한 리듬과 멜로디, 공개 경쟁을 통한 멤버 구성, 압도적인 퍼포먼스와 완성도 높은 뮤직비디오, SNS를 통한 솔직한 소통 등이 성공 요인이라고 분석한다. 다른 전문가들은 일반적인 보이 그룹과는 달리 자신들의 이야기를 진솔하게 표현한, 뛰어난 음악적 스토리텔링 능력을 성공의 핵심 요인이라고 분석하기도 한다. 이를 전략적 관점으로 요약해보면, 작사와 작곡을 스스로 하는 아티스트로서의 포지셔닝 전략, 소셜미디어를 적극적으로 활용한 온라인 마케팅 전략, 팬들이 공감할 수 있는 스토리텔링을 갖춘 브랜드 아이덴티티 전략 등 마케팅과 커뮤니케이션, 브랜드의 적절한 통합 전략이 잘 구현된 좋은 사례라고 분석하는 것이다.

이러한 기존 관점에서의 분석과 해석으로 충분한가? 다른 K-pop

130

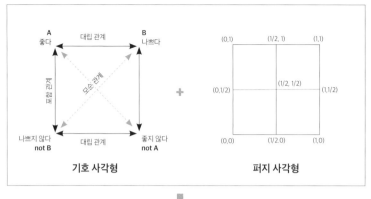

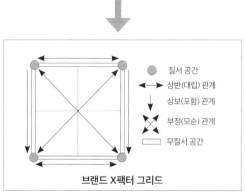

브랜드 X팩터 그리드

아이돌을 키워낸 수많은 기획사에서는 이러한 전략을 알지 못해 방탄소년단만큼 성공을 거두지 못하는 걸까?

방탄소년단은 국내보다 오히려 해외 시장에서 먼저 반응을 얻었지만, 미국 진출은 생각보다 쉽지 않았다. K-pop에 대한 부정적인 인식 때문이었다. 2006년부터 비, 보아, 원더걸스 등이 아시아 시장에서의 인기를 바탕으로 미국 진출을 시도하면서 현지 에이전트, 아티스트

BTS (방탄소년단) 'FAKE LOVE' Official MV

방탄소년단의 〈FAKE LOVE〉 공식 뮤직비디오

등과 협력하며 영어 앨범을 제작하고 주류 음악 시장에 진입하는 현지화 전략을 펼쳤다. 하지만 현지 가수들에 비해 경쟁력이 떨어질 수밖에 없었다. K-pop은 팝을 흉내내는 아시아의 가수들이라고 혹평받기도 했고, K-pop 가수들은 공장형 시스템에서 만들어진, 아이돌도 아니고 아티스트도 아닌 어중간한 존재로 인식되었다. 이 상황에서 2012년 싸이의 〈강남스타일〉이 미국 시장 진출에 일시적으로 성공을 거두는데, 〈강남스타일〉 이후 발표한 곡들은 미국 시장에서 실패함으로써 싸이는 '원 히트 원더One-hit wonder'에 머물고 말았다. 이러한 상황에서 방탄소년단의 소속사 대표인 방시혁은 "K-pop 고유 가치를 지키고, 기본에 충실한 것이 비결"이라고 방탄소년단의 성공에 대해 말했다. 또한 "수십 년간 축적된 K-pop을 잘 활용했고, 처음부터 의도적으로 해외 시장을 공략하지는 않았다. 한국어 가사를 고집하고 외국인 멤버를 영입하지 않았다. 미국에 진출한 '아시안 뮤지션'에 그치지 않으려 했다"고 강조했다.

사실은 당연하지만, 성공적인 미국 시장 진출과 세계적인 방탄소년단 열풍은 앞서 언급한 다양한 성공 요인을 바탕으로 '한국계 뮤지션'이 아니라 'K-pop 아티스트'로 자리매김했기 때문이다. 방탄소년단은 한국적인 것이 오히려 세계적인 것이라는 철학을 철저히 지켰다. 이 점이 바로 다른 K-pop 그룹과의 차이이자 새로운 진화 공간 창출의 핵심이다. 다시 말하면, 방탄소년단은 K-pop 아이돌 그룹의

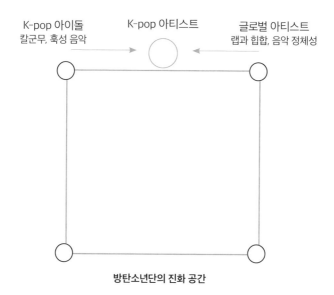

K-pop 아이돌
칼군무, 흑성 음악

K-pop 아티스트

글로벌 아티스트
랩과 힙합, 음악 정체성

방탄소년단의 진화 공간

강점(멋진 '칼군무', 화려한 퍼포먼스, '혹성' 음악 등)과 글로벌 아티스트의 강점(랩과 힙합 실력, 아티스트로서 자신만의 독특한 정체성 등)을 합쳐 그들만의 강력한 무기를 갖춘 것이다. 그 결과 방탄소년단은 K-pop 보이 그룹의 매력과 글로벌 아티스트의 차별적인 색깔을 모두 갖춘 'K-pop 아티스트'로서, 이전에는 존재하지 않았던 새로운 무질서 공간을 찾아 시장 진화를 이끌어냈다.

2017년 11월, 아시아 음악인으로는 처음으로 '아메리칸 뮤직 어워드AMA' 무대에서 미국 팬들이 〈DNA〉의 한국어 가사를 따라 부르는 인상적인 장면을 연출했다. 방시혁은 "앞으로도 특정 문화권을 염두에 둔 노래나 영어 노래를 본격적으로 만들지는 않을 것"이라고 밝혔다. 그는 "1990년대 중반에 정립된 아름다운 비주얼과 역동적인 퍼포먼스 등 K-pop의 고유한 가치를 지켜나갈 것"이라며 "가수들에게 영어를 가르치고 미국 회사와 계약해서 음반을 내면, 더이상 K-pop 가수가 아니라 미국 시장에 데뷔하는 아시안 가수"라며 "이는 지속 가능한 모델이 아니다"라고 부연했다. 다만 폭발적으로 증가한 글로벌 팬덤을 고려해 "한국어 중에서도 비교적 발음이 쉽고 재미있는 단어를 활용하거나 하는, 진입 장벽을 낮추기 위한 고민은 계속하고 있다"고 덧붙였다.

브랜드들이 치열한 경쟁을 하는 시장에서는 제품, 가격, 유통, 서비스 등 다양한 차원에서 이미 확고한 시장 질서가 형성되어 있다. 강력한 질서가 이미 구축된 대다수 시장에서 기존 방식의 접근으로는 브랜드의 성공을 장담할 수 없다. 아니, 불가능에 가깝다. 기존의 시장 질서를 뚫고 나오기 위해서는 미니와 방탄소년단처럼 진화를 위한 경쟁 우위 공간을 새로이 찾아내는 것이 매우 중요하다. 기존 브랜드들이 만들어놓은 질서 안에 들어가 경쟁하는 것이 아니라 새로운 지형을 만들어 선점하는 것이다. 이처럼 진화를 위한 '새로운 무질서 공간 찾기'는 소비자들의 상호작용을 통해 비선형적인 현상을 이끌어내는 첫걸음이다.

무질서 공간이라는 용어는 새롭지만, 무질서 공간 자체는 늘 존재할 수 있으며 단지 우리가 인식하지 못하고 있을 뿐이다. 이런 예는 현실에서 다양하게 찾아볼 수 있다. 집 전화에서 호출기로, 호출기에서 휴대폰으로, 휴대폰에서 스마트폰으로 진화한 통신 분야의 경우, 불과 20년 전만 해도 현재의 상황을 감히 상상할 수 없었다. 또한 일반 소매 점포가 24시 편의점으로 진화했고, 우체국에서만 가능했던 소포 배달이 거의 24시간 움직이는 택배 서비스로 진화했으며, 휘발유와 경유만 연료로 가능했던 자동차는 전기차, 수소차 등으로 계속 진화하고 있다. 진화의 결과로, 20년 전만 해도 상상조차 하기 어려웠던 일들이 이제 현실이 되고 있다.

앞으로 20년 후에는 어떨까? 지금은 상상하기 어려운 새로운 시장 공간들이 형성되어 있을 것이다. 결국 더욱 복잡하고 치열해진 21세기 시장 환경에서 경쟁 우위를 지속적으로 유지할 수 있는 최선의 방법은, 진화를 거듭하는 것뿐이다. 다시 말해 무질서 공간을 통해 늘 새로운 수요와 기회를 창출하는 것이, 기존의 질서 공간에서 치열하게 경쟁하는 것보다 훨씬 현명하게 앞서갈 수 있는 전략이다.

이제 경쟁이 심화되고 기술 개발 속도가 더 빨라지면서, 브랜드 간의 경쟁이 더욱 심화되고 제품 차별화는 더욱 어려워지고 있다. 더욱이 제품의 기능적인 차이는 소비자에게 더이상 중요한 요소가 되지 못하고 있다. 최근 여러 소비자 조사를 보면, 소비자들은 대다수 일상 용품 브랜드들의 제품이나 서비스가 서로 비슷해지고 있다고 생각하고 있으며, 그에 따라 가격을 핵심적인 구매 요인으로 꼽고 있다고 한다. 브랜드 충성도가 약해지고 있는 것이다. 예를 들어 소비자들은 더이상 피로 해소 음료로 '박카스'만 고집하지 않는다. 그리고 '나이키'가 최고라고 생각했던 소비자들도 '아디다스'가 세일을 시작하면 나이키를 고집하지 않으며 그 반대도 마찬가지다. '현대자동차'가 최고라고 생각하던 소비자들도 '기아자동차'나 수입 자동차 브랜드가 다양한 프로모션을 통해 할인 행사를 하면 더이상 현대자동차를 고집하지 않으며 그 반대도 마찬가지다.

경쟁이 치열한 대부분의 시장에서 브랜드 차별화가 더욱더 어려워지고 있다. 경쟁 심화이든, 포화 상태의 시장 상황이든, 또는 기존 브랜드이든 신규 브랜드이든 이제 질서 공간에서의 경쟁은 불필요한 소모전이 될 것이며, 무질서 공간에서 새로운 브랜드 X팩터로 브랜드 진화를 이끄는 것이 시장 중심의 전략으로 앞서나갈 수 있는 유일한 해결책이 될 것이다.

브랜드 X팩터 그리드는 현미경과 망원경을 동시에 갖춘 이론적 도구로 '시장 중심market-driven'의 브랜드 전략 수립을 가능하게 한다. 기

존 시장 질서를 꼼꼼하게 분석할 수 있는 그레마스 기호 사각형과, 시
장 질서 사이에 존재하는 무한한 공간을 새로운 시장 기회 공간으로
예측할 수 있게 해주는 퍼지 사각형의 장점을 합쳐 나무와 숲을 동시
에 보는 융합형 브랜드 전략 모델이다. 브랜드 X팩터 그리드를 통해
시장을 보면, 그동안 보이지 않던 새로운 진화 공간을 발견할 수 있을
것이다.

다양한
진화 전략

진화 전략이란, 신규 브랜드의 경우 브랜드 X팩터 그리드에서 무질서
공간에 위치하는 것을 의미하고, 기존 브랜드의 경우에는 현재의 질
서 공간에서 무질서 공간을 찾아 이동하는 것을 의미한다. 물론 신규
브랜드와 기존 브랜드 모두 무질서의 진화 공간을 찾아 기존과는 다
른 시장 질서를 구축하고자 한다는 점에서 유사하다.

　아래 도표에서 보는 바와 같이 기존 브랜드가 A의 질서 공간에 위
치에 있다고 가정하면, 새로운 진화 공간을 창출하기 위해 취할 수 있
는 전략은 A', B, C의 세 가지 무질서 공간 위치로 이동하는 것이다.

동일 선상에서 진화 공간 창출
　　　　　　　　첫번째는 기존 시장인 질서 공간 A에서

동일 선상의 무질서 공간 A'로 이동하는 전략이다. 이 방안은 두 가지 형태로 나뉘는데, 그림에서 오른쪽인 대립상반 관계 쪽으로의 이동과 아래쪽인 포함상보 관계 쪽으로의 이동이다. 어느 쪽이든 제품 차원의 진화 전략에서 가장 기본적인 형태의 진화이며, 관련 업종 중에서 경쟁이 약한 업종이나 제품군으로의 이동 또는 비어 있는 새로운 시장의 창출을 의미한다.

예를 들어, 가공 우유 제품군에서 가장 강력한 브랜드는 '빙그레 바나나맛 우유'이다. 앞에서 설명한 바와 같이 '바나나맛 우유'는 현재까지 40년 이상을 바나나맛 우유 제품 형태뿐만 아니라 가공 우유라는 제품군에서 독보적인 브랜드로 자리매김해왔다. 그러나 2006년 매일유업의 '바나나는 원래 하얗다'가 가공 우유 시장에 등장해 요동을 만들었고, 다양한 마케팅 활동과 광고, 참신한 UCC 등을 통해 빙그레 바나나맛 우유의 아성에 도전했다. '바나나는 원래 하얗다'가 가진 가장 강력한 무기는 새로운 경쟁 우위 공간을 창출했다는 것이

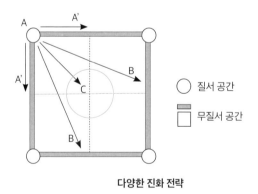

다양한 진화 전략

다. 즉, 가공 우유와 흰 우유 사이에서 과즙 우유라는 새로운 형태의 제품군을 만들어 진화(제품 차원의 진화)한 것이다.

아래 도표에서 보면, 시장 분석의 기준이 되는 가공 우유와 그것의 상반 관계에 있는 흰 우유가 위 축의 질서 공간에 위치해 있다. 그리고 아래 축에서는 가공 우유(맛)와 상보 관계에 있는 일반 음료(맛+청량감)와, 흰 우유(건강)와 상보 관계에 있으면서 동시에 일반 음료와 상반 관계에 있는 건강 음료(건강+청량감) 제품군으로 나뉜다. '바나나는 원래 하얗다'는 어느 질서 공간에도 속하지 않고 가공 우유와 흰 우유 사이에 과즙 우유군이라는 새로운 무질서 공간을 창출했다.

브랜드 진화가 성공했는지는 새로운 무질서 공간의 시장 규모가 최소한 이전의 질서 공간의 규모에 버금가는 수준이 되었는지 여부로 판단한다. 따라서 무질서 공간 창출이라는 첫발을 잘 내디딘 매일유업의 '바나나는 원래 하얗다'가 가공 우유 중심의 시장 질서를 어

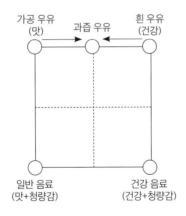

'바나나는 원래 하얗다'의 진화 공간

떻게 움직일지, 혹은 기존 가공 우유에 익숙한 소비자들의 마음을 어떻게 움직일지에 따라 진화의 성공 여부가 달려 있다. '바나나는 원래 하얗다'는 등장한 지 12년가량이 흐른 지금 시장에서 새로운 진화를 만들어냈을까?

다른 선상에서 진화 공간 창출

　　　　　　　두번째는, 앞의 '다양한 진화 전략' 도표의 질서 공간 A에서 다른 선상의 무질서 공간 B로 이동하는 전략이다. 이 방법 역시 관련 업종 중에서 경쟁이 약하거나 비어 있는 새로운 시장으로 이동하는 전략이지만, 동일선상에서의 이동이 아니라 다른 선상으로의 이동이므로 첫번째 진화 전략보다 상대적으로 적극적인 전략이라고 할 수 있다. 특히 기존에 속해 있던 시장과의 연관성이 덜한 새로운 업종이나 제품군으로의 진출이므로, 소비자들의 전략적인 상호작용을 재현해낼 수 있는 치밀한 진화 전략이 요구된다.

21세기가 시작된 이후 우리나라에서 일어난 최고의 창발 현상은 바로 2002년 한일 월드컵 때 '붉은악마' 신드롬이었다. 월드컵 1승 이후 붉은악마 열풍은 전국 각지로 확산되어, 전국이 축제의 한마당이 되었다. 붉은악마의 확산에 큰 역할을 한 것은 바로 인터넷이다. 붉은악마는 인터넷이라는 가상공간에서 서로 의견을 교환하거나 지역별 모임을 갖고, 'Be the reds!'라는 캠페인을 전국적으로 펼쳐나갔다. 인터넷 활동에 언론 보도가 더해지면서 응원 열기가 확산되었고, 붉은악마 운영진의 활동과 붉은악마 공식 홈페이지가 뜨거운 열기의 구심점으로 작용했다. 결국 경기에서 승리를 거듭할수록 국민들은 한 마음으로 붉은악마가 되어갔다.

당시 언론이나 학계, 마케팅 전문가들이 좀더 심층적인 분석을 내놓았는데, 그중 대표적인 것은 다음과 같다.

- 새로운 세대의 문화적 감수성과 새로운 조직 운영의 패러다임이 있어 가능했다. (세대 문화적 관점)
- 디지털 테크놀로지의 발달로 전광판이라는 새로운 미디어가 가능했기에 광장 응원이 성공할 수 있었다. (새로운 매체라는 기능적 관점)
- 컬러 마케팅이 성공의 핵심이다. 빨간색은 국민들의 열정이나 단결, 애국심을 대변하는 색상이다. (마케팅적 관점)

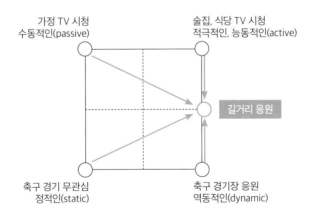

붉은악마의 진화 공간

각각의 분석은 물론 현상의 일정 부분을 설명하기는 하지만 왠지 부족한 느낌이 든다. 붉은악마 구성원 개개인으로부터 유추하기는 어려운, 거시적인 현상을 만들어낼 수 있었던 다른 요인들이 있지 않았을까? 이러한 의문에 대한 답을 얻기 위해서는, 우선 붉은악마 구성원들이 만들어낸 전형적인 현상에 대한 분석이 필요하다.

위 도표는 2002년에 대한민국을 떠들썩하게 만들었던 한일 월드컵 당시 붉은악마 현상을 분석한 브랜드 X팩터 그리드이다. 도표에서 2002년 한일 월드컵 이전의 대다수 국민들에게 경기 관람이나 응원을 위한 질서 공간은 집에서 텔레비전을 시청하거나 경기장 응원을 나서는 것이었다. 물론 몇몇 직장인들과 젊은이들에게는 벽에 스크린을 설치한 맥줏집과 카페 등도 응원을 위한 질서 공간이었을 것이다. 브랜드 X팩터 전략 관점에서 보자면 집, 식당이나 술집, 경기장은 경기 관람과 응원을 위한 기존 질서였던 것이다.

하지만 붉은악마의 거대한 현상을 알리는 서곡은 바로 '무질서 공간 만들기'에서 시작되었다. 그것이 바로 '길거리 응원'이다. 만일 길거리 응원이라는 무질서 공간을 찾지 못했다면, 그래서 800만 명이라는 인구가 각자 집에서 또는 소규모 모임 정도만 가능한 식당이나 술집 등에서 게임을 시청하고 응원했다면, 전 세계가 주목할 만한 창발 현상은 일어나지 못했을 것이다. 길거리 응원이라는 무질서 공간 찾기는 구성원들의 상호작용에 의한 전형적인 현상을 촉발하는 구심점이자 새로운 질서 구축, 즉 새로운 응원 문화의 진화를 알리는 출발점이 되었다.

다른 공간에서 진화 공간 창출

세번째로, 앞의 '다양한 진화 전략' 도표에서 브랜드 X팩터 그리드의 선상으로 이동하는 것이 아니라 중앙 공간으로 이동하는 전략을 꼽을 수 있다. 중앙 공간은 앞에서 설명한 퍼지 사각형에서 완전한 분수(1/2, 1/2) 차원의 지점이다. 완전한 분수 차원의 공간은 완전한 무질서 공간을 의미한다. 기존 시장을 나타내는 4개 꼭짓점에 있는 질서 공간을 탈피하여 전혀 새로운 시장으로의 진화를 뜻한다.

이제는 글로벌 기업으로 성장한 삼성의 경우를 보자. 삼성의 계열사는 매우 많지만, 크게 나누어보면 경공업(물산, 금융 등), 중공업(조선, 엔지니어링, 화학 등), 자동차와 전자 산업(자동차, 전자, SDI, 테크윈 등), 기타 서비스업(호텔신라, 에버랜드, 제일기획 등) 등으로 구분할 수 있다. 1990년대 초, 국내 거의 모든 분야에서 최고 기업으로 인정받던 삼성이 전혀 새로운 분야로 진출한 것은, 미래에 대한 위기의식 때문으로 여겨진다. 당시 국내에서는 최고의 기업으로 인정받았지만, 세계 시장에 나가면 삼성은 여전히 후발 주자로서 제품력이나 가격 경쟁력에서 대다수 글로벌 기업들에 비해 뒤진 기업으로 인식되고 있었다. 이러한 상황에서, 1987년 그룹 회장으로 취임했으나 좀체 모습을 드러내지 않던 이건희 회장이 1993년 경영 전면에 나서면서 "마누라와 자식 빼고 다 바꿔라"고 일갈했다. 신경영의 시작이었다. 삼성의 대변혁을 이끈 임원진은 당시 상황을 다음과 같이 설명했다.

"1990년대 초 삼성전자는 국내에서조차 명실상부한 1등이 아니었

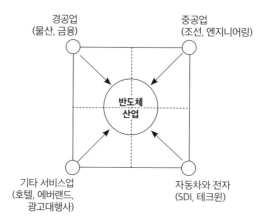

경공업
(물산, 금융)

중공업
(조선, 엔지니어링)

반도체
산업

기타 서비스업
(호텔, 에버랜드,
광고대행사)

자동차와 전자
(SDI, 테크윈)

삼성 그룹의 진화 공간

습니다. 해외 시장에서 만난 삼성의 제품들은 싸구려 취급을 받으며 매장 구석에서 먼지를 잔뜩 뒤집어쓰고 있었습니다. 1993년 2월쯤 이건희 회장은 삼성 텔레비전이 로스앤젤레스의 전자 제품 매장 한쪽 귀퉁이에서 먼지만 수북이 쌓인 채 외면당하고 있는 현실을 일깨우며 냉철한 반성과 분발을 당부했습니다. 바로 그것이 기폭제가 되어 같은 해 6월 삼성은 '신경영 선언'과 함께 대전환을 시작했고, 25년여가 지난 오늘날 반도체, 디지털, 전자 순으로 지속적인 진화를 이루었으며 삼성 스마트폰과 텔레비전은 프리미엄 브랜드의 대명사로 성장했습니다."

　새로운 무질서 공간을 찾아 반도체 시장으로 진출한 것은 여러 가지로 시사하는 바가 크다. 기존 사업과 연관성이 거의 없는 시장으로 과감하게 진화하여 끊임없는 노력으로 이뤄낸 엄청난 성과는, 삼성이라는 브랜드가 세계 시장에서 제대로 인정받는 계기가 되었다.

반도체 시장으로의 성공적인 진화는 삼성이라는 기업 자체의 성공일 뿐만 아니라 한국 대기업 전체의 진화를 이끌었고, 또한 대한민국이라는 국가 브랜드의 진화를 이끌었으며, 나아가 전 세계 반도체 시장의 진화를 이끌고 있다.

간단하게 살펴본 세 가지 유형의 진화 사례에서 알 수 있듯이, 브랜드 X팩터 전략에 의한 무질서 공간 찾기는, 복잡한 시장 상황을 돌파하는 기폭제가 된다. 다시 한번 강조하자면, 브랜드 X팩터 전략은 시장 중심의 전략이다. 시장과 브랜드는 끊임없이 살아 움직이는 유기체이다. 따라서 성공하는 브랜드가 되기 위해서는 시장에서 지속적인 진화를 거듭하여 경쟁 우위를 유지해야 하며, 유기적인 자기 조직화를 통해 치열한 경쟁을 뚫고 스스로 질서를 만들어가야 한다. 그 과정에서 브랜드 꼬리표와 소비자 되먹임에 의한 전략적 현상을 만들어내고, 그것이 거시적인 현상이 될 수 있도록 온 힘을 쏟아야 한다.

오래전에 '블루오션'이라는 개념이 크게 인기를 끌었다. 시장에서의 경쟁을 멈춰야 미래에 성공할 수 있고, 경쟁에서 이기는 유일한 방법은 경쟁자를 이기려는 노력을 그만두는 것이라는 관점이었다. 브랜드 X팩터 전략에서도, 경쟁이 치열한 기존 질서 공간보다는 새로운 무질서의 시장 공간을 발견하여 경쟁이 덜하거나 경쟁이 없는 시장을 새로 창출할 것을 제안한다.

그러나 현실 세계에서 경쟁자가 전혀 없는 시장을 찾기란 매우 어렵다. 이런 환경에서 진화 전략의 핵심은, 기존 시장과 경쟁 상황을 무시하는 것이 아니라 함께 진화를 만들어가는 데 있다. '무에서 유'를 창조하는 것이 아닌 '유에서 더 큰 유'를 이끌어내는 것이 바로 브랜드 3.0 패러다임의 핵심적인 진화 전략이다.

X팩터가 있어야 진화할 수 있다

수많은 브랜드와 다양한 제품이 범람하는 세상에서 소비자를 설득할 수 있는 진화를 이끌어내는 전략을 세우기란 결코 쉽지 않다. 예를 들어, 백화점에서 남성복 매장으로 가다 보면 수많은 브랜드 매장들이 즐비하다. 처음에는 다양한 옷들이 있는 것처럼 느껴지지만 조금 더 둘러보면 그 옷이 그 옷 같다는 생각이 들게 마련이다. 만일 옷에 부착된 브랜드명이나 심볼 등을 가린다면 어떤 브랜드의 옷인지 웬만한 소비자들은 구분하기 힘들다. 이런 일은 대다수의 다른 업종에서도 마찬가지다.

기업들 모두가 신제품 출시를 위해 엄청나게 고민하고, 능력이 뛰어난 마케팅 인력이 넘쳐나는데 왜 이러한 현상이 나타나는 걸까? 그 이유는 제품과 브랜드에 대한 접근 전략과 전술이 기존의 예측 가능한 방식으로 진행되기 때문이다. 동일한 시장 환경에서 비슷한 방법으로 시장 질서, 소비자 트렌드, 경쟁사 등을 분석하고 대응하다보면, 생각과 전략이 서로 유사한 지점에서 만나게 되고 비슷한 답을 내놓게 된다.

"새롭고 고유하며 관심을 끌어모을 수 있는 것만이, 그리고 오직 처음 느끼는 생동감이 있는 것만이 살아남는다." 『드래곤플라이 이

펙트』(랜덤하우스코리아, 2011)의 저자이자 미국 스탠퍼드대 경영학과 교수인 제니퍼 아커Jennifer Aaker의 주장이다. 인간은 생물학적으로 놀라움에 반응하도록 진화했기 때문이라는 것이다. 제니퍼 아커는 이 책에서, 뇌를 연구하는 학자들이 'P300'이라 불리는 뇌 파동을 다른 것과 구분했는데, 이 파동은 인간의 뇌가 놀라운 것을 발견했을 때 혹은 어떤 대상에 관심이 쏠릴 때 나타난다고 설명한다.

"과거의 법칙은 이렇다. 안전한 제품을 만들고 그것을 비범한 마케팅과 섞어 평범한 제품을 평범한 사람들에게 파는 것이다. 그러나 이제 그 법칙은 파산했다. 새로운 법칙은 이것이다. 놀라운 제품을 만들고 그것에 열광하는 사람들에게 팔아라." 『보랏빛 소가 온다』로 유명한 세스 고딘Seth Godin의 주장이다.

이들이 강조하는 놀라움이 바로 제품 차원의 브랜드 X팩터이다. 거듭 말하지만 X팩터는, 정확히 특정할 수는 없지만 성공에 필수적인 특별한 요소를 말한다. 시장에서 성공하기 위한 특별한 요소는 '소비자들이 인정한 기존 시장 질서의 강점(성공에 필수적인)을 합쳐' 무질서 공간에서 새로운 X팩터를 만들어낼 수 있다. 미니와 미샤 등이 그런 예이다. 소비자들은 좀더 나은 소형차 혹은 좀더 나은 화장품을 원했다. 물론 '좀더 낫다'는 것은 제품 이외에도 가격이나 서비스, 유통 등 브랜드를 구성하는 다양한 요소들을 포함한다. 소형차이지만 중·대형차 못지않은 고급 성능과 디자인을 갖춘 미니, 중저가 화장품이지만 백화점 브랜드 수준의 제품 기능과 매장 서비스를 제공했던 미샤, 열린 관계를 맺게 해주는 트위터와 페이스북, 인스타그램 등

SNS 서비스, 통화 품질로 경쟁했던 휴대폰 시장에서 스마트폰이라는 괴물을 만들어 글로벌 강자가 된 애플과 삼성 등이 모두 소비자들에게 기대 이상의 제품과 서비스로 놀라움을 주었다. 그 놀라움이 '제품 차원의 X팩터'이고, 그를 통해 브랜드와 시장 진화를 이루어낸 사례들이다.

X팩터는 다른 말로 하면 돌연변이다. 돌연변이가 진화를 이끈다. 지금까지의 브랜드 전략은 평균적인 성공을 거두는 기업과 브랜드를 만들어내는 것이 목표였다. 브랜드 차별화를 강조하지만, 그조차도 브랜드 3.0 패러다임과 브랜드 X팩터 전략으로 보면 평균적인 차별화에서 벗어나지 못한다. 물론 많은 기업과 브랜드들이 평균적인 성공을 거두면 만족한다고 생각할 수 있다. 그러나 이제는 그마저도 쉽지 않다. 딥체인지로 인해 세상의 질서가 심층 기반에서부터 변화하고 있기 때문이다. 열린 시스템, 정보화 혁명, 소비자 변화, 그리고 그에 따른 복잡성이 증가하면서 기업과 브랜드의 뿌리부터 변화를 요구하고 있다.

세스 고딘의 지적대로 평균에서 벗어나야 한다. 새로운 사고의 틀로 생각해야 한다. 무질서 공간에서 X팩터가 태어나고, X팩터가 경쟁 우위를 만들며, 그 경쟁 우위가 새로운 시장 질서를 구축한다. 그것이 바로 브랜드 X팩터 전략이며 브랜드 진화다.

강력한 브랜드는
진화하는 브랜드

강력한 브랜드를 정의하는 방식은 여러 가지가 있지만, 시장 차원에서 정의하자면 '브랜드가 구축해놓은 기존 시장 질서를 지속적으로 유지하는 힘을 가진 브랜드'라고 할 수 있다. 이를 경영학에서는 '지속적 경쟁 우위sustained competitive advantage 획득'이라고 한다. 여기에서 중요한 점은 '지속적'이라는 표현이다.

브랜드가 소비자의 사랑을 얻는다는 것은 브랜드 인지도, 제품의 질, 연상 이미지, 충성도 등 여러 면에서 경쟁 브랜드에 비해 강력하거나 압도적이라는 의미이다. 여기에 더해 그 브랜드가 속한 업종에서 스스로 구축해놓은 질서를 오랜 기간 유지할 수 있는 힘이 있어야 강력한 브랜드라고 할 수 있다.

기업 역시 마찬가지다. 소위 잘나가는 기업은 몇 년간 반짝 실적을 올리고 끝나는 것이 아니라 장기간에 걸쳐 꾸준히 실적을 유지한다. 하버드대 마이클 포터Michael Porter 교수는 저서 『마이클 포터의 경쟁전략』(프로제, 2018)에서 "기업 간 경쟁도가 낮고, 신규 진입이 어렵고, 가격 경쟁이 치열하지 않은 산업에서 지속적인 경쟁 우위를 유지하기 쉽다"고 설명한다.

예를 들어, 미국의 비즈니스 스쿨 강의에서 흔히 인용하는 시리얼 업계를 보자. 미국의 시리얼 업계는 '켈로그', '제너럴 밀스', '포스트'의 3대 대기업이 광고와 마케팅 등에 어마어마한 비용을 투자하고 유통 업체와 밀접한 관계를 구축함으로써(기업 간 경쟁도가 낮음) 신규 브랜드의 진입을 교묘하게 저지하는(신규 진입이 어려움) 한편, 서로 지나친 가격 경쟁은 피해왔다(가격 경쟁이 치열하지 않음). 그 결과 미국 3대 시리얼 업체의 주주 자본 이익률은 오랫동안 30~50퍼센트를 유지해왔다. 최근 들어 소매 업체의 PB(private brand, 자체 브랜드) 상품에 고전하는 경향이 나타나고는 있지만 여전히 높은 이익률을 유지하고 있다.

마이클 포터는 신규 진입, 기업 간 경쟁, 대체 상품 및 서비스, 고객, 공급자, 이 다섯 가지를 경쟁의 핵심으로 규정하고, 이 가운데 하나의 힘만 강해지더라도 업계 내에서 기업 간 경쟁이 높아진다고 강조한다. 이런 의미에서 그가 말하는 지속적인 경쟁 우위를 점하기 위한 경쟁 전략이란 결국 '경쟁하지 않는 전략'이라고 바꾸어 말할 수 있다. 즉, 가능한 한 경쟁이 치열하지 않은 산업을 선택하여 경쟁사와 구별되는 독창적인 위치를 선점한다면, 다른 회사와 치열하게 경쟁하는 정면 승부를 펼치지 않아도 되므로 결과적으로 안정적인 수익을 얻을 수 있다는 것이 마이클 포터가 주장하는 경쟁 전략의 핵심이다. 그러나 지금과 같은 글로벌 경쟁 시대에, 게다가 열린 시스템이 작동하는 딥체인지 시대에 미국 시리얼 업계처럼 경쟁하지 않는 전략이 과연 가능할까?

연속적인 일시적 경쟁 우위

경쟁 우위에 대해 깊은 연구를 하는 뉴

욕주립대 경영학과 교수 이리야마 아키에는 저서 『세계의 경영학자는 지금 무엇을 생각하는가』(에이지21, 2013)에서 다음과 같이 밝히고 있다.

미국 롤레인대 로버트 위긴스Robert Wiggins 교수와 텍사스대 티머시 뤼플리Timothy Ruefli 교수는 마이클 포터의 경쟁 전략론에 의문을 품었고, '지속적인 경쟁 우위라는 것이 과연 존재하는가'에 대해 방대한 데이터와 정밀한 통계 방법을 이용하여 철저하게 검증했다. 논문의 결과는 다음의 세 가지로 요약할 수 있다.

> 첫째, 미국에는 분명 '지속적인 경쟁 우위'를 실현하고 있는 기업이 존재하지만, 그 수는 전체 기업의 2~5퍼센트에 지나지 않는다.
>
> 둘째, 시간이 흐를수록 기업이 경쟁 우위를 유지하는 기간이 짧아지고 있다. 즉 지속적인 경쟁 우위의 실현이 점점 어려워지고 있다. 이러한 현상은 미국 내 산업 전반에서 나타난다.
>
> 셋째, 반면에 경쟁 우위를 상실한 이후 다시 회복하는 기업의 수가 증가하고 있다. 현재 잘나가는 기업이란 경쟁 우위를 장기간 안정적으로 유지하고 있는 기업이 아니라 '일시적인 우위temporary advantage를 쇠사슬처럼 연결시킴으로써 장기간에 걸쳐 높은 실적을 유지하고 있는 것처럼' 보이는 기업이다.

두 사람의 논문은 마이클 포터의 경쟁 전략론을 뒤집는, 전혀 새로운 결과였다. 경쟁 전략의 목적은 경쟁 우위를 지속하는 데 있다. 로

버트 위긴스와 티머시 뤼플리는 바로 그 경쟁 우위를 지속하는 것이 갈수록 어려워지고 있다는 사실을 밝혀냈다. 이는 현대사회, 적어도 미국에서는 기업 간 경쟁이 갈수록 심화되고 있다는 뜻이다.

그들이 연구 결과를 발표하기 전에도 경쟁 우위의 지속이 어려워질 것이라는 점을 지적한 학자들이 있었다. 그 대표적인 인물이 미국 다트머스대학의 리처드 다베니Richerd D'Aveni다. 그는 저서『하이퍼컴피티션』(21세기북스, 2009)에서 기업 간 경쟁이 격화되어 경쟁 우위의 지속이 어려워지는 상황을 '무한 경쟁unlimited competition'이라고 명명했다. 리처드 다베니가 저서에서 중요하게 다루고 있는 논점은 다음 세 가지다.

첫째, 기업의 경쟁 우위 지속 기간이 짧아지고 있다.
둘째, 무한 경쟁 환경에서는 경쟁 우위를 상실하더라도 다시 회복하여 '일시적인 경쟁 우위의 연쇄'를 실현하는 것이 중요하다.
셋째, 이론상 무한 경쟁 환경에서는 보다 적극적인 경쟁 행동을 취하는 기업이 높은 실적을 거둘 수 있다.

로버트 위긴스와 티머시 뤼플리는 통계 분석을 통해 리처드 다베니의 세 가지 논점 가운데 첫째와 둘째가 현실로 나타나고 있음을 증명한 것이다. 아래 도표를 보자. 과거에는 기업이 일단 경쟁 우위를 획득하면 한동안 높은 실적을 유지하는 것이 가능했다. 이를 서핑에 비유하자면, 일단 큰 파도에 올라탄 후 그저 물살에 몸을 맡기기만 하면 되던 시절이었다. 그러나 최근 좋은 실적을 거두는 기업은 짧은 파도를 폴짝폴짝 옮겨다니는 격이라는 것이 바로 리처드 다베니의 주장이다. 그리고 이를 검증해낸 학자가 로버트 위긴스와 티머시 뤼플리다. 이렇듯 지금의 경쟁 우위는 지속적인 것이 아니라 일시적인 것이다. 따라서 불확실성이 가득한 무한 경쟁 시대의 기업은 일시적인 경쟁 우위를 연속적으로 유지해나갈 필요가 있다.

지속적 경쟁 우위 유지는 브랜드 관점에서
연속적 브랜드 진화와 같다

앞서 사례로 살펴본 화장품 브랜드 미샤는 새로운 시장 질서 구축 이후 어떤 길을 걸었을까? 미샤는 중저가 화장품군이라는 새로운 무질서 공간을 창출하여 시장 진화를 이끌었고, '3,300원'이라는 꼬리표를 달고 중저가 화장품 시장의 선도 브랜드로 인정받았다. 2002년 시장에 진출하여 성공 신화를 써내려간

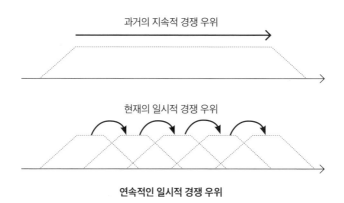

연속적인 일시적 경쟁 우위

미샤는 16년이 흐른 현재에도 지속적 경쟁 우위를 유지하고 있을까? 런칭 이후 줄곧 업계 1위 브랜드의 위상을 누리던 미샤는 2013년 더페이스샵에 1위 자리를 내주고, 2014년 1분기에는 이니스프리에도 밀려 업계 3위 브랜드가 되고 말았다. 게다가 2013년의 영업 이익률은 후발 브랜드인 잇츠스킨과 토니모리에도 뒤졌으며, 2018년에는 전체 매장 수 670개로 업계 4위에 머물렀다.

미샤에 의해 새로운 시장이 형성된 중저가 화장품군은 2002년 이후 더페이스샵, 스킨푸드, 네이처리퍼블릭 등 후발 주자들의 시장 진입으로 그 규모가 확대됨과 동시에 치열한 경쟁 상황으로 요동치게 되었다. 게다가 토니모리, 잇츠스킨, 홀리카홀리카, 바닐라코 등 새로운 브랜드들이 잇따라 가세하며 시장은 더욱 혼돈 상황으로 접어들었다.

시장에서 부동의 업계 1위 브랜드였던 미샤가 간과한 것은 무엇일까? 지속적 경쟁 우위를 유지하리라고 지나치게 믿었던 것이 아니었을까? 강력한 브랜드가 되기 위한 첫번째 조건은 시장에서 진화해야 한다는 점이다. 제품 차원에서 진화하든 유통 차원에서 진화하든, 시장에서 소비자들이 인지할 수 있는 수준의 진화가 필요하다. 그러나 미샤의 현재 상황에서 알 수 있듯이, 1차 진화의 성공이 지속적인 경쟁 우위를 보장하지는 않는다. 진화로 인해 새롭게 형성된 시장은 또 다른 후발 브랜드로부터 끊임없이 도전받고, 그로 인해 새로 형성된 시장 질서는 얼마 지나지 않아 신규 진입을 노리는 브랜드에게는 구질서가 되어 다시 요동치기 때문이다.

마이클 포터 이후 여러 연구에서 밝혀진 바와 같이, 경쟁 우위가 지속되는 기간은 점점 짧아지고 있다. 지금과 같은 무한 경쟁 시대에 경쟁 우위는 지속적인 것이 아니라 일시적인 것이라고 보아야 한다. 해오던 대로 해서 현재의 우월한 지위를 유지할 수 있으리라는 안이한 생각은 더이상 통용되기 어렵다는 점을 시사한다. '연속적으로 일시적 경쟁 우위'를 유지하기 위해서는 적극적인 경쟁 행동 전략을 통한 공격적인 비즈니스가 필요하다. 다시 말하면, '연속적인 브랜드 진화'가 필요하다.

다음 도표에서 보듯이, 브랜드가 진화에 성공한 후 새로운 질서를 구축하면 한동안 선두 브랜드로서 달콤함을 유지한다. 몇몇 후발 브랜드들이 새로이 시장에 진입하면 시장의 규모가 오히려 커져 선두 브랜드는 반사 이익을 더욱 누리게 된다. 그러나 경쟁이 점점 치열해지는 요동의 단계에 들어서면, 비선형적이고 무질서한 현상이 발생하기 시작한다. 무질서한 현상에서 비롯된 혼돈 상황은 새로운 질서의 탄생을 알리는 신호탄이 될 수 있다. 만약 이 신호탄을 무시하거나 간과한다면, 경쟁 브랜드가 새로운 진화 공간을 창출하여 새로운 질서를 구축할 것이다.

기존 질서에서 선두를 차지하고 있는 브랜드는 시장에서 만들어지는 미시적인 상호작용과 거시적인 현상을 파악하여 또다시 새로운 진화를 위해 고민하고 연구해야 한다. 즉 새로운 시장 질서 구축을 위한 2차 진화 전략이 필요한 것이다. 새로운 질서도 곧 구질서가 되어버리는, 빠르게 변하는 시장에서 경쟁 우위를 지속하기 위해서는 연

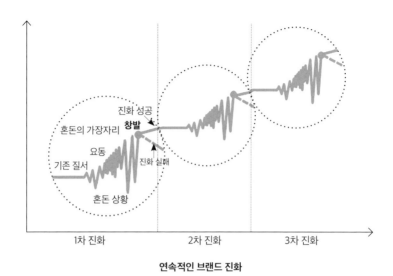

연속적인 브랜드 진화

속적인 브랜드 진화가 필수적이다. 진화하는 브랜드만이 강력한 브랜
드가 될 수 있다.

3장

브랜드
꼬리표를
달아라

방탄소년단은 2013년 6월에 연예 활동을 시작했다. 방탄소년단은 국내 3대 기획사 (SM·YG·JYP)의 아티스트들처럼 등장하자마자 엄청난 팬덤을 형성하며 대박을 터뜨리는, 전형적인 성장 코스를 밟지는 못했다. 여러 방송에 얼굴을 비췄지만 인지도가 오르지 않았다. 그러나 소속사인 빅히트 엔터테인먼트는 포기하지 않고, 각 멤버들이 다양한 역량을 키우도록 많은 시간을 투자했다. 그러다 2015년 4월 발매한 앨범 '화양연화 pt.1'의 수록곡 〈I NEED U〉와 〈쩔어〉가 주목받기 시작하면서 방탄소년단의 팬덤이 확장됐다. 이것이 방탄소년단 성공 신화의 시작이었다.

결국 방탄소년단은 K-pop 보이 그룹의 매력과 글로벌 아티스트의 차별적인 색깔을 모두 갖춘 'K-pop 아티스트'로서, 이전에는 존재하지 않았던 무질서 공간을 찾아내 새로운 시장 진화를 이끌어냈다. 그들은 언론 등을 통해 "진정성 있는 보이 그룹", "소통하는 아이돌", "선한 영향력을 주는 아이돌" 등으로 불리며 전례 없는 열풍을 몰고 왔다. 하지만 팬들은 자신들의 언어로 소통하기를 원한다.

그래서 방탄소년단과 자신들의 관계를 가장 적절히 설명할 수 있는 단순 명쾌한 단어를 선택한다.

소비자는 자신들이 만든
꼬리표로 소통한다

방탄소년단의 경우 팬들이 만들어낸 언어는 '내가 키운 아이돌'이다. 그리고 이는 브랜드로서 방탄소년단의 꼬리표가 되었다.

방탄소년단을 얘기할 때 '아미(Army, 방탄소년단의 공식 팬클럽)'를 빼놓을 수 없다. '아미'라고 이름 붙인 글로벌 팬 그룹은 SNS 소통 과정('좋아요', 댓글, 내용 전파, 리액션 영상)의 재생산을 통해 '내가 키운 아이돌'이라는 자부심과 책임감을 갖는다. 즉 전 세계 '아미'들은 '내가 키운 아이돌'이라는 꼬리표를 통해 서로 소통하고 상호작용하며 더욱 거대한 집단을 이루어갔다. 이들은 방탄소년단 멤버들을 함께 라면 먹는 아주 친숙한 친구(SNS를 통해 아주 소소한 일상까지 공개하고 서로 소통하는)로 여기고 크나큰 위안을 얻으며 열광한다.

그리고 아미의 적극성은 최근 불거진 논란에서 확실하게 드러났다. 아미는 방탄소년단의 소속사 빅히트 엔터테인먼트에서 일본의 인기 그룹 'AKB48'의 프로듀서 아키모토 야스시와 협업할 것이라고 발표하자 바로 행동에 나섰다. 아키모토 야스시는 일본에서 5,000곡에 가까운 노랫말을 만든 베테랑 작사가이자 프로듀서인데, 문제는 그가 일본에서 우익 행적을 보인 전적이 있다는 점이다. 이에 아미는 "우익 작사가와 협업을 즉시 중단하고 관련 자료를 전량 폐기하라"고 요구하면서 소속사에서 피드백이 없을 경우 모든 컨텐츠를 불매하겠다고 선언했다. 결국 소속사는 "팬들의 우려를 충분히 인지하고 있다"고 밝혔고, 아키모토 야스시와의 협업도 중단됐다. 이처럼 아미는 '방탄소년단은 우리가 키운 아이돌'이라는 꼬리표를 적극적으로 실천하고 있다.

팬들 사이에서 꼬리표가 서로 일치하지 않을 경우에는 집단 형성에 도움이 되는 상호작용이 거의 일어나지 않는다. 방탄소년단의 '내가 키운 아이돌'이라는 꼬리표는 매우 명확하고 상징적이어서 아미들 간의 상호작용을 쉽게 해주었을 뿐만 아니라, 일치하는 정도가 높아하나의 경계 안에서 쉽게 집단을 형성할 수 있었다.

2005년 국내에 정식 런칭한 미니는 'be mini', 'not normal' 등의 슬로건으로 소비자와 소통하고자 했다. 그리고 2014년에 나온 3세대 미니에 대해서는 'the new original'이라는 새로운 슬로건을 들고 나왔다. 그러나 실제로 소비자가 사용하는, 미니를 지칭하는 언어는 따로 있다. 바로 '외계인이 만든 자동차 엔진'이다. 이것이 바로 미니의 브랜드 꼬리표다. '미코'라는 미니 마니아들을 중심으로 만들어진, 소비자들이 미니에 대해 소통하는 방식이다. 소형차이지만 뛰어난 엔진 성능과 멋진 외관은 미니의 고객들에게 단순한 자동차 이상의 의미를 준다. 이처럼 소비자에게 공감을 일으키는 시장에서의 진화는, 소비자들이 주체적으로 상호작용할 수 있는 장을 마련해준다. 엄청난 비용의 광고와 마케팅 대신, 시장에서 진화할 수 있는 전략에 온 힘을 쏟아야 하는 이유가 여기에 있다. 이것이 기업에서 전략적으로 해야 할 일이고, 상호작용을 통한 실행은 소비자가 한다. 다만 소비자가 만들어가는 브랜드가 전략적으로 옳은 방향으로 가고 있는지 여부를 끊임없이 지켜보고 관리하는 것은 기업의 몫이다.

꼬리표가 없는 브랜드는 제품이다

꼬리표(의미)가 없는 브랜드는 브랜드가 아니라 제품이다. 꼬리표가 없는 브랜드는 소비자에게 의미나 가치가 없기 때문이다. 미니의 소비자들이 말하는 '외계인이 만든 자동차'는 그들끼리 소통하는 언어이며 그들이 만든 꼬리표이다. 그것이 미니를 구매하는 의미이자 가치다. 또한 소비자들은 브랜드의 꼬리표로 상호작용한다. 더욱 중요한 것은, 꼬리표를 통한 소비자들 간의 상호작용으로 인해 기업에서 전혀 예상치 못한 비선형적 현상이 실제 시장에서 나타날 수 있다는 점이다.

제품이 출시되면 소비자들은 매의 눈으로 제품의 기능, 가격, 유통, 원산지, 혜택 등을 분석한다. 그리고 그 제품이 스스로에게 가치가 있으면, 이를 브랜드 의미화해서 꼬리표를 만든다. 그러면 다른 소비자가 브랜드 꼬리표를 보고 상호작용한다. 브랜드 꼬리표가 소비자와 브랜드 간, 그리고 소비자와 소비자 간의 연결 고리가 되는 것이다. 미샤의 '3,300원'이라는 꼬리표는 소비자, 즉 브랜슈머가 가격 결정에 참여하여 스스로 가격을 정하고 이를 다른 소비자와 소통하면서 확산되었다. 미샤 구매의 이유이자 의미였고, 다른 소비자들과의 소통에 있어 구심점이었다.

반면에 시장에서 진화 공간을 창출하고도 브랜드 꼬리표를 잘못 관리한 경우도 있다. 매일유업의 '바나나는 원래 하얗다'는 과즙 우유이다. 2006년 12월 런칭 당시 '바나나는 원래 하얗다'는 가공 우유의 강점인 '맛'의 요소와 흰 우유의 강점인 '건강'의 요소를 합쳐 '맛+건강'이라는 새로운 질서 공간 만들기에 성공하고 '과즙 우유' 제품군을 창출했다. 이후 단기간에 기록적인 판매 실적을 거두었다.

이처럼 '바나나는 원래 하얗다'는 우유 시장에 새로이 '과즙 우유'라는 진화 공간을 만들어냈다. 그런데 소비자와의 소통 측면에서는 전통적인 방식에 의존했다. 매우 흥미롭고 유머러스한 광고를 찍어 당시 광고 매체로 가장 뜨거웠던 유튜브를 통해 전파함으로써, 많은 소비자들의 관심을 끌고 그에 따라 인지도도 높아졌다. 그러나 브랜드 X팩터 전략 관점에서 보자면, 기존 시장에서 무질서 공간을 찾아 시장 진화를 위한 성공 요인은 만들어냈으나, 브랜드 차원의 꼬리표와 소비자에 의한 양의 되먹임을 이끌어내지는 못했다. 절반의 성공을 거둔 셈이다.

이후 관련 뉴스를 보면 과즙 우유라는 새로운 진화 공간 창출에 어려움이 있어 보인다.

"매일유업의 '바나나는 원래 하얗다'는 역발상으로 가공 우유 시장에 큰바람을 몰고 왔다."

"바나나 우유는 노란색이라는 고정관념을 깬 매일유업의 가공 우유 '바나나는 원래 하얗다'가 상식을 깨는 마케팅으로……."

"튀는 광고로 뜬 매일유업 가공 우유 '바나나는 원래 하얗다'!"

이처럼 모든 기사에서 '바나나는 원래 하얗다'를 과즙 우유군이 아니라 가공 우유군으로 분류하고 있었다. 이는 시사하는 바가 매우 크다. 결국 '바나나는 원래 하얗다'는 흰 우유 시장과 가공 우유 시장 사이에서 과즙 우유로서 새로운 진화를 이끌어내지 못하고, 다시 기존 질서로 되돌아가버린 셈이 되었다. 현재 소비자 인식에서 '바나나는 원래 하얗다'는 살아 있는 브랜드일까, 혹은 죽어 있는 제품일까?

스마트폰과 SNS 등의 발달로 대다수 제품이 고관여 제품화 되어 간다. 소비자들 스스로 다양한 디지털 미디어들을 활용하여 직접 정보를 수집하고 가공하고 확대 재생산할 수 있는 환경이 마련되었기 때문이다. 이제 소비자들 스스로도 프로슈머에서 브랜슈머로 진화했다. 이런 소비자의 변화를 이해하지 못하고 소비자들을 단지 제품을 판매해야 하는 설득 대상으로 여기는 것은 한참 뒤떨어진 생각이다. 브랜드 1.0 관점의 접근 방식이다.

기업의 마케터들은 담당하고 있는 브랜드의 정체성과 전략적인 포지셔닝, 슬로건과 브랜드 스토리 등 다양한 컨텐츠로 소비자와 소통하고, 전달하고자 하는 메시지를 각인시키고자 노력한다. 이러한 노력들이 스스로 브랜드를 만드는 과정이라고 생각한다. 하지만 이는 잘못된 생각이다. 이제는 소비자가 브랜드 만들기의 주체라는 인식의 전환이 필요하다. 소비자들에게 제품에 대한 믿음이 생기고 소비자들이 그 의미와 가치를 통해 상호작용하기 위한 브랜드 꼬리표를 직접 만들 수 있도록 기업의 전략적인 접근이 필요하다. 그래야 살아 있는 브랜드가 된다.

우리는 하루에 약 1,500개 이상의 브랜드와 접하며 살아간다고 한다. 그 수많은 브랜드 중에서 우리의 인식 속에 살아 있는 브랜드는 얼마나 될까? 소비자와 상호작용할 수 있는 꼬리표를 가진 브랜드는 얼마나 될까?

브랜드는 제품에 꼬리표를 더한 개념이다. 브랜드 1.0 시대에는 소비자와 제품을 중심으로 소통했다면, 브랜드 2.0 시대에는 제품에 브랜드 아이덴티티를 더해 브랜드 중심으로 소통했다. 그러나 기존의 브랜드 아이덴티티(정체성)는 기업 관점에서 '브랜드가 이렇게 되었으면 좋겠다'는 전략적 목표 개념일 뿐 소비자와 소통할 수 있는 개념은 아니었다. 게다가 브랜드 2.0에서는 소비자가 함께 참여하여 브랜드 아이덴티티를 만들 수 있는 공간이 전혀 없다. 브랜드 아이덴티티가 소비자와 상호작용할 수 있는 꼬리표로서 역할을 할 수 없는 이유이다. 그렇다면 꼬리표가 어떻게 만들어지는지 살펴보자.

소비자 행동 모델,
ITSES

군대에서 사용하는 부대 깃발이나 정치 모임 혹은 대규모 집회에서 사람들을 규합하기 위해 사용하는 현수막 등이 바로 꼬리표의 예이다. 또한 인터넷 게시판에서 글의 성격을 알리기 위해 제목 앞에 붙이는 글머리도 좀더 기능적인 꼬리표의 일종이다.

브랜드 전략에서 '꼬리표'란,
첫째, 시장에서의 새로운 진화 공간 만들기가 성공적으로 이루어지면 진화 공간에 대한 경계를 명확히 구분하는 역할을 하고,
둘째, 브랜드와 소비자 간의 연결 고리가 되며,
셋째, 소비자 간 상호작용의 매개체로 구성원의 집단화aggregation를 유도하는 역할을 한다.

무질서 공간에서 새로운 시장 진화를 만들어가는 것이 브랜드의 지향점이라면, 꼬리표는 브랜드로서 소비자와 맺어야 할 상징적인 약속과 같다. 따라서 꼬리표가 없는 브랜드는 경쟁 브랜드와 차별성이 없고, 후발 주자들에게 쉽게 추월당할 수 있으며, 특히 소비자와의 관계가 매우 약해서 브랜드 파워를 만들 수 있는 매개체가 없는 셈이다. 결국 꼬리표가 없는 브랜드는, 제품으로서만 살아 있고 브랜드로서는 죽어 있는 셈이다. 그러므로 다양한 '브랜디드 컨텐츠branded contents'를 제공하여 소비자들 스스로 눈높이에 맞는 꼬리표를 만들도록 브랜드 관리를 해야 한다.

ITSES 모델

브랜드의 꼬리표가 만들어지는 과정을
정리해보면 다음과 같다.

1 소비자들이 다양한 정보를 수집하고 저장한다.

2 저장된 정보를 스스로 '공격 꼬리표'와 '방어 꼬리표'로 구분한다.

3 소비자들은 스스로의 '공격 꼬리표'와 '방어 꼬리표'로 다른 소비자
와 상호작용한다.

4 상호작용에 도움이 안 되는 꼬리표 자원들은 자연히 소멸한다.

5 상호작용을 통해 강력해진 '공격 꼬리표'는 '달라붙기 꼬리표'가 된다.

6 '달라붙기 꼬리표'는 다른 소비자들로 하여금 복제를 가능하게 한다.

7 복제를 통해 강화되고 확산된 '달라붙기 꼬리표'가 브랜드 꼬리표
가 된다.

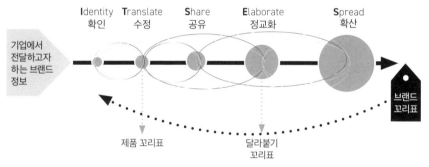

ITSES 모델

이처럼 복잡한 시장 환경에서 소비자 스스로 만들어내는 정보 처리 과정을 단순화한 것이 'ITSES 모델'이다.

ITSES는 '확인identify ─ 수정translate ─ 공유share ─ 정교화elaborate ─ 확산spread'의 영어 단어 첫 글자를 따서 만든 명칭이다. ITSES 모델은 '소비자 정보 처리 모델'이자 동시에 '소비자 행동 모델'이기도 하다. 소비자는 먼저 기업에서 제공하는 브랜드 관련 다양한 정보를 '확인' 하는 과정으로 시작한다.

미니 브랜드를 다시 살펴보자. 브랜드 런칭 이후 미니를 특정할 수 있는 상징적인 정보들은 영국의 '비틀', 독일인 아버지와 영국인 어머니 사이에 태어난 차, 뛰어난 엔진과 멋진 외관, 외계인이 만든 엔진, 작은 럭셔리 카 등이었다. 소비자는 제품의 기능적인 요소뿐만 아니라 이러한 다양한 정보들을 수집하여 그 의미나 가치를 확인하게 된다.

기업 관점에서 이들 요소를 본다면 가장 전략적이고 매력적인 컨셉은 무엇일까? 아마도 기업 입장에서 가장 하고 싶은 말은 '작은 럭셔리 카'라는 메시지일 것이다. 미니를 기업 입장에서 가장 잘 표현하면서, 새로운 제품군을 설명하는 핵심적인 개념이기 때문이다. 이러한 접근은 브랜드 2.0 시대의 브랜드 포지셔닝 전략으로, 대다수 브랜드가 취하는 방식이다.

하지만 변화한 소비자들은 다르다. 그들은 자신들의 언어로 소통하기를 원한다. 자신의 언어로 브랜드 의미나 가치를 만들고자 한다. 따라서 브랜드와 관련된 많은 정보들 중에서 스스로에게 의미 있는 메시지를 받아들여 자신의 언어로 바꾼다. ITSES 모델의 두번째 단계인 정보를 '수정'하는 과정이다.

수정 단계를 거친 미니의 소비자 언어는 '외계인이 만든 엔진'이었다. 외계인이 만든 엔진은 공격 꼬리표가 되어 이후 다른 소비자들과 '공유'하는 과정을 거친다. 이 과정에서 수정된 공격 꼬리표가 다른 소비자의 꼬리표와 일치하지 못하고 상호작용에도 도움이 되지 못하면, 공격 꼬리표로서 기능하지 못하고 점점 소멸된다. 반대로 다른 소비자와 공유하는 과정에서 더욱 강력해진 공격 꼬리표는 '달라붙기 꼬리표'가 되어 소비자 간 상호작용의 구심점으로 작용한다. 미니의 경우 달라붙기 꼬리표는 '외계인이 만든 엔진'이었다.

달라붙기 꼬리표가 마지막은 아니다. 공유 과정에서 생성된 달라붙기 꼬리표는 소비자 상호작용을 통해 더욱 '정교화'된다. 소비자들에게 정교화 과정이 필요한 이유는, 스스로 자기 조직화하기 위해 보다 명확하고 식별력 있는 꼬리표가 필요하기 때문이다. 다시 말하면, 앞 단계에서 새로이 창출된 시장 진화 공간에 대한 정보를 꼬리표가 명확히 담고 있는지, 이를 상징적이고 식별력 있게 표현하는지 여부를 상호작용하면서 정교화하는 것이다. 이 과정에서 정교화된 꼬리표가 바로 '브랜드 꼬리표'가 된다. 미니의 경우 '외계인이 만든 엔진'이라는 달라붙기 꼬리표가 정교화 과정을 거쳐 '외계인이 만든 자동차'라는 브랜드 꼬리표로 바뀌었다. 미니의 브랜드 의미이자 가치이다.

이렇게 만들어진 브랜드 꼬리표는 '확산' 과정을 통해 거시적인 현상을 만들어낸다.

ITSES 모델은 소비자 행동을 선형적 관점이 아닌 비선형적 관점으로 접근했다는 점에서 중요하다. ITSES 모델에서 '수정'과 '정교화' 과정이 비선형적 상호작용을 하는 단계이다. 소비자가 가지고 있는 정보를 단순히 소통하고 공유하고 확산하는 선형적 관계로 보는 것이 아니라, 정보 소통 과정에서 공유된 정보를 다시 수정하여 소통하고 이를 또다시 정교화하여 확산하는, 비선형적 상호작용의 관계로 보는 것이다.

이 관점에서 기존 20퍼센트의 오피니언 리더 대신 80퍼센트를 차지하는 미미한 다수의 중요성을 제대로 설명할 수 있고, 이들 통해 미미한 80퍼센트의 상호작용으로 만들어지는 거시적인 비선형적 현상의 참값을 알아낼 수 있다.

꼬리표와 상호작용

성공적인 꼬리표 달기를 위해서는 꼬리표의 명확성과 식별력이 뒷받침되어야 한다. 명확성은 선택적 상호작용의 조건을 만족시키고, 식별력은 달라붙기를 더욱 용이하게 한다. 다시 말하면, 명확성과 식별력은 꼬리표를 통해 상호작용하는 소비자들이 서로 다른 꼬리표로 소통하는 소비자들과 쉽게 구분되게 하며, 동시에 꼬리표를 가진 기업, 브랜드, 개인, 도시 등과 다른 경쟁적인 위치에 있는 대상의 차별성을 더욱 높여준다. 결국 명확성과 식별력 있는 꼬리표야말로 브랜드가 제품 수준을 넘어 경쟁 우위를 유지하게 하는 핵심이다.

브랜드 꼬리표는 전통적인 개념의 브랜드 정체성이나 슬로건, 포지셔닝 등과는 다르다. 무엇보다도 꼬리표는 기업이 아니라 소비자가 만드는 것이기 때문이다. 예를 들어, 포지셔닝 전략은 '소비자 인식'상에 브랜드를 어떻게 자리매김하느냐에 대한 방법론이다. 그러나 불행히도 이와 같은 기존의 포지셔닝 전략에서 추출된 개념은, 브랜드 X팩터 전략에서 강력한 꼬리표로 작동하기 어렵다.

브랜드 X팩터 전략에서 브랜드 꼬리표는, 소비자 인식의 변화보다 시장에서의 실제적인 행동 변화에 초점을 맞춘다. 인식의 변화는 소비자 개개인의 신념, 태도, 가치, 라이프 스타일 등 오랜 시간에 걸쳐 학습되고 익숙해진 '정신적 가치'를 바꾸는, 쉽지 않은 일이다. 게다가 인식의 변화가 가능하다 해도 시장에서 구매 행동의 변화로 연결되기까지 많은 변수들이 존재한다. 이런 이유로 소비자 행동론에서 인식의 변화를 가장 중요시하던 미국에서도 최근에는 행동의 변화에 큰 관심을 보이고 있다. 바로 '행동경제학'이다.

행동경제학은 개인의 행동 변화를 중요시한다. 브랜드 X팩터 전략에서는 소비자 개개인의 행동 변화보다 소비자 상호작용에 의한 거시적인 행동 변화를 이끌어내는 것이 핵심이지만, 인식보다 행동 변화를 중요시하는 측면에서는 서로 비슷하다고 할 수 있다.

행동경제학의 최고 전문가이자 스탠퍼드대 경영대학원의 조직행동론 교수인 칩 히스Chip Heath는 『스위치』(웅진지식하우스, 2010)에서 "인식을 바꾸는 것보다 명확한 지침에 의해 행동을 바꾸어야 한다"

고 강조했다. 그는 연구를 통해 사람들에게 명확한 행동방식을 제시했을 때 행동 변화의 효과가 크다는 것을 알았다. 따라서 "더 건강한 식생활을 해야 한다"고 말하는 대신 "다음에 마트 유제품 코너에 가거든 일반 우유 말고 1퍼센트 우유를 집어라"와 같은 식으로 말해야 한다고 강조했다. 공공 화장실에서 남자 소변기의 적정 위치에 파리 스티커를 붙였더니 '당신이 머문 자리는 아름답습니다'라는 문구보다 훨씬 효과적이었다는 사례, 건강을 위해 계단 걷기를 강조하며 계단을 오를 때 칼로리가 얼마나 소비되는지 설득하기보다 계단에 피아노 건반을 그려 넣자 자연스럽게 놀이하듯 계단을 이용하게 된 사례 등도 행동경제학의 접근법이다.

지금까지 광고나 마케팅 등 브랜드 2.0 관점에서는 소비자의 인식을 바꾸기 위한 이론과 전략이 발전해왔다. 그러나 오랜 시간에 걸쳐 형성된 인식을 바꾸는 것은 거의 불가능에 가깝다는 사실을 최근 들어 받아들이고 있다. 게다가 문화가 서로 다른 국가의 소비자들은 서로 다른 인식을 형성할 수밖에 없다. 글로벌 시대이므로 공통적인 문화도 분명 존재하겠지만, 세계적으로 적용될 수 있는 표준화된 이론이나 전략의 한계 또한 존재한다. 미국에서 시작된 행동경제학은 인식의 변화보다 행동 변화의 중요성을 강조한 새로운 이론이지만, 딥체인지로 인해 나타나는 거시적인 현상을 설명하기에는 여전히 부족한 부분이 있어 보인다. 그 이유는 행동 변화의 주체를 소비자 개인이라고 생각하기 때문이다. 즉 거시적이고 비선형적 현상을 만들어내는 것이 구성원의 상호작용에 의한 것이 아니라 구성원 개개인의 합이라고 여긴다. 결국 행동경제학은 소비자 한 명 한 명이 바뀌어 전체가 바뀔 수 있다는, 여전히 선형적인 논리로 접근한다. 이는 소비자 간의 상호작용에 의해 나타나는 비선형적인 행동 변화를 간과하는 것이다. 심층 기반의 변화에 따른 딥체인지의 세계적인 흐름에서는 더이상 비선형적인 현상을 배제할 수 없으므로 심각한 한계로 지적할 수밖에 없다.

이제 꼬리표를 통한 소비자 상호작용이 어떻게 이루어지는지 구체적으로 알아보자. 소비자가 브랜드 꼬리표를 만들기 위해서는 먼저 제품에 대한 정보가 필수적이다. 소비자들은 브랜드에 대한 다양한 정보(자원)를 여러 경로를 통해 취득하고 저장한다. 이 과정에서 소비자 스스로 저장한 정보들을 분류하여 브랜드에 대한 개인적인 꼬리표를 만든다. 꼬리표에는 두 가지 형태가 있는데, 하나는 '공격 꼬리표'이고 다른 하나는 '방어 꼬리표'이다. 공격 꼬리표는 저장된 정보를 바탕으로 제품에 대한 믿음, 가치, 확신, 의미가 분명할 때 만들어진다. 공격 꼬리표 이외의 나머지 정보들은 방어 꼬리표로 분류되어 저장된다. 이렇게 개개인이 습득한 정보가 담긴 꼬리표를 통해 소비자는 다른 소비자와 상호작용한다. 만일 두 행위자 A와 B가 만났다면, A는 자신의 공격 꼬리표와 B의 방어 꼬리표를 비교하고, 반대로 B는 자신의 공격 꼬리표와 A의 방어 꼬리표를 비교한다.

두 행위자는 서로의 공격 꼬리표와 방어 꼬리표가 얼마나 비슷한지 판단하여 자원을 어떻게 교환할지 결정한다. 예를 들면, A의 공격 꼬리표가 B의 방어 꼬리표와 잘 일치하면 A가 B의 자원(정보)을 가져가게 된다. 그 결과로 A의 공격 꼬리표는 더욱 강력해진다. 반대의 경우에는, B의 공격 꼬리표가 A의 방어 꼬리표 자원(정보)을 가져가게 된다. 반면에 A와 B의 공격 꼬리표끼리는 서로 대립되는 관계이므로 상호작용이 일어나지 않으며, 두 행위자의 방어 꼬리표끼리도 서로 수동적인 관계이므로 자원(정보)을 교환하지 않는다. 즉 상호작용이 일어나지 않는다.

상호작용이 일어나 행위자의 공격 꼬리표가 더욱 강력해지면, 다른 행위자를 만나 꼬리표를 비교할 때 영향력이 더욱 커진다. 이런 방식으로 상호작용이 지속되면 점점 한 행위자의 공격 꼬리표와 유사한 방어 꼬리표를 가진 소비자들이 증가하게 된다. 이렇게 꼬리표에 담긴 정보의 명확성과 식별력으로 소비자의 집단화가 이루어진다.

미니 사례를 통해 이를 생각해보자. 미니의 '외계인이 만든 자동차'라는 공격 꼬리표를 가진 소비자는 세 가지 다른 유형의 소비자와 만날 수 있다.

첫번째, 중대형 고급 차에 충성도가 매우 높은 소비자다. 이들은 각각의 중대형 고급 차 브랜드(벤츠, 아우디, BMW, 렉서스 등)에 대해 강력한 공격 꼬리표는 없을 수도 있지만, 제품의 질이나 서비스에 대한 만족도가 높거나 중대형 고급 차에 대한 선호도가 높아 미니의 공격 꼬리표와는 대립하므로 상호작용하기가 쉽지 않다. 따라서 이들은 서로 자원을 교환하기 어려운 관계에 있다.

두번째, 경제적인 이유로 소형차를 선호하는 소비자다. 이들은 브랜드 자체에 영향을 받기보다 자동차 대리점에서 제공하는 다양한 판촉 행사나 저렴한 가격을 선호한다. 따라서 이들은 경제성이나 '가성비'(가격 대비 성능)를 중요시하는 경향이 높아, 미니의 공격 꼬리표에 대해 선입견을 갖고 상대적으로 자원 교환에 배타적인 생각을 가질 가능성이 높다. 정보 교환을 통한 상호작용을 위해 많은 노력과 시간이 필요한 유형의 소비자다.

세번째, 특정 제품군과 브랜드에 대한 충성도나 공격 꼬리표가 없어 자동차 구매시 다양한 요소로 고민하는 소비자다. 만일 미니의 공격 꼬리표를 가진 소비자가 첫번째와 두번째 유형의 소비자를 만난다면 서로의 꼬리표를 비교해보고 많은 정보 교환 없이, 즉 상호작용 없이 끝낼 것이다. 그러나 세번째 유형의 소비자는 다르다. 이들은 자신의 방어 꼬리표에 저장된 정보들을 미니 꼬리표와 비교해보고 미니의 공격 꼬리표에 자원을 내줄 것이다. 상호작용의 시작이다. 미니의 '외계인이 만든 자동차'라는 상징적인 의미에 내포되어 있는 '작지만 고급 차', '영국의 비틀', 뛰어난 엔진과 멋진 외관 등은 이 유형의 소비자들에게 충분히 공감을 얻어낼 수 있다. 그리고 이들은 자신의 방어 꼬리표에서 미니의 공격 꼬리표에 방해가 되는 정보를 스스로 없애고, 도움이 되는 정보를 보완하는 과정을 거쳐 새로운 공격 꼬리표로 바꾸어 자원으로 저장하게 된다. 이러한 상호작용을 통해 미니의 공격 꼬리표는 효과적인 꼬리표로 작동하며 달라붙기 꼬리표가 되고, 정교화 과정을 거쳐 브랜드 꼬리표가 되어 소비자들을 집단화하기 시작한다.

소비자들의 이러한 꼬리표를 통한 상호작용이 어떻게 거시적인 집단화 현상을 불러오는지 좀더 자세히 들여다보자.

소비자 상호작용의 메커니즘

• 선택적 상호작용 selective interaction

선택적 상호작용에서 중요한 것은 '상호작용 조건'이다. 조건은 상대 행위자의 꼬리표를 검토하여 상호작용을 할 것인지 결정하는 것을 말한다. 미니 사례에서 보았듯이, 두 행위자가 만나면 각 행위자의 정보 교환 조건으로 상대방의 꼬리표를 검토하게 된다. 각각의 공격 꼬리표와 방어 꼬리표를 비교하여 정보를 교환할지 결정한다. 두 행위자 모두가 조건을 만족하면 상호작용이 이루어진다. 두 조건 모두 만족하지 못할 경우에는 상호작용이 중단된다. 선택적 상호작용을 하는 것이다.

행위자는 다른 방식으로는 구분할 수 없는 행위자 또는 대상을 꼬리표를 통해 구분한다. 미니의 '외계인이 만든 자동차'라는 꼬리표를 가진 소비자는, 이를 통해 다른 소비자들과 선택적 상호작용을 하며 집단화를 이루어간다. 이 과정에서 꼬리표가 서로 일치하지 않을 경우 집단화 형성에 도움이 되는 상호작용은 일어나지 않는다. 선택적 상호작용을 가능하게 하는 꼬리표의 교환 조건에 만족해야만 다음 단계인 '달라붙기'로 넘어갈 수 있다.

•달라붙기 adhesion

달라붙기는 행위자들이 집합체를 만드는 방법이다. 이들이 달라붙는 정도는 달라붙기 꼬리표가 일치하는 정도에 따라 결정된다. 달라붙기 꼬리표가 일치하는 정도는 공격 꼬리표의 명확성과 식별력에 따라 그 경계가 확실해진다. 즉, 어떤 행위자의 공격 꼬리표가 무엇을 나타내고 있는지, 그것이 얼마나 명확하게 표현되는지에 따라 집합체 형성의 경계가 구분되는 것이다. 가장 간단한 집합체는 모든 행위자가 하나의 경계 안에 있는 경우다.

미니의 공격 꼬리표('외계인이 만든 자동차')는 새로운 제품군으로 진화한 작은 고급차의 정체성을 잘 드러내는 동시에 그 경계를 명확하고 식별력 있게 표현한다. 이는 소비자들의 상호작용을 쉽게 만들어줄 뿐 아니라 일치하는 정도도 높아 달라붙기 꼬리표로 전환되었다. 이처럼 정보의 명확성과 식별력을 담보한 공격 꼬리표는 달라붙기 꼬리표가 되어, 시장에서 거대한 현상을 만들어내는 소비자 집단화를 가능하게 한다.

•조건부 복제 conditional reproduction

소비자 상호작용에서 조건부 복제는 한 행위자의 공격 꼬리표가 다른 행위자의 방어 꼬리표보다 강하고, 또한 다른 행위자의 방어 꼬리표 정보가 풍부할 때 발생한다. 다시 말하면, '시장 진화 공간 만들기'라는 조건과 꼬리표 달기에서의 선택적 상호작용과 달라붙기 조건을 만족시킬 경우 행위자들의 조건부 복제가 쉽게 이루어진다. 이러한 복제를 통해 거대한 집단화가 이루어진다.

결국 조건부 복제는 다른 행위자와의 상호작용을 통해 스스로 충분한 정보가 쌓여 공격 꼬리표의 달라붙기 정도가 매우 강해졌을 때 발생한다. 조건부 복제가 이루어지면 다른 행위자는 복제를 해준 행위자와 동일한 공격 꼬리표를 갖게 되고, 따라서 스스로 또 다른 복제를 할 수 있는 능력이 생긴다. 가장 중요한 점은, '복제'라는 현상이 이루어짐으로써 집단이 더욱 강화되고, 되먹임으로 인한 비선형적 현상이 나타나게 된다는 것이다.

빅데이터에 꼬리표의
생성과 소멸이 있다

제품에 꼬리표가 더해져 브랜드가 된다. 기업이 먼저 전략적으로 꼬리표를 만드는지 또는 소비자가 먼저 꼬리표를 만드는지는 사실 그다지 중요하지 않다. 중요한 것은, 소비자들이 꼬리표로 인정하고 이를 상호작용의 매개체로 활용하는지 여부이다. 소비자 상호작용을 가능하게 하는 꼬리표는 지속적인 소통과 확산으로 꼬리표의 정보를 받아들인 소비자들을 집단화할 수 있다. 그러지 못하는 경우에는 꼬리표로서 역할을 하지 못하고 자취를 감춘다.

꼬리표를 통한 소비자들의 상호작용을 가장 효과적으로 파악하고 검증할 수 있는 방법은 '빅데이터'이다. 빅데이터는 인터넷을 바탕으로 무선통신과 페이스북, 트위터, 인스타그램 등 소셜미디어를 사용하는 사람들이 만들어내는 엄청난 양의 데이터를 말한다. 양이 방대할 뿐 아니라 사진이나 이미지 등 멀티미디어의 비정형 데이터를 포함하며 실시간으로 얻을 수 있는 데이터이다.

브랜드 3.0 시대에 빅데이터가 중요한 이유는 무엇일까? 소비자들의 인식이나 태도, 행동 등을 실시간으로 정확히 알 수 있기 때문일까? 물론 이러한 데이터는 기업에서 매우 유용한 자료로 활용할 수 있지만, 소비자들의 인식이나 태도 등은 기존 소비자 조사를 통해서도 충분히 얻을 수 있다. 소비자 조사의 목적이 정해지면 가장 적절한 조사 방법을 통해 통계적으로 신뢰할 수 있는 정보를 얻을 수 있기 때문이다. 예를 들어보자.

아래 표는 연령대별로 '불금'에 어디서 주로 보내는지에 대한 빅데

순위	20대	30대	40대	50대	60대
1	강남역	강남역	노원역	노원역	노원역
2	신촌	학동역	화곡동 먹자골목	화곡동 먹자골목	화곡동 먹자골목
3	신도림역	방이동 먹자골목	방이동 먹자골목	방이동 먹자골목	방이동 먹자골목
4	학동역	신도림역	강남역	신도림역	강남역
5	성신여대 입구역	화곡동 먹자골목	신도림역	천호역	신도림역

연령대별 금요일 저녁 만남의 장소(출처: 〈중앙일보〉 2013년 12월 20일자)

이터 자료다. 자료에 따르면, 금요일 저녁 시간에 20~30대는 주로 강남역 근처에서 시간을 보낸다. 40~50대는 노원역 일대를 선호한다. 또한 20~30대에게 신촌과 학동역 근처가 두번째로 선호하는 무대라면, 40~50대는 화곡동과 방이동 '먹자골목'이 주요 활동 무대로 나타났다. 이는 SK텔레콤이 2013년 9월 중 금요일 오후 7시부터 자정까지 회원 650만 명의 위치 정보로 유동 인구를 분석한 결과이다.

인터넷과 무선통신의 발달 덕분에 이렇게 실시간으로 빅데이터를 얻을 수 있게 되었다. 그렇다면 빅데이터를 수집하기 이전에는 금요일 저녁에 연령대별로 어느 지역에서 주로 만남이 이루어지는지 알 수 없었을까? 그렇지는 않다. 다만 실시간으로 얻은 자료인지 아닌지의

방탄소년단 빅데이터 키워드(출처: 〈국민일보〉 2018년 12월 1일자)

차이만 있을 뿐이다. 기존의 소비자 조사 방법으로도 어렵지 않게 얻을 수 있는 자료다.

각 연령대별로 조사 샘플 수를 정한 다음 서울과 수도권 일대를 조사 대상 지역으로 전화 면접이나 일대일 면접 방식을 통해 금요일 저녁 시간에 주로 가는 지역이나 장소에 대해 조사한다면, 빅데이터로 얻은 것과 거의 유사한 자료를 얻을 수 있다. 게다가 질문하는 항목에 그 이유까지도 묻는다면 선호하는 지역이나 장소에 대한 인식까지 알 수 있으므로 더욱 풍부한 자료가 될 것이다. 실시간으로 얻어야 하는 데이터만 아니라면 기존 조사 방법으로도 얼마든지 빅데이터와 동일한 결과의 자료를 얻을 수 있다는 뜻이다.

앞의 도표는 방탄소년단의 빅데이터 키워드 분석이다. 〈국민일보〉 기사에 따르면, 방탄소년단의 버즈량은 2018년 1월부터 11월까지 11개월 동안 9,334만 199건으로 집계됐다('버즈Buzz'는 빅데이터에서 특정 키워드에 대한 언급을 말한다). 일평균 28만 건, 월평균 848만 건씩 언급된 셈이다. 2017년 한 해 버즈량(7,675만 5,879건)의 1.2배 수준으로 늘어났다. 방탄소년단의 인기와 성공이 상승 곡선을 그리고 있다는 사실을 이 지표에서 확인할 수 있다. 분석에 따르면, 사람들은 방탄소년단을 떠올리면서 '행복'(69만 5,809건) '사랑'(63만 6,392건) '감사'(58만 6,076건)를 주로 이야기했다.

앞의 두 사례에서 보면, 빅데이터가 이슈로 떠오른 10여 년 전에 비하면 정량적인 분석보다 키워드 중심의 분석으로 바뀌긴 했지만,

지금도 여전히 핵심 키워드의 빈도수를 주요 분석 틀로 인식하는 정량적 접근에서 벗어나지 못하고 있음을 알 수 있다. 사실 빅데이터에 주목해야 하는 이유는 따로 있다.

첫번째 이유는, 빅데이터에 포함된 자료에는 소비자들의 비선형적 상호작용의 과정과 흐름, 그로 인한 결과가 담겨 있기 때문이다. 지금까지의 빅데이터 자료가 소비자 혹은 SNS 사용자 개개인의 인식이나 행동을 유추하기 위해 단순히 분석 자료로만 쓰였다면, 이제는 그들의 상호작용 과정과 결과, 즉 그들끼리 소통하고 공감하고 확산하고 재생산해낸 데이터라는 관점에서 분석해야 한다.

인터넷, 무선통신, SNS 등을 포함하는 온라인은 불특정 다수가 시간과 공간을 넘어 상호작용할 수 있다는 특성을 지닌다. 그에 따라 엄청난 양의 데이터가 생성되는 데 그리 오랜 시간이 걸리지 않으며, 지속적인 상호작용으로 인해 소비자 개개인의 인식과 행동 또한 서로 많은 영향을 주고받는다. 이것이 비선형적 결과의 핵심이다.

이러한 비선형적 상호작용의 결과로 브랜드 꼬리표가 만들어지고 확산되고 검증되며(유용한 꼬리표는 살아남고 그렇지 못한 꼬리표는 자취를 감춘다), 빅데이터는 소비자 상호작용에 의한 꼬리표의 생성과 소멸을 추적하는 최적의 자료가 될 수 있다. 어느 특정 시점의 '종적 자료'에 의한 분석도 중요하지만, 일정 기간 동안의 소비자 인식과 태도의 변화를 추적하여 분석하는 '횡적 자료'가 빅데이터에 담겨 있어 더욱 중요하다는 뜻이다.

다시 말하자면, 브랜드 꼬리표는 궁극적으로 소비자 상호작용을 일으켜 브랜드에 대한 유사한 욕구를 가진 소비자들이 집단을 형성할 수 있는 매개체이다. 꼬리표를 통해 소비자들끼리 공감대를 형성하고 확산해가는 과정이 소비자의 자기 조직화다. 효과적인 공격 꼬리표를 가진 소비자는 약한 방어 꼬리표를 가진 소비자의 정보를 가져옴으로써(설득함으로써) 공격 꼬리표를 더욱 강화할 수 있고, 약한 방어 꼬리표를 가진 소비자는 복제로 인해 강력한 공격 꼬리표를 가진 소비자로 바뀔 수 있다.

그러나 이러한 일련의 소비자 상호작용 과정은 기존의 소비자 조사 방식으로는 알기 어렵다. 단순히 어떤 특정 시점에서의 소비자 인식이나 태도를 이해할 수는 있으나 그들의 인식과 태도의 변화 과정, 상호작용의 결과로 나타나는 자기 조직화 현상은 빅데이터를 통해 꼬리표의 생성과 확산 과정을 분석해야 알 수 있기 때문이다.

빅데이터에 주목해야 하는 두번째 이유는, 상호작용의 '전체'를 볼 수 있기 때문이다. 빅데이터는 엄청난 양의 데이터를 축적하고 있지만 인터넷, 무선통신, SNS라는, 한정된 가상공간에 존재하는 자료이기 때문에, 브랜드와 관련된 특정 현상의 처음과 끝, 즉 전체를 파악할 수 있다. 전체를 파악할 수 있다는 의미는, 소비자 상호작용의 과정과 흐름을 알 수 있을 뿐만 아니라 상호작용의 모든 흔적이 고스란히 담겨 있어, 부분이나 단면만으로는 알 수 없는 거시적인 현상의 새로운 결과를 알 수 있다는 것이다.

따라서 빅데이터를 통해 소비자 인식의 한 단면을 읽어낸다는 것보다, 브랜드에 대한 소비자 상호작용의 메커니즘을 밝히고 그 상호작용 전체를 봄으로써 새로운 질서를 파악하는 데 주안점을 두어야 한다. 즉, 빅데이터는 소비자들이 어떻게 미시적으로 상호작용하면서 거시적인 결과를 만들어내는지를 분석할 수 있는 새로운 도구인 것이다.

빅데이터를 기존의 데이터를 읽어내듯 여전히 선형적인 관점에서 분석하고 해석하는 것이 가장 큰 문제이다. 빅데이터는 소비자들의 비선형적인 상호작용과 거시적인 현상, 그 결과로 어떻게 브랜드 꼬리표가 만들어지는지 밝혀낼 수 있는 블랙박스다.

4장

소비자 되먹임을 만들어라

2017년 12월, 서울 고척 스카이돔에서 열린 방탄소년단의 공연은 그들만의 공연이 아니었다. 그 공연은 팬클럽 '아미'와 함께하는 공연이라고 해도 될 만큼, 방탄소년단의 노래 한 소절에 아미가 화답하는 '떼창'으로 채워졌다. 플래카드로 세워진 "우리가 함께라면 사막도 바다가 돼"라는 문구는, 지금의 방탄소년단이 '아미'라는 글로벌 팬덤에 의해 만들어졌음을 실감하게 했다.

〈강남스타일〉로 국제적인 명성을 얻은 싸이와 현재의 방탄소년단을 극명하게 나누는 한 가지는 소위 '팬덤'이라고 할 수 있다. '아메리칸 뮤직 어워드'를 통해, 또 미국의 유명 프로그램 출연을 통해 확인할 수 있는 것이, 우리말로 부르는 노래에도 우리 식으로 딱딱 맞춰 빈구석을 채워주는 팬들의 '떼창' 목소리다. 국적을 뛰어넘어 SNS에서 하나로 묶이며 지금의 방탄소년단을 만든 사실상의 주인공은 바로 '아미'다.

방탄소년단이 외국에서 유명해진 계기는 〈쩔어〉의 안무 영상을 해외 아미들이 편집해 올리면서부터다. 이를 시작으로 일반 대중들도 단순히 영상을 보는 것으로 그치지 않고 재생산해 올리는 현상이 생겼고, 방송국이나 기존 매스미디어의 도움 없이 작은 나라의 보이 그룹이 일반 대중의 관심을 받아 빌보드 차트 1위까지 하는 일이 일어났다.

"내가 좋아하는 방탄소년단이야. 노래 어때, 좋지?"

소셜미디어로 소통하는 밀레니얼 세대는 다른 사람들의 의견을 반영하는 정보의 바다 한가운데서 문화 상품을 소비한다. 아미는 콘서트 현장에서의 열광적인 응원뿐만 아니라 다양한 소셜미디어에서도 방탄소년단의 노래와 영상, 멤버들과 소통을 통해 얻은 정보를 일반 대중과 상호작용하며 양의 되먹임 현상을 만들어냈다.

또한 아미의 국내 팬들과 해외 팬들의 관계는 특별하다. 문화권이 다르면 좋아하는 가수를 응원하는 방식이나 태도에도 차이가 생길 수 있는데, 아미는 달랐다. 국내 아미들은 외국 아미들을 '외랑둥이'(외국인 팬+사랑둥이)라고 부른다. 외국의 아미들이 그 의미에 감동

방탄소년단 ✔
@BTS_twt

나와 우리의 팬이어서 고맙습니다. 나도 그대의 팬입니다. 그대가 오롯이 견디는 외로움과 싸움과 삶을 묵묵히 응원하는 팬입니다. 무대 뒤편에서, 작업실에서 오랜 시간 음표로써 음악으로써 나의 팬레터를 보냅니다. 그 그리운 소리를 읽어 주시기 바랍니다.

2018. 1. 12. 오전 1:41

방탄소년단과 아미

해 한국 팬들에게 붙여준 별칭이 바로 'K-Diamonds'다. 한국의 아미들이 깨지지 않는 다이아몬드처럼 소중하다는 뜻을 담고 있다. 국내와 해외 팬덤이 끈끈하게 엮이면서 이들의 위력은 한층 배가됐다. 이들은 유튜브 등 SNS를 통해 국경의 장벽을 넘고, 방탄소년단이라는 연결 고리를 통해 문화의 장벽을 넘어 소통한다.

이 같은 아미의 열정적인 활동이 촉매가 되어 결국 임계점을 넘어 거대한 파도가 되었고, 전 세계 밀레니얼의 연결망을 휘저었다. 처음 10여 명 팬의 메아리가 이제 세계 10억 명 이상의 메아리로 돌아온 것이다. 앞서 밝힌 대로, 구성원들의 상호작용에 의한 '양의 되먹임' 현상은 '전체는 부분의 합보다 크다'라는 비선형적 명제를 '참'으로 만든다.

브랜드는

소비자 되먹임이 있어야 진화한다

경제, 사회 활동과 관련된 모든 현상에는 다양한 구성 요소 행위자들이 서로 복잡하게 얽혀 있으며, 그 수많은 구성 요소들은 끊임없이 상호작용한다. 그 상호작용의 결과로 '양(+)의 되먹임positive feedback'이 발생하기도 하고, '음(−)의 되먹임negative feedback'이 발생하기도 한다. 이러한 되먹임 현상이 일어나는 이유는, 시스템이 열려 있고 구성 요소들이 살아 움직이는 유기체로서 비선형적 상호작용을 하기 때문이

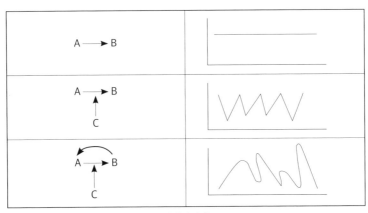

되먹임 현상

다. 닫힌 시스템에서는 구성 요소들이 아무리 많아도 되먹임 현상이 절대 일어나지 않는다. 독립된 구성 요소들이 선형적 관계를 맺고 있기 때문이다. 기계와 같이 구성 요소들이 무기물인 경우 역시 되먹임 현상은 발생하지 않는다.

되먹임 현상은 위 도표를 보면 쉽게 이해할 수 있다. 첫번째 직선 관계가 선형적 관계의 전형이다. A를 투입하면 B의 결과가 나온다. 두 번째 A와 B 사이에 새로운 변수가 투입되어 좀더 복잡한 결과가 나오는 관계 역시 선형적이다. 실제 시스템에서 이러한 현상이 나타나면 예측하기 어렵다거나 복잡하다며 비선형적 관계로 오인하기 쉽지만, C의 투입을 수치화해보면 B의 결과를 예측할 수 있는 선형적 관계를 보인다.

세번째는 비선형적 관계를 보여준다. A와 C의 투입만으로 B의 결과를 예측할 수 없기 때문이다. 게다가 B의 되먹임을 통한 투입은 예측하기 어렵기 때문에 실제 결과를 알기가 더욱 어렵다. 세번째처럼 자신의 행위가 여러 인과관계를 거쳐 자기 자신에게 되돌아오는 것을 '되먹임 고리feedback loop'라고 한다. 만약 인과관계에 되먹임 고리가 없다면 시스템은 지극히 단선적이 된다. 하지만 되먹임이 존재하기 때문에 시스템은 비선형적으로 변화한다.

이러한 상호작용의 비선형성은 시스템에서 혼돈과 창발에 관계된 놀라운 변화를 일으킨다. 극히 작은 요동도 구성 요소들 사이를 전파해나가면서 증폭되어 커다란 현상을 일으키기 때문이다. 우리가 잘 알고 있는 '나비효과'가 상호작용으로 인한 비선형적 결과의 대표적인 예이다. 나비효과와 같은 창발이 가능하기 위해서는 되먹임이 반드시 필요하다.

양의 되먹임은 균형에서 벗어나 새로운 질서를 생성해가려는 메커니즘이며, 음의 되먹임은 불안정한 상태를 다시 원래의 상태로 되돌려 안정을 유지하려는 것으로, 서로 반대되는 의미를 지닌다. 되먹임의 원리는 브랜드 환경을 둘러싼 시스템을 이해하는 데 매우 중요하다. 현대의 열린 시스템에서는 현상에 관여하는 모든 구성 요소들이 상호작용하며 비선형적 현상을 만들어내는, 살아 있는 유기체이기 때문이다. 따라서 때로는 소비자들의 작은 움직임이 예상하지 못한 커다란 변화를 가져오기도 한다. 혹은 기업이 사활을 걸고 대대적인 광고와 마케팅 등을 앞세워 새 브랜드를 출시했으나 소비자들에게 외면받고 그저 그런 브랜드로 명맥을 유지하는 경우도 흔하다. 소비자들의 양의 되먹임 혹은 음의 되먹임에 의한 비선형적 현상의 결과이다. 브랜드가 새로운 질서를 구축하고 진화하는 데 있어 기업이 스스로 무엇을 하느냐보다 소비자가 어떻게 상호작용하고 되먹임을 만들어가느냐가 훨씬 중요한 이유이다.

소비자들에 의한 되먹임을 정확히 이해하기 위해서는 '시스템 사고'가 반드시 필요하다. '시스템 사고_{system thinking}'는 어떤 시스템의 작동 메커니즘을 효과적으로 변화시킬 수 있는 전략을 찾기 위한 사고 방식이다. 시스템 사고는 브랜드 2.0 시대의 분석적 사고와는 다른 개념이다. '분석적 사고_{analytical thinking}'는 '결정론'과 '요소환원주의'에 바탕을 둔 사고방식으로, 사물이나 현상에 대해 시야를 좁혀가면서 관찰하는 것이다. 반면에 시스템 사고는 '포괄주의_{Holism}'에 기반하여 시스템의 다양한 상호작용을 관찰하는 사고법이다. 분석적 사고가 죽어 있는 사물에 대한 접근 방식이라면, 시스템 사고는 살아 있는 유기체에 대한 접근 방식이다.

이러한 시스템 사고를 바탕으로 비선형적 현상을 이해하려는 방법론으로 최근 네트워크 이론이 각광받고 있다. 헝가리 출신의 물리학자 앨버트 라슬로 바라바시_{Albert-Laszlo Barabasi}가 쓴 『링크―21세기를 지배하는 네트워크 과학』(동아시아, 2002)을 필두로 네트워크 이론을 소개하는 다양한 책들이 나오고 있다. 네트워크 이론은, 복잡한 시스템을 상호작용하는 구성 요소들로 이루어진 도식적인 네트워크(노드와 링크로 표현되는)로 모형화하여 이해하려는 접근 방식이다. 그러나 복잡한 시스템을 이해하기 위해 시스템 사고의 포괄주의적인 접근은 좋지만, 비선형적 현상을 나타내는 복잡한 시스템을 네트워크 이론에서 제안하는 구조적 메커니즘만으로 이해하기에는 한계가 있다. 소비자들의 상호작용에 의한 거시적이고 새로운 현상은 '어떻게'라는 구조적 방법론에 앞서 '무엇'이라는 상호작용의 실체를 아는 것이 전제되어야 전체적으로 명확히 설명할 수 있기 때문이다.

'무엇'이라는 '소비자 상호작용의 실체'가 바로 꼬리표이다. 따라서 소비자의 다이내믹한 비선형적 상호작용을 명확히 이해하기 위해서는, 꼬리표와 되먹임에 대한 분석이 동시에 이루어져야 한다.

소비자 되먹임의 구조

소비자들이 상호작용하는 구조적 패턴, 즉 되먹임의 구조는 매우 복잡해 보인다. 네트워크 이론에 의한 설명은 결과적인 모형화일 뿐, 특정 소비자가 다른 소비자들과 무엇을 what, 왜why, 어떻게how 영향을 주고받는지에 대한 전체적인 이유는 밝히지 못한다.

『티핑 포인트』의 저자 말콤 글래드웰Malcolm Gladwell은 세상에는 남들보다 뛰어난 호기심, 자신감, 사교성, 정열을 가지고 다양한 세계와 접촉할 수 있는, 타고난 능력을 가진 사람들이 있다고 주장한다. 그는 이런 사람들을 '커넥터connector'라고 지칭하는데, 자신이 만난 다양한 사람들을 서로 연결시킬 수 있는 재능을 가진 사람들이다. 커넥터들은 네트워크 이론에서 말하는, 엄청나게 많은 연결 관계(링크)를 맺고 있는 노드로, 이를 '허브hub'라고 부른다. 이들은 다양한 분야의 수많은 사람들과 친분을 맺고 있는 마당발이고, 거대한 현상을 만들어내는 상호작용의 중심에 있다. 그렇다면 커넥터들은 제품과 브랜드에 관련해서도 여전히 커넥터일까? 이 질문에 답하기 위해서는 먼저 제품이나 브랜드가 시장에 등장한 이후 어떤 경로를 거쳐 소비자에게 확산되는지 알아야 한다. 그래야 네트워크 이론이 정말로 비선형적인 현상을 충분히 설명할 수 있는지 알 수 있다. 전통적인 관점에서 제품이 소비자들에게 확산되는 과정을 설명하는 이론으로는 로저스 E. Rogers의 5단계 모형이 가장 일반적이다.

아래 도표에서 보듯이, '혁신의 확산diffusion of innovation'이라고 불리는 곡선 모형은 5단계의, 특성이 서로 다른 소비자들로 구성된다. 혁

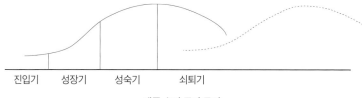

제품 수명 주기 곡선

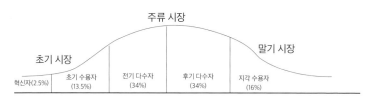

혁신의 확산 곡선

신자(innovator, 2.5퍼센트), 초기 수용자(early adopter, 13.5퍼센트), 전기 다수자(early majority, 34퍼센트), 후기 다수자(late majority, 34퍼센트), 지각 수용자(leggards, 16퍼센트)의 순서대로 소비자들에게 확산된다는 이론이다. 이 혁신의 확산 모형은 우리가 잘 알고 있는 제품 수명 주기product life cycle 곡선을 바탕으로 발전된 이론이다. 여기서 혁신은 기존의 제품이나 기술을 뛰어넘는 새로운 제품이나 기술을 의미하지만, 작은 부분의 기술 개발이나 제품 개발을 통해 출시된 새로운 제품이나 브랜드에도 폭넓게 적용된다.

로저스의 모형은 소비자들이 제품을 수용하는 과정에서 소비자를 유형별로 분류하고, 그에 따른 시장을 초기, 주류, 말기 시장으로 구분했다는 점에 의미가 있다. 대부분의 신제품들이 시장에 런칭할 때 이 모형을 소비자 분석의 첫 단계로 활용하고 있다. 이 모형을 이용할 때 핵심 타겟core target으로 시장 확산의 교두보가 될 수 있는 혁신자와 초기 수용자를 설정하는 경우가 많다. '얼리 어답터'라고 불리는 초기 수용자는 시장에서 영향력이 크기 때문에, 그들이 제품을 긍정적으로 인식하고 구매하도록 유도하기 위해 기업들이 다양한 마케팅 수단을 활용해 총력을 기울인다. 만일 초기 수용자들이 제품에 대해 긍정적인 반응을 보이고 또한 구매까지 이르렀다면, 성공적인 시장 진입이라며 각종 매체에 대대적으로 홍보할 것이다. 그리고 시간이 경과함에 따라 어렵지 않게 전기 다수자와 후기 다수자가 지배하는 '주류 시장'으로 진입할 것이라는 달콤한 꿈에 젖을 것이다.

그러나 실제 시장에서는 다양한 업종에서 수많은 브랜드들이 새로 탄생하지만 대부분은 실패한다. 게다가 힘들게 런칭에 성공한 브랜드일지라도 주류 시장에 진입하지 못하고 초기 시장에서 짧은 수명을 마감하기도 한다.

이러한 현상은 기업이 '혁신의 확산' 메커니즘을 잘못 이해하는 데서 온다. 기존의 선형적 논리로 이해하기 때문이다. 즉, 소비자의 맨 앞에 위치한 혁신자와 초기 수용자만 잡으면 수용 단계가 전개됨에 따라 전기 다수자와 후기 다수자 또한 어렵지 않게 고객이 될 것이라고 믿는 것이다. 기업은 마당발인 얼리 어답터들이 특유의 '빅 마우스'(여론 주도자)로 커넥터 역할을 충실히 이행해주리라 예측한다. 그러나 불행하게도 기업의 달콤한 꿈은 현실의 벽에 부딪혀 산산조각 나기 쉽다. 초기 시장의 핵심 소비자 집단인 초기 수용자와 주류 시

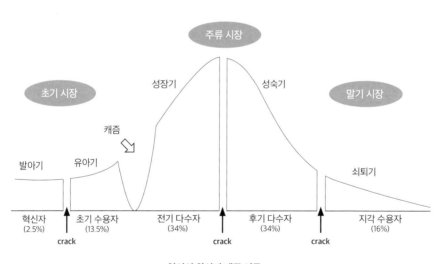

혁신의 확산과 캐즘 이론

장의 핵심 소비자 집단인 전기 다수자 사이에는 깊고 넓은 협곡, 이른바 '캐즘chasm'이 존재하기 때문이다.

실리콘 밸리의 컨설턴트 제프리 무어Geoffrey A. Moore는 이를 '캐즘 이론'이라고 명명했다(앞의 도표 참조). 그의 이론에 따르면, 수많은 브랜드들이 캐즘을 뛰어넘지 못해 주류 시장에 진입하지도 못한 채 사장된다. 초기 수용자와 전기 다수자 사이에는 쉽게 건널 수 없는 커다란 골짜기가 있어, 단순히 시간이 지나면 자연스럽게 넘어갈 수 있는 수준이 아니기 때문이다. 주류 시장에 진입하기 위해 기존의 선형적 논리에서 벗어난 새로운 시각이 필요한 이유가 여기에 있다.

소비자 되먹임과 캐즘

캐즘 이론에서 중요한 점은, 초기 시장의 소비자 집단과 주류 시장의 소비자 집단이 서로 다른, 독특한 특성을 지니고 있다는 점이다. 이들이 서로 어떻게 다른지 알아보기 위해 전기 자동차를 예로 들어보자. 최근 들어 세계 각국의 자동차 회사들이 환경에 유리할 뿐 아니라 소음도 적고 성능 또한 기존의 자동차들에 비해 뒤지지 않는 전기 자동차를 경쟁적으로 출시하고 있다.

"당신은 언제 전기 자동차를 사겠는가?"라는 질문에 답을 생각해보자. 이 질문에 "영원히 사지 않겠다"고 답하는 사람은 아마도 기술 혁신, 신제품 등을 매우 늦게 수용하는 사람일 것이다. 혁신 확산 모델에 의하면, 그런 부류의 사람을 새로운 기술과 제품에 관련해 '지각 수용자'라 부른다. 만일 당신의 대답이 "전기 자동차가 자동차로서 기능을 충분히 발휘한다는 것이 입증되고, 도로에 충전소를 비롯한 서비스 시설이 충분히 생겼을 때"라고 한다면, 주류 시장의 '전기 다수자'에 해당될 것이다. 그리고 "대부분의 사람들이 전기 자동차로 바꾸었고, 가솔린 자동차를 운전하기가 정말 불편해졌을 때"라고 대답한다면 당신은 추종자에 가까운 주류 시장의 '후기 다수자'이다. 만일 당신이 사는 동네에서 전기 자동차를 처음으로 산 사람이라면, 기술 수용 주기에서 말하는 '혁신자'나 '초기 수용자'라고 할 수 있다.

초기 시장의 소비자 집단 혁신자와 초기 수용자는 신제품이 출시되었을 때 다른 사람들보다 먼저 구매하려는 욕구가 큰 '변화의 중개자'들이다. 이들은 신제품을 접해보는 최초의 사람이 되고 싶어하지만 텔레비전 광고에는 현혹되지 않는다. 신제품에 대한 정보를 스스로 수집하며 앞선 기술력이나 성능, 디자인 등에 열광한다. 이들은 신제품의 완벽함을 추구하지 않는다. 제품을 통해 꿈을 사려 하기 때문이다. 이들은 시장에서 약 16퍼센트 정도를 차지한다.

반면에 주류 시장의 소비자 집단(전기 다수자와 후기 다수자)은 급진적인 변화보다 점진적인 개선을 원하는 '실용주의자risk-free'들이다. 이들은 다른 사람들이 신제품을 어떻게 사용하는지 주시하며, 위험 부담risk-taking의 의미를 기회나 흥미가 아니라 '시간과 돈을 낭비할 가능성이 높은' 것으로 생각한다. 초기 수용자들이 '제품' 자체에 민감하고 열광한다면, 전기 다수자들은 '시장'에 예민하다. 이들은 안전을 우선으로 꼽으며, 시장을 선도하는 제품을 구매의 핵심 요인으로 생각하여 제품이 이미 시장에서 검증받은 상황에서만 구매한다.

초기 시장에 성공적으로 런칭했더라도 주류 시장으로 접근하는 것은 쉽지 않다. 초기 시장의 소비자들이 '제품 중심적'이라면 주류 시장의 소비자들은 '시장 중심적'이기 때문이다(하단 표 참조). 시장 중심적 소비자들은 시장에서 인정받은 제품만을 구매하려는 인식이 강한데, 시장에서 인정받는다는 것은 자신이 속한 집단 안에서 구매가 이루어지고 있다는 것을 의미한다. 모순된 상황이다. 이러한 모순을 뛰어넘어야 주류 시장에 진입할 수 있다.

반면 이들의 또다른 특징은, 자신이 선택한 제품을 시장 선도자로 만들려는 욕구가 강하다는 점이다. 시장에서 인정받은 제품을 구매했다는 것을 확인하고 싶은 심리의 반증이다. 따라서 주변 사람들에게 구전 효과를 일으키기 위해 스스로 노력한다.

이렇듯 초기 수용자들의 제품 중심적 사고와 전기 다수자의 시장 중심적 사고에는 큰 차이가 있고, 그 차이가 바로 캐즘을 만든다. 이

제품 중심적(초기 수용자)	시장 중심적(전기 다수자)
가장 빠른 제품	가장 많은 설치 (사용자) 기반
쉬운 사용법	가장 많은 제3자 자원
멋진 디자인	사실상의 표준
제품 가격	유지 비용
독특한 기능	질 높은 자원

초기 수용자와 전기 다수자의 차이

들 두 집단은 브랜드에 대한 인식 및 태도, 선호하는 제품, 사용하는 언어, 구매를 위한 참조 사례 등에서 관점이 크게 다르다. 따라서 초기 시장의 초기 수용자들과 주류 시장의 전기 다수자들 사이에서는 상호작용이 일어나기 어렵고 되먹임이 이루어지지 않는다. 앞에서 살펴본 대로 상호작용을 위한 꼬리표가 서로 다르기 때문이다. 결국 브랜드 런칭을 위한 초기 시장 대응 전략과 이후 주류 시장에 진입하려는 전략은 서로 다르게 적용되어야 한다.

중저가 화장품 미샤가 좋은 사례다. 2002년 런칭 초기 시점에 미샤는 고급스러운 패키지나 광고에 비용을 들이지 않은(거품을 뺀) 고품질 중저가 화장품으로 소비자에게 인식되었다. 막대한 비용이 드는 광고를 하지 않고 제품 가격을 상승시키는 고급 패키지를 사용하지 않는 전략이 초기 시장의 초기 수용자들에게 매력적으로 다가갔다. 미샤의 혁신적인 철학, 앞선 가치, 친환경적인 인식 등은 앞서가는 소비자들에게 구매 명분을 제공하는 좋은 꼬리표 역할을 수행했다.

그러나 이 꼬리표는 주류 시장의 전기 다수자들에게는 구매를 유도할 만큼 매력적이지 않았다. 흔히 말하는 "So what?", 즉 "그래서 나에게 무엇을 해줄 수 있는데?"라는 물음에 대한 답이 되기에는 약했기 때문이다. 이들 실용주의자들에게는 보다 현실적이고 구체적인 구매 이유가 필요했다. 당시 이들에게 유용한 새로운 꼬리표가 바로 '3,300원'이었다.

'3,300원'이라는 꼬리표는 시장을 관망하던 주류 시장의 실용주의자들에게 제품 구매에 대한 위험 부담을 확실하게 제거해주었다. 이들은 '3,300원'이라는, 새로운 제품군에 대한 경계가 명확하면서 식별력 있는 공격 꼬리표와 '광고와 고급 패키지 대신 품질을 향상시킨' 그리고 '중저가 화장품임에도 단독 직영점이 있는' 등의 방어 꼬리표로 상호작용하면서 미샤를 주류 시장의 핵심 브랜드로 자리잡게 했다.

만일 미샤가 처음부터 소비자에게 '3,300원'이라는 인식을 심어줬다면 어떻게 되었을까? 아마도 초기 시장의 초기 수용자들에게는 싸구려 저가 화장품으로 인식되었을 가능성이 높다. 반대로 초기의 '광고와 고급 패키지 대신 품질을 향상시킨', '중저가 화장품임에도 단독 직영점이 있는' 등의 메시지를 계속 유지했다면 주류 시장의 실용주의자들에게는 그다지 어필하기 어려운, 그저 그런 브랜드로 인식되었을 가능성이 높다. 다시 강조하지만, 이들 두 집단 사이에는 큰 협곡이 가로막고 있다. 이들은 서로 생각이 다른, 전혀 다른 소비자들이다. 따라서 이들 집단은 같은 집단 안에서만 상호작용하며, 긍정적인 양의 되먹임 또한 같은 집단 안에서만 발생한다.

초기 시장과 주류 시장 사이의 깊은 협곡만큼은 아니지만 앞의 도표에서 보면 각각의 서로 다른 소비자 집단 사이에는 작은 골짜기가 존재한다. 이런 골짜기를 슬기롭게 넘기 위해서도 각각에 맞는 브랜드 전략이 필요하다. 이전의 성공적인 전략이 시간이 흐르면서 자연히 다음 단계에도 적용되어 잘될 것이라는 순진한 생각은 브랜드 3.0 시장에서는 매우 위험하다. 초기, 주류, 말기 시장의 각각 다른 소비자 집단에 적합하게, 전혀 새로운 소비자를 설득해야 한다는 인식이 필요하다. 상호작용에 의한 되먹임은 같은 소비자 집단 안에서만 발생하기 때문이다.

양의 되먹임을 일으키는
촉매가 필요하다

2008년 5월 2일, 손에 촛불을 든 시민들이 서울 청계광장에 모여들기 시작했다. 미국산 쇠고기 수입 전면 개방에 반대하여 미국과의 재협상을 요구하는 '촛불집회'는 그렇게 시작되었다.

초기에는 인터넷 카페 등을 통해 소식을 접하고 자발적으로 참여한 1만여 명의 시민들이 모이는 작은 규모로 진행되었다. 그러나 시민들의 재협상과 고시 철회 요구에 정부가 무반응으로 일관하면서 집회 참여 인원이 점점 늘어났다. 정부가 고시를 강행하겠다고 발표한 5월 29일, 촛불집회 규모는 주최측 추산 10만 명을 넘어서기 시작했다. 촛불집회에 대해 정부가 '특정 배후 세력이 주도하는 불법 집회'라고 규정한 직후 맞은 현충일 연휴에는 주최측 추산 약 45만 명이 거리로 나왔다. 정부가 세종로 한복판에 컨테이너 차단벽을 세우면서 악화된 집회는 6·10항쟁 21주년을 맞아서는 집회 참여 인원이 70만 명이 넘으며 절정에 이르렀다. 2002년 한일 월드컵 때의 붉은악마 신드롬 이후 최대 규모의 자발적 모임이었다.

당시 촛불집회를 두고 대다수 전문가들은 "충분한 안전장치 없이 졸속 협상으로 미국산 쇠고기 수입을 합의한 것에 대한 일반 국민들의 불안감과 불만의 표현을 두고, 괴담이나 배후 세력의 음모로 공격하는 정부의 일방적인 불통에 민심이 폭발한 것"으로 분석했다. 또한 "광우병보다 더욱 민감한 먹거리 문제인 예전의 멜라민 파동 당시에는 시민 저항이 없었다는 점을 들어, 미국과의 협상 과정을 보고 느낀 미국에 대한 반감이 원동력이 되었다"고 분석하기도 했다.

사실 2008년 5월의 촛불집회가 이전의 집단행동과 가장 크게 다른 점은 바로 시위 참가자 구성에 있었다. 10대 여학생들로부터 시작된 촛불집회에 점차 가족 단위로 참가하는 시민들이 가세했고, 유모차에 젖먹이 아이를 태우고 참가한 주부들도 있었다. 예비군복 차림의 일반 시민과 여대생, 교복 차림의 중고생 등 대부분 우리 주위의 평범한 일반인들이 주요 참가자들이었다. 한때 정부에서 "집회 참가자들의 그 많은 초들은 누가 어떻게 준비한 것인가?"라며 자금을 댄 배후 세력이 있다고 공격했지만, 결국 참가자들은 스스로 구입한 촛불을 들고 광장에 자발적으로 모인 일반 시민들인 것으로 드러났다.

1970년대의 재야운동, 1980년대의 민주화운동, 1990년대의 시민운동에 이르기까지 대부분의 시위는, 소위 의식 있는 소수 민주화 세력이나 학생들이 주도했다. 소수의 특정 세력이나 집단이 집회나 시위를 주도적으로 시작하여 이끌어나가고, 각각의 상황이나 이슈에 따라 대학생이나 일반 시민들이 참여하는 형태였다. 그러나 2008년 촛불집회는 처음부터 일반 시민들이 주도했다. 어떻게 이러한 현상이 나타났을까?

브랜드 2.0 시대의 브랜드 전략은 변수가 많지 않았다. 기업 중심의 잘 정리된 브랜드 아이덴티티 전략과 광고, 마케팅 도구들을 활용하여 타겟의 마음을 사고자 노력하는 것이 핵심이었다. 소비자들은 마음을 얻기 위한 설득의 대상이었다. 그러나 브랜드 3.0 시대의 소비자는 설득의 대상이 아니라 브랜드를 만드는 주체다. 브랜드 X팩터 전략은 소비자 중심, 시장 중심의 전략이다. 시장과 소비자 중심의 전략은 유기적으로 잘 짜이지 않으면 그 목적을 달성하기 어렵다. 시장은 늘 불확실하고 경쟁 브랜드들은 새로운 질서를 구축하기 위해 호시탐탐 기회를 엿보고 있으며, 소비자들은 요동치는 시장 상황을 주시하면서 보다 나은 제품이 더욱 저렴해지기를 기다리는 까다로운 존재들이기 때문이다.

강력한 브랜드가 되기 위해서는 브랜드 X팩터 전략을 통해 새로운 진화 공간을 창출해야 하고, 시장 상황에 적합한 브랜드 꼬리표가 만들어졌더라도 마지막으로 소비자 되먹임이라는 큰 산을 넘어야 한다. 소비자 스스로 꼬리표와 양의 되먹임을 만들어낸다는 것은 소비자들이 브랜드를 만든다는 것과 같은 뜻이다. 소비자에 의한 양의 되먹임은 브랜드와 공명하여 자기 조직화를 통한 브랜드 진화를 이끌어낸다. 하지만 아쉽게도 소비자에 의한 양의 되먹임은 항상 발생하지는 않는다. 게다가 브랜드가 성공하기 위해 가장 중요한 주류 시장 진입에는, 매우 모순된 성향을 가진 실용주의자 집단이라는 어려운 벽이 가로막고 있다. 이들은 제품을 구매할 때 주변의 비슷한 실용주의자들이 구매한 제품을 구매하려는 성향이 매우 강하다. 구매 시점의 고려 요인 또한 비슷한 실용주의자들의 공격 꼬리표를 주로 활용한다. 이들 집단의 구성원들은, 주변에서 자신과 유사한 실용주의자들이 먼저 행동해야 자신도 움직인다는 생각을 가지고 있다. 누가 먼저인가의 모순을 해결할 수 있는 전략이 있어야 실용주의자들인 전기 다수자에게 다가갈 수 있다. 주류 시장으로 진입하기가 어려운 이유이다.

양의 되먹임을 일으키는 촉매

소비자의 마음을 얻는 것은 결코 쉬운 일이 아니다. 신규 브랜드에게는 더더욱 어려운 일이다. 브랜드의 성패를 좌우하는 주류 시장의 전기 다수자들은 이미 선호하는 다른 브랜드가 있다. 따라서 이들의 마음을 움직여 양의 되먹임 고리를 형성하기 위해서는 보다 공격적이고 직접적이며 매우 실제적이어야 한다. 음악회에서 먼저 박수를 치기 시작한 용감한 몇몇 청중이 전체 청중의 박수를 유도하는 매개체가 되는 것처럼, 소비자의 상호작용을 가능하게 하고 양의 되먹임을 만들어내기 위해서는 매개체, 즉 촉매가 필요하다. 특히 주류 시장에서 실용주의자들의 모순을 해결하기 위해서는 촉매가 반드시 필요하다.

펌프의 마중물도 그렇다. 수동 펌프를 통해 물을 얻는 방식은 이전의 두레박보다 많은 양의 물을 훨씬 편하게 얻을 수 있는 반면, 한동안 사용하지 않으면 지하수와 펌프 사이를 연결하는 송수관에 물이

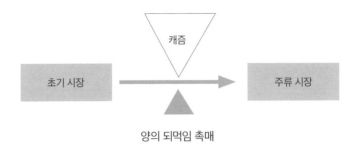

양의 되먹임을 일으키는 촉매의 역할

다 빠져 아무리 펌프질을 해도 물이 올라오지 않는다. 이럴 때 펌프 윗부분에 물을 부어주며 펌프질을 하면 금세 지하수가 올라오는데, 이때 펌프 위로 부어주는 한두 바가지의 물이 바로 '마중물'이다. 마중물이 지하수를 끌어올리는 매개체, 즉 촉매 역할을 한 것이다. 마중물을 이용해 지하수를 끌어올리는 것은, 주류 시장의 전기 다수자가 고객이 되는 것과 같다.

　캐즘 이론에서 말하는 것처럼 주류 시장의 실용주의자들은 얼리 어답터의 말에는 귀기울이지 않는다. 얼리 어답터들은 제품 자체에 관심이 많고, 실용주의자들은 시장에 관심이 큰 소비자들이다. 실용주의자들은 시장을 주도하는 제품을 구매하기를 원하며, 이들이 귀기울이는 사람들은 같은 집단에 속해 있는 같은 실용주의자들이다. 이들은 비슷한 성향의, 보수적이고 실용적인 구매 특성psychographics을 가진 사람들로, 평상시 사용하는 일상 언어로 서로 소통하고 상호작용한다. 이들이 구매를 결정하는 시기는 자신과 비슷한 사람들이 구

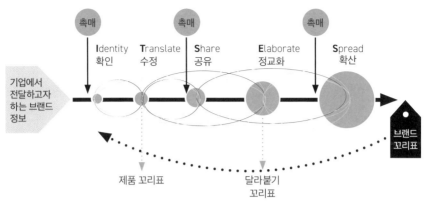

• 각 단계에서 상호작용 발생
•• 촉매는 브랜드 꼬리표가 전략적으로 형성될 수 있도록 하는 마중물 역할

ITSES 모델과 촉매

매하기 시작하는 때이다. '닭이 먼저냐 달걀이 먼저냐'의 논쟁과 같은 이 문제를 어떻게 해결할 수 있을까? 누가 용감하게 나서서 제일 먼저 박수를 칠 것인가?

촉매가 필요한 이유는 이러한 모순을 해결하기 위해서다. 효과적인 브랜드 꼬리표를 통해 전기 다수자에게 양의 되먹임을 유도할 수 있는 촉매가 필요하다. 주류 시장 진입을 위한 마중물 역할을 할 수 있는 소비자는 반드시 전기 다수자에 속하는 실용주의자들이어야 한다. 초기 수용자는 마중물 역할을 할 수 없음을 기억해야 한다.

마지막으로, 꼬리표 달기에서 중요한 개념이 명확성과 식별력이었다면, 양의 되먹임을 일으키는 촉매 찾기에서 가장 중요한 요소는 '동질성'이다. 주류 시장 구성원들은 촉매가 자신과 유사하다고 인지해야 상호작용하고 집단을 형성하기 때문이다. 동질성을 확보한 촉매는 양의 되먹임을 더욱 활성화시키고, 동시에 스스로 구조를 갖추고 새로운 질서를 형성하여 자기 조직화를 이룬다.

2008년 촛불집회의 경우는, 소수의 '유모차 부대'가 양의 되먹임을 일으키는 촉매 역할을 했다. 촛불집회의 진화 공간은 '평화적인 집회'였으며, 평화적인 집회를 명확하고 식별력 있게 나타낸 '촛불'이라는 꼬리표를 통해 집단화했다. 마지막으로 양의 되먹임을 가능하게 한 것이 유모차 부대라는 촉매였다. 몇몇 주부들이 갓난아기를 유모차에 태우고 집회 대열의 맨 앞줄에 선 장면은 집회 현장을 대표할 만큼 매우 상징적이었다. 중요한 것은, 이들 유모차 부대가 평화 집회에 참석하는 대다수 참가자와 비슷한, 즉 동질성을 지닌 평범한 시민이었다는 점이다. 유모차 부대의 등장 이후 이들을 보호한다는 명목으로 젊은 예비군들이 집회에 참석하기 시작했고, 또한 가족 단위 참석자들이 눈에 띄게 늘었다. 갓난아기를 태운 유모차를 끄는 주부들은 진보주의적인 시민단체 회원이나 학생들이 아니라 우리 주변의 평범한 가정주부들이었다. 다시 말하면, 이들은 초기 수용자들이 아니라 전기 다수자, 즉 실용주의자들이었던 셈이다.

이처럼 양의 되먹임이라는 거대한 현상을 만들어내기 위해서는(물론 우연히 발생할 수도 있지만) 전략적인 촉매가 필요하다. 지하에 있는 물을 끌어올리기 위해 마중물이 필요한 이치와 같다. 양의 되먹임을 일으키는 촉매 찾기는 비선형적 상호작용으로 인한 거시적인 현상의 숨겨진 질서를 찾을 수 있는 마지막 단계이다.

5장

왜
브랜드 X팩터
전략이
필요한가

예측 불가능성이나 불확실성을 야기하는 핵심은 바로 '비선형성'에 있다. 비선형성의 가장 큰 특징은 나비효과와 같이 초기의 사소해 보이는 작은 요동이 나중에 커다란 결과를 초래할 수 있다는 것으로, 비선형적 현상을 알기 위해서는 '현미경으로 쪼개어 분석'하는 것도 중요하지만 '망원경으로 전체를 합쳐' 보아야 한다.

또한 살아 있는 유기체의 결합은 새로운 형태의 다른 무언가를 만들어낸다. 생물의 경우 수많은 '세포'들이 모여 '조직'을 이루고, '조직'이 모여 '기관'을 이루며, 또 '기관'이 결집되어 하나의 '장기'가 된다. 그리고 각 '장기'가 고유의 역할을 하며 모여 하나의 '생명체'가 완성된다. 여기서 각 상위 집합체는 하위의 것과는 다른 성질을 보인다. 즉 세포, 조직, 기관, 장기는 각각 이전 단계의 성질과는 다른 역할을 하는, 새로운 형태이다. 이는 시장에서도 마찬가지다. 소비자 개개인은 이성적인 태도로 합리적인 소비자 행동을 보이지만, 집단으로서의 소비 행태는 '유행'과 같이 감성적인, 새로운 성질을 나타내기도 한다.

이처럼 '살아 있는 유기체가 모여 상호작용하면 새로운 성질을 획득한다'는 특성은 '융합과 네트워크'로 표현되는 4차 산업혁명 시대에 더욱 중요해진 개념이다.

이런 이유로 현미경으로 부분을 세밀하게 분석하는 동시에 망원경으로 전체를 보아야, 새로이 발생하는 거시적인 현상을 제대로 바라볼 수 있다. 질서와 무질서가 공존하는 복잡해진 현상에서 선형과 비선형을 분석하고 해석하여 브랜드의 진화를 만들어가는 메커니즘을 밝혀내는 것이 브랜드 X팩터 전략이다.

선견, 선수, 선점하라

브랜드 X팩터 전략은, 소비자들의 미시적인 상호작용이 거시적인 행동 패턴으로 연결되어 브랜드가 지향하는 목표점에 다다를 수 있도록 도와준다. 또한 브랜드 X팩터 전략은 예측하기 어려운 시장 환경에서 '변화 속의 일관된 패턴'을 찾는 과정이기도 하다. 매우 복잡하고 혼란스러워 보이는 현상일지라도 브랜드 X팩터 전략의 관점으로 보면 어떤 일관성 있는 '패턴'이 있으며, 그러한 패턴을 찾아가는 '전략적 통찰'이 바로 전략의 핵심이다. 다시 말하면, 매우 복잡하고 무질서해 보이는 현상일지라도 브랜드 X팩터 전략의 틀로 보면 일관성 있는, 숨어 있는 질서가 보인다.

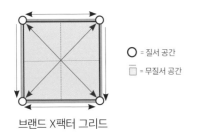

브랜드 X팩터 그리드

○ = 질서 공간
▢ = 무질서 공간

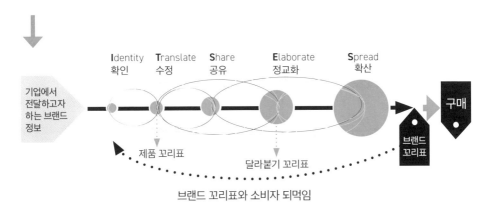

Identity   Translate   Share   Elaborate   Spread
확인   수정   공유   정교화   확산

기업에서
전달하고자
하는 브랜드
정보

제품 꼬리표   달라붙기 꼬리표

브랜드 꼬리표

구매

브랜드 꼬리표와 소비자 되먹임

ITSES 모델과 브랜드 X팩터 전략

브랜드가 복잡한 시장에서 숨어 있는 질서를 찾아 '퍼스트 무버 first mover'로서 지위를 확보하기 위해서는, 시장의 변화를 파악하여 새로운 질서가 요구되는지 여부를 판단하는 '선견先見', 경쟁 브랜드보다 한발 먼저 움직여 새로운 질서를 구축하는 '선수先手', 소비자의 마음을 먼저 얻는 '선점先占'이 필요하다. 이러한 새로운 시장 질서를 구축하여 진화를 만들어내는, 전략적인 선견과 선수와 선점이 바로 브랜

드 X팩터 전략이다. 즉 브랜드 X팩터 전략의 선견으로 시장의 진화 공간을, 선수로 브랜드의 꼬리표를, 선점으로 소비자의 되먹임을 만들어 브랜드 진화를 이루는 것이다.

브랜드 X팩터 전략은
브랜드 진화 전략

소비자들의 상호작용에 의한 비선형적 현상은 겉보기에는 시스템을 더욱 복잡하고 이해하기 어려운 혼돈 상태로 몰고 가지만, 이러한 복잡한 변화에도 일정한 패턴을 나타내는 질서가 존재한다. 이 과정을 자기 조직화라고 한다. 결국 복잡한 열린 시스템에서 창발적인 질서를 스스로 만들어가는 과정이 자기 조직화의 메커니즘이며, 이를 전략적인 차원에서 조절하는 것이 브랜드 X팩터 전략이다.

이런 점에서 브랜드 X팩터 전략의 또다른 의미는 브랜드 진화를 이끈다는 것이다. 기업 브랜드이든 개별 브랜드이든 궁극적인 목표는, 작게는 매출의 극대화를 통한 최대 이윤의 창출이고 크게는 강력한 브랜드를 구축하는 일이다. 그러기 위해서는 시장을 움직일 힘이 있어야 한다. 브랜드 진화란 기업이나 브랜드가 시장을 의도하는 방향으로 움직여 새로운 질서를 구축하는 것을 의미한다.

실패한 브랜드나 진화에 이르지 못한 브랜드 대부분은 기존 시장의 질서 공간에서 힘겨운 경쟁을 이겨내지 못한 경우이거나, 시장에서 새로운 무질서 공간을 찾아 진화 공간 만들기에는 성공했지만 다음 단계인 브랜드 꼬리표 달기와 소비자 되먹임 현상을 이끌어내지 못한 경우이다. 이는 선형적 사고에 머물러 있었기 때문이다.

시장 진화 공간 찾기, 브랜드 꼬리표 달기, 양의 되먹임 만들기로 구성된 브랜드 X팩터 전략은, 비선형적 현상으로 새로운 질서를 구축하기 위해 반드시 함께 적용되어야 할, 자기 조직화 메커니즘이자 진화 메커니즘이다. 이중 하나의 요소라도 적용되지 못하면, 실패하거나 혹은 절반의 성공에 머무를 것이다. 방탄소년단의 예에서 'K-pop 아티스트'라는 새로운 진화 공간을 만들지 못했거나 '아미'라는 되먹임의 촉매가 없었다면 방탄소년단 신드롬은 불가능했을 것이다. 마찬가지로, 미니의 예에서 '외계인이 만든 자동차'라는 꼬리표가 없었거나 '미니코리아'라는 되먹임의 촉매가 없었다면 미니의 성공은 불가능했거나 절반에 그쳤을 것이다.

새로운 시장을 창출하고 새로운 질서를 구축하여 새로운 리더가 되기 위해서는 다른 경쟁 기업이나 브랜드보다 한발 앞서야 한다. 그리고 일시적 경쟁 우위를 계속 유지하기 위해서는 연속적으로 브랜드 진화를 꾀해야 한다. 브랜드 X팩터 전략이 기업과 브랜드의 진화를 이끄는 새로운 패러다임의 중심이 되어, 예측 불가능하고 복잡한 시장에서 경쟁 우위를 유지할 수 있도록 이끌어줄 것이다.

지금은 승자와 패자가 극명하게 드러나는 새로운 룰이 적용되는 시기이다. 기업의 경영자나 브랜드 관리자가 기존 질서를 고집하고 새로운 질서를 외면한다면, 실패라는 깊고 어두운 낭떠러지로 떨어질 것이 자명하다. 반면에 지금까지의 기계적이고 선형적인 질서의 한계를 이해하고 비선형적 질서, 즉 새로운 룰을 받아들인다면 시장을 움직일 수 있는 새로운 힘을 얻을 수 있다.

선형적이고 기계적인 질서에 익숙한 대다수 경영·마케팅 전문가들은 적응을 말하고 있다. 불확실성에 적응하여 생존력을 높이고 향후 기회를 엿보자는 것이다. 그러나 지금의 적응은 과거로의 후퇴를 의미할 뿐이다. 4차 산업혁명의 딥체인지 시대에서, 앞서가는 많은 기업들은 비선형적 관점의 경영 방식을 연구하고 그 방법 찾기에 몰두하고 있다. 이러한 전환기에, 현재에 머무르는 기업은 퇴행하고 한발 앞서가는 기업만이 진화할 수 있다.

사례 1 **붉은 악마** _____

21세기 들어 우리나라에서 일어난 최초, 최고의 창발 현상은 2002년 한일 월드컵 때 일어난 '붉은악마' 신드롬이었다. 당시 월드컵에서 우리나라가 첫 승을 거둔 이후 붉은악마 열풍이 전국으로 확산되었는데, 이때 큰 역할을 한 것이 바로 인터넷이다. 월드컵 개최 전부터 인터넷을 통해 지역별 모임을 갖고 서로 의견을 나누던 붉은악마들은, 이후 인터넷을 기반으로 'Be the reds!' 캠페인을 동시다발적으로 펼쳐나갔다. 여기에 언론 보도가 힘을 실어주면서 응원 열기가 전국적으로 확산되었다. 경기에서 승리를 거듭할수록 국민들은 한마음으로 붉은악마가 되어갔다.

이런 붉은악마 현상에 대해 다수의 전문가들은 인터넷과 언론 보도, 붉은악마 홈페이지가 대한민국 대표팀의 승리와 더불어 창발의 결정적 요소로 작용했다고 입을 모았다. 그러나 과연 인터넷과 언론 보도, 붉은악마 홈페이지만으로 그러한 창발 현상이 일어날 수 있었을까? 당시 학계와 언론계, 마케팅 전문가들은 다양한 관점에서 붉은악마 신드롬을 분석했는데, 그중 대표적인 것은 다음과 같다.

- 문화적 관점에서 새로운 세대의 문화적 감수성
- 기능적 관점에서는 디지털 테크놀로지 발달로 '전광판'이라는 새로운 미디어 출현
- 마케팅적 관점으로는 빨간색이라는 컬러 마케팅의 성공

그러나 예상치 못한 현상의 단순한 설명뿐 아니라 거대한 창발을 만들어낼 수 있었던, 보다 근본적이고 실질적인 다른 요인들이 있지 않았을까?

새로운 진화 공간을 찾아내다

2002년 여름을 떠올리면 가장 먼저 기억나는 것이 붉은악마가 입었던 붉은색 티셔츠이고, "대~한민국"이라는 구호와 함께 광장마다 넘쳐나던 응원 인파일 것이다. 붉은악마

티셔츠, "대~한민국" 구호와 박수, 길거리 응원은 붉은악마 신드롬에서 어떠한 역할을 했을까?

2002년 한일 월드컵 이전에는 대다수 국민들이 집에서 텔레비전 중계를 시청하거나 경기장에 가서 경기를 관람하거나, 대형 스크린을 설치한 맥줏집과 카페에서 응원을 했다. 따라서 브랜드 3.0 관점에서 보자면 집, 경기장, 식당과 술집은 경기 관람과 응원을 위한 기존의 질서였던 것이다.

그러나 붉은악마 현상의 창발을 알리는 서곡은 바로 '무질서 공간 찾기'에서 시작되었는데, 이것이 바로 '길거리 응원'이다. 만약 길거리 응원이라는 무질서 공간을 찾지 못했다면, 800만 명의 붉은악마들은 각자 집이나 소규모 모임이 가능한 식당 혹은 술집에서 응원을 했

서울 시청 광장에 모인 붉은악마

을 것이고, 전 세계가 주목할 만한 창발 현상은 일어나기 어려웠을 것이다. 길거리 응원이라는 무질서 공간 찾기는 구성원들의 상호작용에 의한 비선형적 현상을 촉발하는 구심점이자 새로운 질서 구축을 위한 진화의 출발점이 되었다.

소비자는 꼬리표로 말한다

"한국 축구팀은 12명이 뛰고 있다. 그 라운드 밖에 1명의 선수가 더 있다. 그들이 바로 '붉은악마Red devils'다." 2002년 한일 월드컵 당시 외신들은 "월드컵 최고의 스타는 데이비드 베컴이나 호나우두가 아니라 열정적이고 인상적인 거리 응원을 펼친 수백만의 '붉은악마'다"라고 보도한 바 있다. 그렇다면 당시 붉은색 티셔츠는 우리 국민들에게 어떤 의미였으며, 붉은악마 신드롬에서는 어떤 역할을 담당했을까? 당시 월드컵과 관련된 옷이 'Be the reds'가 새겨진 붉은악마 티셔츠밖에 없었을까?

붉은악마의 상징색이자 태극기 문양에서 유래한 붉은색은, 오랜 시간 우리나라 국가대표 축구팀을 상징하는 색이었다. 1983년 멕시코 세계청소년축구대회에 참가했던 한국팀이 4강 진출이라는 뛰어난 성적을 거둔 이후, 그 활약에 경탄한 전 세계 축구팬들이 우리 축구팀을 "붉은악령Red furies"으로 불렀고, 그 이후 "붉은악마Red devils"로 바꾸어 부르면서 상징적인 호칭이 되었다.

그리고 2002년 한일 월드컵이 개최될 당시 휘장 사업권(대회 공식 마크와 마스코트 등을 이용해 제품을 생산, 판매, 유통할 수 있는 권리)을 갖고 있던 코오롱TNS월드는 월드컵 공식 캐릭터들을 활용해 티셔츠를 비롯한 각종 의류, 기념주화, 열쇠고리 등 수백 가지가 넘는 기념품을 출시했다. 그중 판매 품목 중 실적이 가장 부진했던 것이 티셔츠 종류였고, 특히 상품군에서 붉은색 티셔츠가 5퍼센트에 불과해 실질적인 매출로 연결되지 못했다.

재미있는 것은, '붉은악마＝붉은색 티셔츠'라는 꼬리표 때문에 공식 기념 티셔츠였던 흰색 티셔츠는 거의 팔리지 않았고, 결국 판매가 기준 1,000억 원 이상의 재고가 그대로 남고 말았다. 월드컵 휘장 사업권자가 내놓은 공식 의류를 거의 유명무실하게 만들 수 있었던 '붉은색 티셔츠'의 탄생 배경에는, 이처럼 아무도 예상치 못한 일반 국민, 즉 소비자의 상호작용이 있었다. 월드컵 공식 티셔츠보다 일반 국민들의 사랑을 더 많이 받은 붉은악마의 'Be the reds' 티셔츠. 바로 이 붉은색 티셔츠가 붉은악마의 꼬리표였다.

한국인들은 대중 앞에 나서거나 남들보다 튀는 걸 유독 좋아하지 않는 국민성 때문에 타인의 주목을 끄는 원색 옷을 입으면 쑥스러워하는 편이었다. 그런데 그 또한 2002년 월드컵 길거리 응원을 계기로 바뀌었다. 용기 내어 붉은색 티셔츠를 입고 나가 자신과 같은 붉은색 'Be the Reds' 티셔츠를 입은 붉은악마를 마주치면 동질감과 소속감을 느끼게 된 것이다.

붉은악마 현상에는 비선형적 양의 되먹임이 있었다

한일 월드컵이 열리던 2002년 당시 우리

나라 정치권은 연이어 발생한 부패 스캔들로 리더십을 상실하고 있었고, 경제는 계속되는 구조조정으로 매우 침체되어 있었다. 입시와 취업에 압박감을 느끼는 학생과, 관료주의와 워커홀릭을 지향하는 조직문화에 중압감을 느끼는 직장인, 끝없는 경쟁에 내몰리는 불안한 자영업자 등 모두에게 다양한 억압적 요인이 팽배했다. 넓게 보면 IMF구제금융의 치욕과 그 이후 근본적으로 달라진 사회규범, 최고 지도자 친인척들의 잇따른 비리 등으로 인해 온 국민이 혼돈 속에서 새로운 질서를 갈망하고 있었다. 이러한 상황에서 2002년 월드컵은 일반 국민들에게 축제의 장이 되었다.

2002년 이전까지 광화문에 모이는 붉은악마는 200~300명 수준이었지만, 2002년 5월 스코틀랜드, 잉글랜드, 프랑스와 세 차례 평가전을 치르면서 각각 700명, 1,000명, 3,000명으로 꾸준히 증가했다. 그러다 5월 31일 월드컵 개막식 때는 1만 명을 돌파했고, 예선 첫 경기인 폴란드전 때에 15만 명, 두번째 경기인 미국전 때에는 전국적으로 200만 명의 인파를 넘어섰다.

그리고 폴란드전 이후 6일 뒤인 6월 10일 열린 한국과 미국의 조별 예선전 당시에는 광화문에 20만 명의 응원 인파가 몰렸고, 전국적으로는 200만 명 이상의 인파가 거리로 뛰쳐나왔다. 이후 이탈리아와의 16강전, 스페인과의 8강전 때는 전 국민의 20퍼센트 가까이 되는 800만 명이 넘는 엄청난 인파가 거리를 채웠다. 길거리 응원은 절정에 다다랐고, 서울 광화문과 시청을 구심점으로 삼아, 총 7차례 경기를 하는 동안 연인원 2,400만 명의 붉은악마가 길거리로 쏟아져나왔다.

이러한 현상을 만들어낸 매개는 무엇이었을까? 자신과 같은 'Be the reds' 티셔츠를 입은 사람들을 보며 동질감과 소속감을 느낀 붉은 악마에게 기름을 부은 것이 바로 "대~한민국, 짝짝짝 짝짝" 구호와 박수였다. "대~한민국"이라고 외치는 엇박자 구호와 그에 화답하는 박수는 단순하면서도 명확해서 대규모 집단 형성에 촉매 역할을 담당했다. 당시 길거리에서 붉은악마 티셔츠를 입은 사람들이 서로 만나면 모르는 사이일지라도 자연스럽게 함께 모여 "대~한민국"을 외치며 박수 치는 모습을 쉽게 볼 수 있었고, 전국 방방곡곡에서 이 같은 현상이 벌어졌다. 엇박자 구호와 박수는 국민들에게 공명되어 소위 자기 복제가 이루어졌고, 처음에는 소수에서 시작된 행동이 2,400만 명, 아니 전 국민의 화답으로 메아리쳤다. 양의 되먹임이 일어난 것이다.

브랜드로서 붉은악마

강력한 브랜드가 되기 위해서는 기존에 시선을 돌리지 않았던 새로운 진화 공간의 창출과 함께 시장 상황에 적합한 브랜드 꼬리표가 만들어져야 하고, 최종적으로는 소비자 되먹임이라는 큰 산을 넘어야 한다. 소비자 스스로 꼬리표와 양의 되먹임을 만들어낸다는 것은 소비자들이 브랜드를 만든다는 것과 같은 뜻이다. 소비자들이 만든 양의 되먹임은 브랜드와 공명해, 자기 조직화를 통한 브랜드 진화를 이끌어낸다.

붉은악마는 '길거리 응원'이라는 새로운 진화 공간을 만들어냈고, '붉은색 티셔츠'라는 꼬리표를 통해 국민들은 누구나 붉은악마라는 자기 유사성을 유지했다. 이를 통해 남녀노소를 막론하고 무차별적이고 급속도로 자기복제가 이루어졌다. 또한 붉은 티셔츠 꼬리표는 "대~한민국" 구호를 외치고 "짝짝짝 짝짝" 박수를 치며 동조하는 양의 되먹임 과정을 통해 가장 간단하고도 거대한, 하나의 경계 안에 집단을 형성하게 되었다. 브랜드 X팩터가 명확하게 적용되어 새로운 질서를 만들어낸 것이다. 2002년 월드컵은 국가대표팀이 '월드컵 4강'이라는 뛰어난 제품을 만들고 국민들이 '붉은악마'라는 브랜드를 탄생시킨 전형적인 사례다.

사례 2 **한국민속촌**

1974년 한국민속촌은 서구화와 도시화로 사라지는 한국의 전통문화를 보존하기 위해, 전국의 전통 가옥을 복원하고 세시풍속을 재현하는 일종의 야외 민속 박물관으로 문을 열었다. 한국민속촌은 살아 있는 전통문화 전시와 체험을 테마로 한, 대한민국의 대표적인 전통문화 체험학습장이었고, 초기 연간 방문객이 200~300만 명에 달할 정도의 인기를 누렸다. 일반적인 민속 박물관에서는 유리 안의 박제된 과거를 눈으로만 구경할 수 있었고, 민속 마을은 실제적이긴 하나 관람 요소가 해당 지역 양식에 그친다는 점에서 매우 한정적이고 정적인 모습만이 남아 있어 생동감이 없었다. 그에 반해 한국민속촌은 수도권이라는 위치적 특성과 함께 사극 촬영지 및 학교 소풍 장소, 넓은 야외 부지에서 열리는 전통 공연까지, 뚜렷한 경쟁 우위 요소를 갖추고 있었다.

하지만 1990년대 후반부터 각종 놀이공원 및 테마 시설에 밀려 방문객이 점점 감소하며 잊히기 시작했다. 놀이공원은 현대적이고 세련된 이미지와 함께 각종 놀이기구로 소비자를 사로잡았다. 롯데월드와 에버랜드는 초등학생, 중학생들의 대표적인 소풍 장소이며, 가족 여가 활동 측면에서도 아이들이 가장 가고 싶어하는 곳 1순위이자 커플 데이트 코스에서도 빠지지 않는 곳이다. 놀이동산에서는 짜릿한 어트랙션(놀이기구)을 타며 아이와 부모, 학생과 성인 모두가 시간 가는 줄 모르고 놀게 된다. 한국민속촌은 놀이동산에 밀려 점점 더 추운 겨울을 맞이하게 되었다.

한국민속촌은 놀이공원이라는 새로운 강자에 맞서 다소 어울리지 않는 놀이 시설 '두코랜드'를 1997년 개장(현재 휴장)했지만, 한국민속촌은 여전히 '옛것'과 '전통'이라는 데에서 오는 지루하고 고리타분한 이미지를 떨쳐내지 못했다. 지난 10여 년간 연간 관람객 100만 명 안팎을 벗어나지 못하며 연속 하락세를 이어가고 있었다.

다시 찾아온 봄

한복 차림에 콧물이 잔뜩 묻은 여자가 길바닥에 누워 잠을 자고 있다. 사람들이 그녀를 둘러싸고 키득키득 웃는 와중에, 누군가 그녀를 깨우려고 물을 붓는다.

비가 거세게 내리는 날, 길에서 누워 자던 여자가 노래를 부르며 뛰어

다닌다. 누군가 벨을 누르고 전속력으로 도망간다.

언제부터인가 페이스북에서 자주 보이기 시작한 영상들이 있다. 영상을 올린 이와 내용은 매번 다르지만 영상 속 배경과 인물들은 하나같이 조선시대 아니면 추억 속 언젠가의 모습이다. 몇만, 몇십만이 거뜬히 넘는 조횟수와 '좋아요', 댓글은 한국민속촌의 인기를 보여준다. 앞에서 소개한 상황은 '광년이' 역할을 맡은 한 아르바이트생이 엄연히 업무 시간이었음에도 맡은 역할이 광년이라 길에 누워 그냥 낮잠을 자버린 영상이다. 업무 시간에 잠을 자는 것이 동시에 업무를 하고 있는 것이라는 이 아이러니한 영상은, 일명 '잠자는 알바', '꿀알바'로 엄청나게 인기를 끌었다.

'한국민속촌에서 이런 걸 해?' 영상의 정체를 파악한 후 첫번째로 이런 생각이 들었다. 기억 속에 남아 있는 모습과는 전혀 다른 이미지였다. '특별히 갈 이유가 없는', '안 봐도 뻔한' 곳이었던 한국민속촌은 이제 10만 명 이상의 트위터 팔로어, 60만 개 이상의 '좋아요'를 받은 페이스북, 조횟수 통산 3억 회 이상의 유튜브 계정을 보유한, '가볼 만한', '가봐야 하는', '가보고 싶은' 곳이 되었다.

새로운 진화 공간 창출─전통문화 테마파크

2012년 한국민속촌은 새로운 변화를 맞는다. 핵심 가치(살아 있는 전통문화 체험)를 유지하는 동안 등돌린 젊은층을 재유입시키기로 결정하고 대대적으로 컨텐츠를 리뉴얼했다.

시장 진화 공간

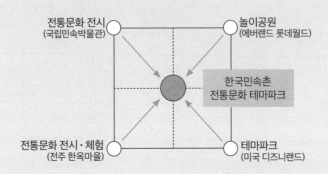

그러자 이전과 달라진 새로운 점들이 곳곳에서 드러났다. 놀이공원에 놀이기구가 있다면, 한국민속촌에는 타임머신이 있다고나 할까? 한국민속촌은 '전통문화 테마파크'라는 새로운 타이틀을 내걸었다. 민속촌에 들어서면 정말 조선시대에 온 듯 장사꾼이 다가와 부채를 팔고, 흉포한 사또는 곤장을 치고, 거지가 구걸을 한다. 다른 테마파크들이 가을에 핼러윈 파티를 하느라 시끄러울 때, 민속촌에서는 초가지붕을 갈고 논에서 추수를 하는 한국민속촌만의 행사를 연다. 한국민속촌은 민속 박물관 및 민속 마을의 고유한 특성, 생동감 넘치는 테마파크의 특성을 모두 아우르는 '전통문화 테마파크'라는 한국민속촌만의 새로운 진화 공간을 열었다.

관람객은 단순히 '관람'하는 것이 아니라 한국민속촌의 컨텐츠와 함께 '호흡'하게 된다. 이 컨텐츠는 기존 놀이공원에서 보는, 말 없는 인형과는 전혀 다른 매력을 지닌, 살아 있는 컨텐츠이다. 이는 곧 한국민속촌의 차별적인 경쟁 우위 요소, 즉 X팩터이다. 한국민속촌의 다양한 컨텐츠는 관람객들과 직접 호흡하며 전통문화를 현대적으로 재해석하여 새로운 시너지를 내고 있다는 평까지 받고 있다.

놀이공원의 등장에 한동안 차가운 겨울을 보냈던 한국민속촌은 이렇게 국내 유일의 '전통문화 테마파크'라는 새로운 진화 공간을 창출하며 다시 따뜻한 봄날을 맞게 되었다. 한국민속촌을 구식으로 생각했던 20~30대의 젊은층에 새로운 인식을 심어주었고, 어린 자녀가 있는 가족 단위 고객과 놀이공원으로 발 돌렸던 초중고 학생 단위 고객까지 재영입하면서 경쟁 우위를 점했다. 다시 말하면, 전통문화 전시 및 체험, 놀이공원, 테마파크 등 기존에 존재하는 다양한 형태의 전통적인 놀이공원의 강점을 통합하여 전통문화 테마파크라는 새로운 장을 연 것이다.

브랜드 꼬리표—민속촌 캐릭터

전통문화 테마파크로 진화한 것이 한국민속촌이 성공한 유일한 요인일까? 소비자들이 인정한 한국민속촌의 인기 스타는 바로 '민속촌 캐릭터'이다. 사또, 장사꾼, 거지, 화공 등으로 구성된 '조선 캐릭터'와 '이놈 아저씨', 청년회장 등으로 구성된 '시골 캐릭터'가 있는데, 뛰어난 연기력과 애드리브를 자랑하는 민속촌 캐릭터들은 방문객들을 통해 입소문을 타기 시작하며 상호작용을 일으키는 매개체가 되었다.

민속촌 캐릭터는 전통문화 테마파크라는 진화 공간의 경계를 명확히 구분한다. 즉 방문객들이 제공된 컨텐츠를 즐기는 객체가 아니라 스스로 컨텐츠를 만드는 주체라는 것이다. 전통문화 테마파크라는 새로운 진화 공간을 창출한 한국민속촌은, 어디서도 만나볼 수 없는 캐릭터를 통해 독보적인 위치를 점했다. 한국민속촌에서 캐릭터가 빠지면 지금의 한국민속촌은 없을 만큼, 한국민속촌만의 특성을 부여하는 요소가 되었다.

이는 곧 경쟁 브랜드와의 차별성과도 같다. 롯데월드와 에버랜드 역시 '로티와 로리', '레니와 친구들'이라는 캐릭터 컨텐츠를 갖고 있지만 소비자들의 인식 속에 이들 컨텐츠는 과연 같은 느낌의 캐릭터일까? 살아 움직이며 관객들과 호흡하고 방문객들이 한국민속촌의 컨텐츠를 200퍼센트 즐길 수 있도록 도와주는 민속촌 캐릭터는, 전통문화라는 한국민속촌의 테마를 가장 명확히 드러내며 정체성을 극대화하는 역할을 한다.

민속촌 캐릭터는 한국민속촌이라는 그들만의 공간(전통문화 테마파크) 속에서 소비자들의 관람 행태(소비자들의 소리)마저 바꿔버렸다. 또한 소비자들이 오직 한국민속촌에서만 공유할 수 있는 요소로서 '한국민속촌과 소비자들 간의 끈끈한 연결 고리'가 되었다. 예를 들면, 캐릭터들과 함께 놀기 위해 직접 특정한 캐릭터로 분장을 하고 한국민속촌을 찾는다거나, 이 놀이에 함께 참여할 다른 사람들을 온라인상에서 모아 함께 방문하는 등의 모습이다.

　민속촌 캐릭터는 한국민속촌에 방문했거나 그곳에 대한 정보를 습득한 소비자에게 차별적인 가치를 명확히 제시하는 매개체이자, 소비자와 한국민속촌 사이의 신뢰할 수 있는 연결 고리이다. 또한 민속촌 캐릭터를 향한 애정, 캐릭터와 함께한 경험으로 소비자들이 상호작용하는 언어가 된다는 점에서 한국민속촌의 강력한 브랜드 꼬리표라고 할 수 있다. 무엇보다도 기존 놀이공원에서 흥미로운 컨텐츠를 즐기고 경험하는 차원을 넘어, 방문객들이 스스로 참여하여 컨텐츠를 만들고 공유하게 되었다. 이러한 점에서 민속촌 캐릭터는 새로운 진화 공간을 상징적으로 표현하는, 한국민속촌의 브랜드 꼬리표가 되었다.

소비자 되먹임의 촉매—'속촌아씨'와 스파르타 전사들

　　　　　　　　　한국민속촌이 SNS를 적극적으로 활용한다는 사실은 이미 유명하다. 사극 말투, 소와 개 이름 공모전, 500얼음땡, 팬 아트 〈한복이 너무해〉까지 한국민속촌의 굵직한 이슈들은 모두 SNS에서 시작되었다. 온라인상에서 우리를 맞이하는 이는 바로 한국민속촌의 페르소나인 '속촌아씨'다. 한국민속촌은 공식 트위터 계정을 개설하고, '속촌아씨'라는 이름과 특유의 말투로 한국민속촌 소식을 전하기 시작했다. "기체후일향만강氣體候一向萬康하셨사옵니까, 아침 문안 인사드리겠나이다." 이 같은 사극 말투는 팔로어들의 이목을 집중시키며 입소문을 타기 시작했고, 어느 순간 폭발적인 반응으로 돌아왔다. 왠지 모르게 거리감이 느껴지는 도도한 말투이지만, 거침없고 재치 있게 받아치는 입담이 너무나 매력적이었다. 홈페이지 내에 잘못 기재된 정보로 피해를 봤다는 소비자 불만이 올라왔는데, 속촌아씨는 이에 "당장 홈페이지 담당자의 주리를 틀어 원상복구시키도록 하겠나이다"라며 센스 있게 대처했다.

한국민속촌의 팔로어들은 특히 적극적이었다. 그 '포텐'이 터져버린 사건은 그 유명한 '한국민속촌에 사는 소 이름 짓기 공모전'이었다. 처음에는 사내 공모로 시작한 이 공모전은 SNS에서 소위 '대박'이 났다. 한국민속촌 관계자는 "소 이름 공모를 통해 당시 1,000명도 안 되던 SNS 팔로어 수가 4만 명을 돌파했다"고 말했다. 뒤이은 '한국민속촌 개 이름 짓기 공모전' 역시 1만 명이 넘는 사람들이 참여했고, 우리는 이제 대국민 참여로 이름을 갖게 된 '복순이'(소)와 '풍월이'(개)를 한국민속촌에서 만나볼 수 있게 되었다. 기억조차 못했을 민속촌에 사는 동물조차도 한국민속촌 고객이 직접 이름을 지어준, 꼭 보고 와야 하는 인기 스타가 되었다. 한국민속촌은 이렇게 고객과의 관계를 한 겹 더 쌓았다.

"혹여나 민속촌에서 대낮에 500명이 얼음땡을 한다면 참가하시겠나이까?"

한국민속촌 트위터 계정이 올린, 터무니없어 보이는 이 제안은 매해 연이은 완판과 매진을 선보이는 한국민속촌의 대표 여름 행사 '500 얼음땡'의 탄생을 낳았다. 이 행사가 열린 첫해에는 1, 2차 티켓이 모두 10분 만에 매진되었고, 2015년, 2016년에는 1차 티켓 1분 매진, 2017년에는 10초 만에 매진되는 기염을 토했다. 우리 민족 전래 놀이인 '순라잡이'를 재해석한 '500 얼음땡'은 말 그대로 22만 평의 한국민속촌을 배경으로 500명의 대규모 인원이 쫓고 쫓기며 얼음땡을 하는 것이다.

'500 얼음땡'은 그냥 던진 제안이 현실화되었다는 점에서 의미가 있는 것이 아니다. 한국민속촌의 소 이름과 개 이름을 지어주던 적극적인 팔로어들이 속촌아씨에게 역으로 게임 방식을 제안하기 시작했다는 데 의미가 있다. 기획 단계에서부터 진행까지 SNS상에서 팔로어들의 자발적인 목소리로 만들어진 이 행사는, 사실상 한국민속촌의 팔로어들과 '500 얼음땡' 참가자들, 즉 한국민속촌의 소비자들이 만든 행사였다. 무엇보다도 속촌아씨를 통한 한국민속촌과 고객 간의 단단한 유대 관계가 없었다면 실행되기 어려운 일이었다.

2014년은 한국민속촌의 입장객 수 추이에 엄청난 변화가 보이기 시작한 해인데, 이때는 한국민속촌 공식 유튜브 계정에 한국민속촌 캐릭터 영상이 대거 업로드되기 시작한 때와 맞물린다. 이 영상들은 한국민속촌측이 자체 촬영한 영상과 관람객들이 제보한 영상들을 모아 구성되었다. 이전부터 속촌아씨와 유대를 쌓아온 한국민속촌의 소비자들은 한국민속촌에서 목격한 재밌는 영상들을 속촌아씨에게 제보하기 시작했다. 살아 움직이는 민속촌 캐릭터들을 담은 영상이 공유되고 확산되기 시작하면서, 이들을 만나기 위해 한국민속촌을

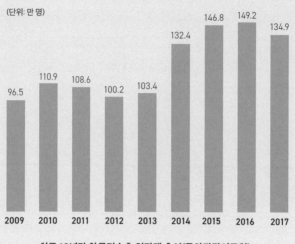

(단위: 만 명)

96.5 / 110.9 / 108.6 / 100.2 / 103.4 / 132.4 / 146.8 / 149.2 / 134.9

2009 2010 2011 2012 2013 2014 2015 2016 2017

최근 10년간 한국민속촌 입장객 추이(문화관광연구원)

찾는 발길이 부쩍 늘기 시작했다. 그동안 한국민속촌에 등돌리고 있었던 소비자이자 인터넷과 SNS의 주요 사용층인 10대부터 20~30대의 젊은층이 대거 유입된 이유이기도 했다.

한국민속촌에서 30년 동안 주차장을 관리해온 담당자는 최근 들어 방문객의 세대층이 확 바뀌었다고 말한다. 젊은 세대와 어린아이가 있는 가족들이 한국민속촌 캐릭터와 놀기 위해 방문하기 시작했고, 유치원생 및 청소년들의 소풍 장소로도 다시 인기를 끌기 시작했다. 2014년부터 한국민속촌의 인기가 다시 치솟기 시작했고, 이는 한국민속촌 소비자들이 만들어낸 양의 되먹임 덕분이다. 한국민속촌의 팔로어이자 팬, 소비자들은 자발적으로 거대한 되먹임을 만들어낸 대표적인 예이다.

2014년부터 일부 관객들이 직접 특정 캐릭터로 분장하여 기존 '한국민속촌 캐릭터'들과 함께 호흡하기 시작한 새로운 양상은, 소비자들이 한국민속촌에서 전달하고자 했던 가치와 정보를 여러 방식으로 공유하고 재해석하여 확산하는 모습을 여실히 보여주는 사건으로, 오프라인에서의 마중물 역할을 톡톡히 해주었다. 이 열정적인 소비자들은 재치와 순발력을 자랑하는 한국민속촌 캐릭터와 함께 다른 관람객들에게 또다른 재미와 구경거리를 선사하는 시너지를 낳았다.

이렇게 관람객이 컨텐츠 생산의 주체가 되고, 나아가 컨텐츠 그 자체가 되어버린 현상은 그 어디에서도 볼 수 없었다. 결국 한국민속촌에서의 경험과 그에 대한 애정을 공유하고 확산하는 소비자들의 집단화가 이루어졌고, 소비자들은 소통과 상호작용을 통해 예측할 수 없는 되먹임 현상을 만들어냈다.

한국민속촌의 진화―브랜드 X팩터 전략

한국민속촌은 온라인과 오프라인의 경계를 허물며 소비자와 소통하고 있다. 한국민속촌의 소비자들 역시 스스로 원하는 컨텐츠로 만들고 이를 온라인, 오프라인 할 것 없이 공유하고 재생산하고 또 확산한다. 한국민속촌은 실시간으로 파악하고 소통할 수 있는 온라인만이 아니라, 한국민속촌 현장에서도 소비자들이 직접 행동하고 소통할 수 있는 공간을 열었다. 소비자들은 한국민속촌에서의 경험과 그에 대한 애정을 공유하는 소비자 간의 상호작용을 끊임없이 만들어냈다. 한국민속촌은 그들의 상호작용에 의한 되먹임을 지켜보고 이따금 직접 참여하기도 하며(촉매) 한국민속촌을 다시 만들어나갔다. 소비자들끼리 컨텐츠를 생산하고 가공하고 공유하며 만들어낸 '새로운 진화'라는 밥상에 한국민속촌은 그저 숟가락을 올린 격이다.

전략적으로 의도했든 의도하지 않았든 한국민속촌의 성공 사례는 브랜드 X팩터 전략의 실행, 그 자체다. 전통문화 테마파크라는 새로이 진화한 공간에서 소비자들은 '한국민속촌 캐릭터'를 통해 상호작용하고, '속촌아씨'를 통해 마치 살아 있는 한국민속촌과 소통한 듯 느꼈을 것이다. 한국민속촌과 소비자가 만든 이 끈끈한 유대와 신뢰는 한국민속촌을 살아 있는 브랜드로 만들었다. 또한 멈춰 있는 옛 전통문화를 살아 있는 지금의 문화로 만들어가고 있다. 사실 한국민속촌이 찾아낸 재기의 아이템은 속촌아씨도, 광년이도, 사또도 아닌, 바로 매일같이 목소리 내기 바쁜 우리, 소비자들이 아닐까?

브랜드는 소비자가 만든다.

3부

브랜드 사고
Brand Thinking

1장

어떤
브랜드가
매력적인가

많은 브랜드들이 시장에 성공적으로 진입하거나 새로운 시장 질서를 창출한 이후에는 다음 단계 행보에 대해 깊이 고민한다. 매출이 꾸준히 오를지, 시장 질서가 지속적으로 유지될지, 소비자들의 충성도는 어떻게 변할지 등 경쟁 우위를 유지하는 데 위협 요소가 너무 많기 때문이다. 그래서 대대적인 광고 홍보를 준비하기도 하고, 기존 고객 유지를 위한 마케팅 프로그램을 강화하기도 하고, 신제품 런칭을 기획하기도 하는 등 대안을 마련하고자 고민한다.

그러나 무엇보다 중요한 것은 시장을 보는 관점이다. 변화한 시장 시스템은 무엇이고 어느 방향으로 갈 것이며, 수시로 바뀌는 시스템에서 자사 브랜드는 어느 단계에 있으며, 소비자들은 어떤 상호작용을 하고 있는지 끊임없이 주시해야 한다. 시장에서의 미시적인 상호작용과 거시적인 현상을 동시에 주시하며, 여전히 매력 있는 브랜드로서 브랜드 X팩터를 유지하고 있는지 관리해야 한다.

브랜드 관리 모델을
수립하라

기존의 단순계 논리에 바탕을 둔 경영, 마케팅, 브랜드, 광고 전략 등은 20세기까지 일종의 닫힌 시스템에서(글로벌 거대 기업들의 독점, 소수 경쟁 체제, 정보 공유의 어려움 등에 의해) 몇몇 거대 기업들이 시장을 장악하는 도구로 역할을 해왔다. 그러나 21세기에 들어 기업들은 이전과는 다른 비즈니스 환경에 맞닥뜨리게 되었다. 무엇보다도 인터넷과 스마트폰, 소셜미디어의 발전으로 다양한 정보를 공유할 수 있게

	전통적 브랜드 관리 모델	브랜드 X팩터 관리 모델
단순계에서 복잡계로의 패러다임 전환		
이론적 배경	단순계	복잡계
관점	요소환원주의, 인과적 결정론	포괄주의, 시스템 사고
중심 개념	선형, 기계론	비선형, 유기론
요인(요소)에서 현상(전체)으로의 패러다임 전환		
전략적 개념	결정론	결정론 + 확률론
전략의 구조	하향식	상향식
전략 모델	브랜드 아이덴티티 모델	브랜드 X팩터 모델
자기 조직화하는 브랜드로의 패러다임 전환		
브랜드 관리 목표	브랜드 자산 구축	브랜드 진화
소비자와의 관계	소비자, 프로슈머	브랜슈머

전통적 브랜드 관리 모델과 브랜드 X팩터 관리 모델

되었고, 이는 소비자와 기업 간, 소비자와 소비자 간의 상호작용이 매우 용이해지는, 의미 있는 변화를 일으켰다. 브랜드 3.0 패러다임은 심층 기반의 변화에 의한 딥체인지를 담을 수 있는 그릇이다. 또한 브랜드 X팩터 전략은 새로운 브랜드 패러다임의 방법론으로서, 복잡한 시장 환경에 새로운 질서를 구축하는 방안을 제시할 것이다.

단순계에서 복잡계로의 패러다임 전환

갈릴레오와 뉴턴의 시대 이후 20세기까지 물리학, 수학, 논리학을 중심으로 의학, 생태학, 경제·경영학까지 모든 과학의 논리적 바탕이 되어 지금까지 질서를 형성해온 것이 바로 단순계 패러다임이다. 앞서 밝힌 대로, 단순계의 핵심은 요소환원주의다. 김용운 교수는 『카오스의 날갯짓』(김영사, 1999)에서 이를 다음과 같이 설명하고 있다.

경제학의 아버지로 일컬어지는 애덤 스미스로부터 경제계는 요소환원주의적 사고(단순계)의 틀 속에 머물러왔습니다. 즉 복잡한 경제 현상도 요소로 분석해가다 보면 결국엔 자신의 이익을 얻기 위해 합리적으로 행동하는 '경제인'이라는 하나의 단위로 귀착된다는 입장이었습니다. 그러나 실제로 경제계에는 폭등을 예상했던 주가의 폭락, 급격한 환율의 변동 등과 같은 기존의 경제 이론으로는 설명되지 않는 일들이 벌어지고 있습니다. 그것은 경제계에 단순히 '경제인'의 활동이 아닌 다른 요소가 작용하고 있기 때문입니다. 이와 같이 종전의 요소환원주의적 사고로는 규명할 수 없는 세계는 비단 과학이나, 의학, 경제뿐만이 아닙니다. 사회, 문화, 등 여러 분야에서 단순계의 사고로는 파악되지 않는 여러 문제점들이 제시되고 있습니다.

사물을 분석할 수 있는 최소 단위의 요소로 쪼개어 밝혀진 요인을 통해 결과를 설명하고 예측하는 방식인 단순계 패러다임은, 일정 부분 명쾌하고 설득력이 있어 오랫동안 과학적인 방법으로 여겨졌다. 예를 들어, 새로 런칭할 브랜드의 시장성을 타진하기 위한 기업의 경영 기획서나 마케팅 전략안을 보면 여러 종류의 수치들이 나온다. 시장 규모, 예상 매출액, 마케팅 예산, 핵심 타겟 규모 등의 수치들은, 대부분 최소 단위로 쪼개 분석한 숫자에 중요도에 따라 가중치를 부여하여 얻은 예상 수치들이다. 그런데 이런 예상 수치들은 얼마나 정확할까? 이러한 접근 방식은 이전부터 해온 경험 법칙이기 때문에 당연하게 사용되는 경우가 대부분일 것이다. 논리 전개상 무리만 없다면 단순화시켜 수치로 보여주는 정량적 접근이 설득력 있고 반박하기 어렵기 때문이다.

그러나 '1+1=2'와 같은 단순계의 기계론적 방법론으로는 더욱 복잡해진 현대사회의 다양한 현상을 설명하기 어렵고, 예측하기는 더더욱 불가능하다. 분석을 위해 전체를 요소로 나누는 순간, 요소들 간의 상호작용으로 나타나는 '새로운 부분'을 상실하기 때문이다. 이 새로운 현상을 알기 위해 필요한 새로운 사고의 틀이 '복잡계'다.

'복잡계'란 말 그대로 '복잡한 시스템complex system'이다. 우리말에서 '복잡하다'고 하면 흔히 뒤죽박죽된 상태를 연상하는 경우가 많다. 그러나 이것은 영어로는 'complicated'에 해당하는 의미이다. '복잡한'이라는 의미의 영어는 'complex'로, 그 어원은 라틴어의 'complexus'이다. 이 단어는 '엮는다'는 뜻의 그리스어 'pleko'와 '함께'라는 뜻의 접두사 'com-'이 붙어 만들어진 말이다. 즉 '함께 엮임'으로써 겉으로는 혼란스러워 보이지만 질서 정연한 상황을 의미한다. 한자로 '복잡'은 '겹칠 또는 겹옷 복複'과 '섞일 잡雜'의 합성어로 '여러 빛깔의 실을 섞어 옷을 만든다'는 뜻을 가지고 있다. 이렇게 보면 복잡하다는 말은 옷감의 씨줄과 날줄을 함께 엮어 겉으로는 쉽게 드러나지 않는 일정한 구조와 질서를 만들어낸다는 뜻으로 해석할 수 있다.

'복잡계'라는 말은 혼란스럽고 무질서해 보이는 겉모습 뒤에 일정한 구조와 질서를 유지하고 있는 '계' 시스템이라는 뜻이다. 그리고 이러한 숨겨진 질서를 밝히기 위한 방법론으로 포괄주의와 프랙탈 이론이 필요하다.

포괄주의

단순계의 핵심적인 관점은 요소환원주의다. 단순계는 '하나의 원인에 의해 하나의 결과가 결정되는 시스템'이고, 이러한 하나의 원인을 찾아가는 방법론이 바로 요소환원주의다. 반면에 포괄주의는 복잡계 패러다임의의 방법론으로, 시스템의 특성은 단순히 그 구성 요소의 합으로는 설명할 수 없으므로 '비선형적 상호작용이 이루어진 전체'를 알아야 한다는 논리다. 즉 포괄주의를 정의하자면, '전체>개별의 합'이 된다. 이는 전체는 개별 구성 요소의 합을 넘어서는 무언가가 있다는 시각이며, 전체의 합을 넘어서는 그 무언가란 바로 구성 요소들의 상호작용에 의해 나타나는 현상이다.

단순계의 관점이 요소로 쪼개는 과학이었다면, 복잡계의 관점은 전체로 합치는 과학인 것이다. 증시가 갑작스럽게 대폭락하거나 이상 과열되는 현상, 2002년 한일 월드컵에서 나타난 붉은악마 현상, 어떤 기업의 값싸고 질 좋은 제품에 대한, 소비자들의 예상치 못한 냉담한 반응 등 우리 주변에서 발생하는 다양한 현상들은 단순히 원인을 쪼개 찾아가는 요소환원주의적 관점으로는 해석하기 어렵다. 그러므로 구성 요소들의 상호작용에 의해 나타나는 전체적인 현상을 이해하고 분석하여 해석하는 포괄주의적 관점이 필요하다.

프랙탈

'프랙탈fractal'은 1975년 망델브로가 기하학에서 출발하여 개념화한, 자기 유사성과 분수 차원을 지닌 도형을 지칭한다. 자기 유사성이란, 어떤 일부를 확대해보더라도 전체 모습과 그 본질에서 유사하다는 뜻이다. 여기서 유사성이란 반드시 모양이 닮았다는 것만을 뜻하는 것은 아니다. 통계적 특성이 같아도 자기 유사성이 있는 프랙탈이라 할 수 있다. 망델브로가 프랙탈이라고 명명한 집합은, 자기 유사성을 전제로 끊임없이 자기복제를 반복하는 순환성을 지닌다. 프랙탈이 고전적인 유클리드 기하학보다 자연현상을 더 잘 표현할 수 있는 핵심적인 이유는 바로 이 자기 유사성과 자기복제 때문이다. 자연에는 자기복제를 전제로 한 자기 유사성의 특징이 많다. 일정 기간의 날씨 패턴은 긴 주기의 날씨 패턴과 닮았다. 나뭇가지는 나무와 닮았고, 바위는 산과 닮았다.

프랙탈은 유클리드 기하학에서는 배제했던, 무질서하고 불규칙해 보이는 자연현상에 내재된 또다른 질서와 규칙을 더 잘 포착하게 해준다. 특히 자연과학과 의학 분야에서 컴퓨터 공학을 응용하게 되면서, 프랙탈 이론을 적용해야 할 분야가 점점 늘어나고 있다. 오늘날 '혼돈 이론chaos theory'과 관계된 연구와 더불어 복잡계와 관련된 연구를 진행하는 데 프랙탈 이론은 필수적이다. 다양한 분야에서 나타나는 카오스 현상을 그래프로 표시하면 프랙탈 현상이 드러나기 때문이다.

프랙탈의 정의와 특징은 시사하는 바가 크다. 20세기까지 세계는 선형적으로 표준화할 수 있는 유클리드적 질서가 지배하고 있었으나, 21세기는 거의 혼돈에 가깝게 비선형적이고 비표준적인, 복잡한 현상들이 지배하는 시대로 급변하고 있다. 최근 이런 변화를 설명하기 위해 '복잡계 과학', '혼돈 이론' 등이 널리 확산되고 있으나, 이런 이론과 개념은 비선형성, 복잡성, 창발성, 혼돈으로부터 질서의 탄생과 같은 새로운 현상을 설명하기 위해 20세기 후반에 등장한, 다양한 과학 이론들을 포괄하는 '현상 기술적인' 명칭들일 뿐이다. '복잡계 경영'과 같은 개념은 복잡한 과정을 잘 헤쳐나가는 경영 기술이 필요하다는 것을 제시할 뿐 '어떻게'라는 실체를 보여주는 개념은 아니다.

이러한 이유로 복잡하고 무질서해 보이는 창발적 현상들 속에서 '어떻게' 새로운 질서가 출현하고 있는지에 주목하면서, '어떻게'를 설명하는 방법론으로 프랙탈 이론이 요구된다. 마찬가지로 더욱 복잡해진 소비자 행동을 설명하고 예측하기 위해서는, 즉 그들의 상호작용을 설명하고 재현해내기 위해서는, 프랙탈 관점에서 기존의 브랜드 전략과 모델을 전면적으로 리모델링해야 한다.

요인에서 현상으로의 패러다임 전환

요인에서 현상으로 패러다임을 바꾸는 것은 분석적 차원의 관점이다. 모든 구성 요소들이 독립적으로 존재하고, 따라서 이들 독립 요소들을 분석하면 그 결과를 예측할 수 있다는 선형적 논리는 요인(요소)과 현상(결과)을 동일선상에 놓고 해석한다는 커다란 문제점이 있다. 'A(요인)하면 B(현상)한다'라는 요소환원주의적 선형 논리로는 다양한 구성 요소들의 상호작용으로 나타나는 유기적이고 비선형적인 현상을 해석조차 하기 어렵다.

요인에서 현상으로 관점을 전환한다는 것은, 결정론적 시각(유클리드)에 확률론적 시각(프랙탈)을 더해주어야 한다는 것, 브랜드 X팩터 전략의 구조는 상향식으로 전략적이자 동시에 전술적이라는 것, 진화 전략이 핵심적인 관리 모델이라는 뜻이다. 이중 진화 전략은 앞에서 충분히 설명했다.

• 결정론을 포함하는 확률론

인과적 결정론은 단순계 논리의 핵심적인 개념으로, 인간의 행위를 포함하여 세상에서 일어나는 모든 일들은 그것이 특정한 때와 장소에서 일어나도록 미리 정해졌다고 보는 것이다. 기계론적 세계관에서는 모든 요인과 결과가 톱니바퀴처럼 맞물려 움직인다고 해석하기 때문에 가능한 생각이다. 그러나 현실은 국가, 사회, 기업, 조직, 그리고 하나의 브랜드조차 모두 살아 움직이는 유기체여서 우리가 예측한 대로 결과가 나타나는 경우가 거의 없다.

살아 있는 유기체는 각각의 구성 요소들이 상호작용하며 스스로 변해가고 또 적응해간다. 다양한 요인들이 서로 영향을 주고받으며 새로운 현상(결과)을 나타내는 복잡계의 확률론적 시각으로 전환하지 않는다면, 모든 결과에는 원인이 이미 정해져 있다는 결정론의 오류를 범하고 말 것이다. 확률론은 결정론을 바탕으로 하되, 매 순간 직접 예측할 수 없게 변화하는 환경에 대처하여 브랜드가 진화해갈 수 있도록 해결 방안을 제시한다. 브랜드 X팩터 전략의 힘은 이처럼 단순계 논리를 기본으로 하면서도 복잡계 논리를 합쳐 참값에 가까운 전략을 수립하는 데 있다.

• 상향식(전략적이자 전술적)

전통적인 브랜드 관리 모델은 전술보다는 전략적인 측면을 강조했다. 사실은 전술적인 부분은 무시하는 경향이 컸다. 그에 따른 체계도 늘 하향식top-down approach이었다. 즉 기존의 브랜드 리더십brand leadership, 브랜드 아이덴티티brand identity, 브랜드 개성brand personality, 브랜드 아키텍처brand architecture 전략 등 기본적으로 기업 차원에서 먼저 전략을 수립한 후 내부적인 확산과 소비자와 관계 맺기consumer relationship를 하게 된다. 여기서 전략적이라 함은 소비자와의 관계를 위해 좀더 세밀한 전술을 수립하기보다는 기업 내에서 관리 차원의 브랜드 전략 수립에 중점을 둔다는 뜻이다.

반면에 브랜드 X팩터 관점의 브랜드 관리 모델은, 앞에서 설명한 바와 같이 시장 상황, 경쟁사, 그리고 무엇보다 소비자가 브랜드를 만드는 주체라 생각하고 기업보다는 브랜드를 둘러싸고 있는 시장 환경에 적합한 브랜드 전략을 수립하여 브랜드 진화를 도모한다. 이러한 상향식bottom-up 체계는 브랜드의 전략뿐 아니라 전술적인 부분도 효과적으로 관리할 수 있다는 장점이 있다.

지금과 같이 복잡하고 다양한 요인들이 서로 맞물려 작용하는 시장에서는, 전략의 중요성과 함께 그러한 전략을 실제로 수행하는 전술도 더욱 중요해지고 있다. 다양한 구성 요소들에게 영향을 줄 수 있는 전술적인 부분을 효과적으로 관리해야, 브랜드 진화라는 목표를 달성할 수 있기 때문이다.

자기 조직화하는 브랜드로의 패러다임 전환

브랜드 X팩터 전략의 관리 모델은 소비자가 브랜드를 만들어가는 '자기 조직화'의 관점으로 본다. 유기체가 속한 복잡계는 열린 시스템이므로, 외부로부터 에너지가 자유로이 드나들면서 개별 요소들의 상호작용을 통해 스스로 새로운 계층의 조직을 만들어갈 수 있다. 이러한 창발적인 질서를 만들어가는 과정이 바로 '자기 조직화self—organization'이다. 하위 수준(구성 요소)에는 없는 특성이 상위 수준(전체 구조)에서 나타나는 것이 바로 자기 조직화이기 때문이다.

따라서 소비자가 브랜드를 만들어갈 수 있도록, 기업은 위에서 강제로 조직된 하향식 질서가 아니라 아래에서 자발적으로 조직된 상향식 질서가 만들어지도록 해야 한다. 브랜드 3.0 패러다임으로의 전환은, 소비자들을 브랜드를 만들기 위해 스스로 상호작용하고 자기 조직화하는 주체로 바라보는 것이며, 또한 스스로 무한한 자기복제를 통해 비선형적 현상을 만드는 브랜슈머로 인정하는 것이다.

시장 분석의
틀을 바꿔라

열린 시스템에서의 브랜드 진화 프로세스

지금까지 브랜드 X팩터 전략의 전반적인 브랜드 관리에 대해 알아보았다. 그러면 브랜드 X팩터 전략으로 바라보는 시장은 어떤 모습일까? 시장을 바라보는 사고의 틀, 즉 패러다임은 전체적인 브랜드 전략이나 실행에까지 영향을 미친다. 따라서 시장을 에너지가 자유롭게 드나드는 열린 시스템으로, 브랜드를 살아 있는 유기체로 보는 브랜드 X팩터 전략은 전통적인 브랜드 관점과는 무엇이 어떻게 다른지 알아야 한다.

먼저 시장 시스템에 대해 생각해보면, 열린 시스템의 시장은 새로운 창발 현상을 보이므로 복잡계이다. 복잡계 시스템을 이해하기 위해서는 우선 전체적인 시스템의 구성과 창발 과정을 이해해야 한다. 복잡계의 평형 상태에서 혼돈의 가장자리를 거쳐 창발에 이르는 과정은 크게 네 단계로 구분되며, 이를 윤영수, 채승병의 『복잡계 개론』(삼성경제연구소, 2005)에서 아래의 도표와 같이 설명하고 있다.

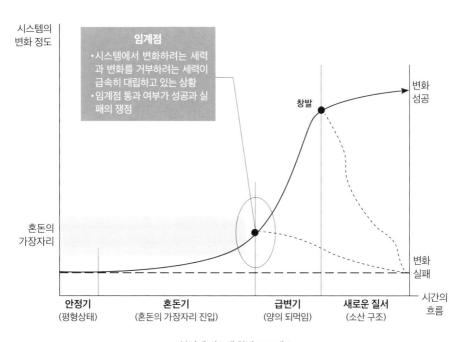

복잡계 시스템 창발 프로세스

• 안정기(평형상태)

복잡계 시스템의 첫번째는 평형상태로, 이는 시스템이 지극히 안정되어 있는 단계이다. 이 단계에서는 결정론이 지배하며 시스템의 변화가 거의 없다. 평형상태에서 결정론이 지배한다는 것은, 새로운 질서가 대세로 작용하여 다른 비선형적 현상이 작동하기 어려운 상황임을 뜻한다. 브랜드 X팩터 그리드를 통해 분석해보면, 질서 공간에 2~3개 브랜드가 강력하게 자리잡고 기존 질서를 유지하고 있는 상황이 여기에 해당한다.

TV를 예로 들면, 1926년에 TV가 처음 시장에 나온 이래로 1953년에 컬러 TV가 발명되기 전까지는 흑백 TV가 시장을 지배했다. 약 30년간 흑백 TV를 만드는 몇몇 주요 가전 회사들이 시장을 지배하던 단계로, 지극히 안정되어 있는 평형상태였다.

• 혼돈기(혼돈의 가장자리 진입)

두번째는 시스템에 조금씩 변화가 일어나는 단계이다. 세계적인 물리학자 일리야 프리고진Ilya Prigogine은 오히려 무질서가 정상이고 질서는 비정상이라고 했다. 질서 정연한 상황에서 질서가 깨지면서 점점 무질서해지는 상황으로 이행하는 단계를 혼돈기라고 한다.

어떤 시스템이건 질서 정연한 것은 우연한 현상이고, 조금씩은 질서가 깨져 있다. 이 관점에서 보면, 우리 일상에 있는 대부분의 시스템은 바로 두번째 단계 어디엔가 위치하고 있다. 여기에 새로운 변화의 동력이 유입되면서 서서히 '혼돈의 가장자리'로 다가가 우연한 섭동이나 요동에 의해 창발이 일어난다.

예를 들면 컬러 TV도 처음 나오자마자 바로 시장에 확산된 것은 아니다. 컬러 TV는 흑백 TV 시장을 잠식하면서 시장을 서서히 혼돈의 가장자리로 몰아갔다. 이때 컬러 TV 방송도 한몫했다. 컬러 방송이 시작되어 시청자들을 원색으로 자극하면서 유행을 이끄는 매체가 되었기 때문에, 시장이 혼돈의 가장자리를 향해 나아갈 수 있었던 것이다.

• 급변기(양의 되먹임)

세번째는 시스템이 임계점을 통과하면서 급격한 변화를 통해 새로운 질서를 창출하는 단계이다. 이 단계에서는 환경적 섭동이나 미시적 요동이 시스템 전체로 급속히 증폭되어, 복잡하지만 정연한 새로운 질서가 만들어진다. 이 단계에서는 시스템 구성원들 사이에 활발한 자기 조직화 현상이 발생하며 '공진화co-evolution'가 일어난다.

컬러 TV의 시장 여건이 혼돈의 가장자리에서 임계점을 넘어서면, 흑백 TV에서 컬러 TV로 급속한 전환이 이루어져 컬러 TV가 시장의 주력 제품이 된다. 당시 컬러 TV 경쟁력을 떨어뜨린 요소는 컬러 방송 프로그램이 다양하지 못하다는 점과, 경쟁 제품인 흑백 TV에 비해 컬러 TV의 화면 크기가 작다는 점이었다. 대형 흑백 화면에 익숙한 소비자는 소형 컬러 화면에 적응하기를 거부했다. 방송사들은 처음에는 한두 편의 프로그램을 컬러로 송출하다 그 수를 점진적으로 늘려 나중에는 전체 프로그램을 컬러로 송출했다. TV 제조 회사들은 기술 혁신을 통해 점점 화면이 큰 TV를 생산해 냈고 앞다투어 가격을 인하했다. 이 두 가지 문제가 어느 정도 해소되는 순간, 변화를 가로막고 있던 팽팽한 균형이 깨지면서 컬러 TV의 수요가 급속히 증가했다. 이 단계가 급변기이다. 만약 이 과정에서 임계점을 통과하지 못하면 변화는 실패하고 오히려 과거의 질서로 회귀한다.

• 새로운 질서(소산 구조)

네번째는 시스템의 변화가 정착되어 안정화되는 단계이다. 즉 성공적인 창발이 새로운 질서로 구축된 것이다. 이 단계에서는 다시 결정론이 시스템을 지배한다. 흑백 TV를 밀어내고 컬러 TV가 새로운 질서로 자리잡는 순간, 다시 브라운관 컬러 TV와 신흥 브랜드들이 시장에 진입하기 시작했다.

만일 새로운 질서를 유지하려는 노력을 소홀히 여긴다면, 시스템은 또다시 과거로 돌아가고 만다. 우리가 흔히 이야기하는 반짝 스타나 최신 유행, 단명한 수많은 기업과 브랜드들 등, 갑자기 등장했다가 주류로 정착되기 직전에 사라져버린 수많은 창발 현상들이 그런 사례이다.

브랜드 X팩터 전략에 따른 시장 분석의 틀

복잡계의 창발 프로세스를 기반으로 한

브랜드 X팩터 전략의 시장 환경 분석과 진단을 위한 분석 틀은 다음과 같다.

　브랜드 전략 수립을 위해서는 전반적인 시장 상황 분석과 브랜드 분석 과정이 필수적이다. 브랜드가 속해 있는 시장이 어떤 구조로 이루어져 있고, 시장의 구성 요소는 무엇이며, 전체 시스템에서 브랜드가 현재 어느 단계에 있는지를 분석해야 한다. 그리고 시장에 이미 존재하고 있는 브랜드들의 질서 공간을 분석하고, 새로운 무질서 공간에 대해 다각도로 분석하는 것 또한 매우 중요하다.

　시장 분석과 진단의 첫번째는 기존 질서에 대한 분석이다. 열린 시스템의 시장은 적응과 진화라는 변화 과정을 지속한다. 이러한 시장 변화 과정에는 반드시 기존에 존재하고 있는 구질서가 있다. 그리고

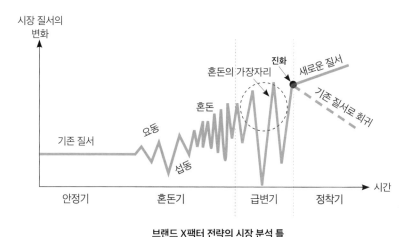

브랜드 X팩터 전략의 시장 분석 틀

기존 질서를 분석하기 위해서는 시장 시스템에서 분석 범위를 어디까지로 한정할 것인가를 먼저 정해야 한다. 이때 앞서 설명한 '제품 단계product level' 모델을 활용하는 것이 바람직하다.

기존 질서를 분석할 때는 시장을 장악하고 있는 핵심 브랜드들을 분석해야 한다. 시장을 이끌고 있는 강력한 브랜드가 있는지, 있다면 어떤 브랜드이고 그 이유는 무엇인지, 시장 질서를 구성하는 경쟁 브랜드들은 어떠한 상황에 있는지 분석해야 한다. 기존 질서 분석에서 가장 중요한 점은, 이들 브랜드들이 만들어내는 현상을 정확히 알아내는 것이고, 이 현상이 소비자들의 어떤 상호작용에 의해 형성되었는지, 꼬리표는 무엇인지 분석하는 것이다.

기존 질서를 분석한 이후에는 두번째로 요동과 섭동을 분석하는 단계로 넘어간다. 우리 주변에 있는 대다수 일상 제품들이나 시스템들은 복잡계 진행 과정에서 요동과 섭동 중 어디엔가 위치하는 경우가 많다. 앞서 본 혼돈기에 해당한다. 요동과 섭동은 유사한 개념이지만 약간 차이가 있다. 요동은 시스템 내부의 구성 요소들에서 발생하는 변동이고, 섭동은 시스템 외부에서 가해지는 변동이다. 시장 환경에서 보면 자사, 경쟁사, 소비자 등에서 발생하는 변동은 요동이고, 정부의 정책 변화나 다른 사회적인 현상이 영향을 미치는 변동은 섭동이다.

앞에서 설명한 TV 시장이나 대부분의 IT 관련 시장처럼 제품과 관련된 핵심 기술이 빠르게 발전 또는 변화하는 시장은 급격한 단절

현상을 보이기도 하지만, 일반적인 제품이나 업종에서는 새로운 질서 구축을 위한 진화 전략을 제대로 수립하지 못해 일진일퇴하는 경쟁 상황, 즉 혼돈기가 오랫동안 유지되는 경우도 많다.

열린 시스템에서는 아주 작은 요동이나 섭동이 이후 창발로 연결되는 커다란 변동 요인이 될 수 있다. 우리가 흔히 말하는 '나비효과'가 바로 그것이다. 초기의 미세한 영향(요동)이나 섭동이 최종 현상으로 거시적인 변화를 일으킬 수 있기에, 요동과 섭동에 대한 분석이 매우 중요하다. 하지만 한편으로는 어떤 요동이나 섭동이 후에 거시적인 변화를 불러일으킬지 예측하기 어려우므로 그동안 무시되어왔다.

따라서 의미 있는 요동이나 섭동을 알아내기 위해서는, 각 요인들이 다른 구성 요소들과 어떠한 상호작용을 하며 상호작용의 결과는 무엇인지를 면밀히 검토해야 한다. 브랜드 X팩터 전략이 중요한 이유다.

다시 TV 시장을 예로 생각해보자. 흑백 TV에서 컬러 TV로 바뀐 시장 질서는 2000년대 초반까지 평형상태를 유지했다. 당시에는 삼성, LG, 대우 등 중저가 국내 브랜드와 소니를 선두로 한 프리미엄 외국 브랜드가 각축을 벌이던 시기이다. 그러나 2000년대 중반 이후 TV 시장에서 요동이 발생했다. 여러 브랜드에서 끊임없는 기술 개발로 다양한 크기의 LCD, PDP TV를 출시했고, 초기에는 300만 원이 넘던 42인치 LCD TV가 치열한 가격 경쟁으로 인해 점차 가격이 하락하기 시작했다. 이 섭동의 요인은, 지상파방송국들이 2008년 말부터 모든 방송 프로그램들을 HD 화질로 제공한 것이다.

이러한 요동과 섭동 요인들로 인해 기존 질서였던 브라운관 TV라는 벽이 허물어지면서, 대부분의 가전 기업들이 LCD, PDP TV 시장에서 주도권을 잡기 위해 앞다투어 뛰어드는 시기로 접어든다. 브랜드 차원에서는 삼성과 LG가 아날로그 시대의 후발 주자에서 디지털 시대의 선두주자가 되는 기회를 맞이한 시기이기도 하다.

세번째는 혼돈의 가장자리에 대한 분석이다. 시장이 다양한 요동과 섭동의 요인들과 더불어 이들의 상호작용으로 인해 나타나는 현상들로 더욱 복잡해져, 혼돈이 시스템 전체로 퍼지며 혼돈의 가장자리까지 진입하게 되는 상황이다. 이 단계에서는 사소한 요동이나 섭동 하나만으로도 커다란 변화가 일어날 수 있어, 팽팽하던 기존 질서의 균형이 한쪽으로 급격히 쏠리는 현상이 발생할 수 있다. 반면 이 과정에서 임계점을 통과하지 못하면, 새로운 질서가 구축되지 못하고 과거의 질서로 서서히 회귀하게 된다.

이 단계의 텔레비전 시장은 LCD TV와 PDP TV가 기존 브라운관 TV 시장을 서서히 잠식하고, 신규 수요나 대체 수요의 소비자들은 무엇을 사야 할지 갈등이 깊어가는 시점이다. 그러다 결국 42인치급 LCD TV, PDP TV의 가격이 100만 원 이하로 떨어지고 공중파와 케이블 TV의 전체 프로그램이 HD 화질로 송출되는 시점이 되면서, 소비자들에 의한 양의 되먹임 현상이 일어나 시장은 급격하게 LCD TV, PDP TV 쪽으로 기울었다.

혼돈의 가장자리는 열린 시스템의 복잡계 특징을 나타내는 가장 중요한 개념으로, 말 그대로 혼돈과 새로운 질서의 경계에 있는 단계이다. 복잡계 과학의 핵심이 '무질서에서 새로운 질서를 형성해가는 과정을 분석하는 일'이므로 예측할 수 없는 혼돈과 새로운 질서 사이, 무질서에서 질서로 넘어가는 자리, 또는 새로운 질서를 잉태하는 단계로서 혼돈의 가장자리는 매우 면밀하고 주의깊은 분석이 필요한 단계이다.

네번째는 혼돈의 가장자리라는 소용돌이 같은 단계를 지나, 드디어 급격한 변화가 일어나는 고비가 되는 지점인 임계점 단계이다. 이 지점에 이르러 비로소 창발이라는 거시적인 현상이 나타난다. 브랜드 관점에서 창발은 기존 질서를 뒤로하고 새로운 브랜드 진화를 이끌어 낸 것과 같은 의미다.

2000년대 후반부터 LCD TV와 PDP TV가 앞서거니 뒤서거니 하며 HD TV라는 새로운 시장 질서를 구축했다. 그러나 LCD TV는 전기료가 적게 들고 선명한 화질이 장점이라면, 상대적으로 너무 뚜렷한 화질로 인해 가정용 텔레비전으로서는 눈에 피로감을 주고 화면에 잔상이 남는다는 단점이 지적되었다. 반면에 PDP TV는 LCD TV에 비해 상대적으로 가격이 저렴하다는 장점이 있는 반면, 전기료가 좀더 많이 나오고 열이 발생한다는 단점이 지적되었다. 이 두 종류 TV의 단점을 극복하기 위해 가전 업체들이 지속적으로 제품 진화에 노력을 기울인 결과, LED TV가 개발되어 새로운 질서에서 주도권을 잡고 시장을 움직이고 있다.

지금까지 창발이라는 거시적인 현상의 메커니즘에 따라 열린 시스템에서의 시장 분석을 설명했는데, 소비자들의 미시적인 상호작용에 대한 분석은 포함하지 않았다. 각 단계별로 소비자들이 만들어내는 다양한 상호작용들, 즉 브랜드 꼬리표와 되먹임을 중심으로 한 분석은 2부 2장~4장을 참고하기 바란다.

시장 분석 틀과 제품 단계

기존 질서, 요동, 혼돈의 가장자리, 창발로 이루어진 시장 시스템에서 브랜드가 현재 어느 단계에 있는지에 대한 분석은 브랜드 X팩터 전략 수립의 출발점이다. 위치 분석은 앞서 언급한 제품 단계와 밀접한 관계가 있다. 제품 단계는 매우 중요하므로 한번 더 살펴보기로 하자. 제품 단계는 브랜드 전략 수립의 목적, 시장 상황과 경쟁 상황, 시장의 복잡성에 따라 적합한 단계를 정

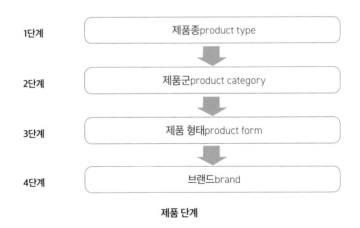

제품 단계

해 분석 틀에 적용한다.

1단계에 해당하는 제품종은 제품 단계에서 가장 상위 단계로, 다양한 하위 단계가 존재하여 하나의 시스템으로 한정하기에는 너무 광범위하다. 빙그레 '바나나맛 우유'가 속한 제품 단계는 우유(제품종)—가공 우유(제품군)—바나나맛 우유(제품 형태)—빙그레 '바나나맛 우유'(브랜드)의 순으로 형성되어 있다. 여기에서 우유의 제품종 단계는 브랜드인 빙그레 '바나나맛 우유'를 분석하기에는 너무 포괄적이어서 의미 있는 분석 결과가 나오기 어렵다. 따라서 제품종은 특별한 경우를 제외하고는 분석 단계로 적합하지 않다. 그리고 4단계에 해당하는 개별 브랜드의 경우는 제품 단계에서 가장 하위 단계로, 브랜드 자체는 시스템이 되기보다는 시스템을 구성하는 요소가 된다. 따라서 브랜드는 시스템 분석 틀을 이용한 분석 대상은 아니고, 브랜드 X팩터 그리드를 통해 질서 공간에서 의미를 알기 위하여 세밀한 브랜드 자체 분석이 필요하다.

일반적으로, 분석 틀을 적용하기에 적합한 제품 단계는 제품군과 제품 형태의 단계이며, 이는 실제로 브랜드가 속해 있는 시장 상황에 따라 결정해야 한다. 분석해야 할 제품 단계의 적용 범위가 정해지면, 시장이 복잡계 시스템에서 어느 단계에 있는지 위치 분석이 가능하다.

근삿값이 아닌
참값을 구하라

브랜드 X팩터 전략은, 살아 있는 유기체인 브랜드와 소비자가 시장에서 만들어내는 무질서 속의 숨겨진 법칙을 밝히고자 하는 것이다. 지금까지 우리는 거시적인 현상을 이해하기 위해 미시적인 구성 요소들의 통계를 활용해 예측해왔다. 그것을 참값으로 이해했지만 실제로는 근삿값이었다. 문제는 근삿값으로는 작은 차이나 오차가 결과적으로 큰 차이를 초래하는 열린 시스템에 대응할 수 없다는 것이다.

경영, 마케팅, 브랜드 전략에서 단순계의 질서 법칙에 의한 근삿값이 정답으로 받아들여져 오랜 기간 동안 실행되어온 반면, 무질서에 대한 법칙은 지금까지 미지의 세계에 가까웠다. 게다가 무질서를 밝히고자 하는 새로운 확률론적 접근법이 '예측'이라는 기존 과학의 필요충분조건을 만족시켜주지 못하는 상황이다. 하물며 질서와 무질서가 공존하는 딥체인지 세상의 법칙을 밝히기에는 어려움이 있는 것이 사실이다.

하지만 브랜드 X팩터 전략의 이론적 배경이 되는 프랙탈 방법론은, 단순계의 결정론과 복잡계의 확률론을 합친 것이다. 따라서 복잡계—프랙탈 접근법을 통해 질서와 무질서에 대한 '근삿값'이 아닌 '참값'을 구할 수 있다. 무질서 속의 질서를 밝힐 수 있다. 무질서를 야기하는 미시적인 상호작용과, 그로 인한 거시적인 현상을 설명하고 답을 줄 수 있는 것이다.

브랜드 X팩터 전략에 의한 참값을 이해하기 위해 먼저 알아야 할 개념이 있다. 재현에 대한 이해와, 예측과 재현의 차이를 아는 것이다.

예측과 재현

1997년 IMF 외환 위기를 겪은 지 10년 만에 다시 미국발 금융 위기가 찾아오고, 최근에는 악화된 글로벌 경제 상황으로 인해 또다시 어려운 시기를 맞았다. 세계가 열린 시스템, 다수의 경쟁 체계, 정보의 공유 등으로 얽히고설켜 있기 때문이다. 세계 주요 국가들의 자유 무역과 FTA 협정으로 국가 간 수출입의 상호 의존성이 높아지고 상호작용 또한 더욱 활발해졌다. 한 국가의 문제나 위기가 곧바로 다른 국가와 전 세계로 이어진다.

비선형적 현상이 분야나 업종을 가리지 않고 나타나, 이전의 경제 모델로는 복잡한 시장 환경을 이해하고 돌파할 해법을 얻기 어려운 상황이다. 최근에는 많은 기업들이 성공 사례를 찾기보다 실패 사례를 통해 지혜를 얻고자 한다.

많은 경제·경영 전문가들이 이를 격동의 시대라거나 불확실성으로 인한 위기의 시기라고 한다. 그러나 격동이나 위기, 혼돈을 키워드로 설명할 시기는 이미 지났다. 세계 경제 시스템은 살아 있는 복잡계로, 오랫동안의 유클리드(단순계) 질서에서 요동(격동)의 시대를 지나고 혼돈의 가장자리를 거쳐 새로운 질서를 구축하는 시기이기 때문이다. 격동의 시대에 적합한 위기관리 시스템, 불확실성에 대응하는 적응 시스템, 미래를 예측하는 최신 경영 모델 등은, 용어는 그럴듯하지만 이미 한발 뒤처진 주제들이다.

그러나 '예측'이라는 문제는 조금 다르게 봐야 한다. 예측의 문제는 시대가 바뀌고 패러다임이 바뀌어도 여전히 중요한 개념이기 때문이다. 하지만 지금까지 사용되고 있는 예측의 개념은 앞으로 많이 달라질 것이다.

"예측 가능한 것만이 과학이다"라는 명제는 단순계 관점이다. 반면에 "복잡하고 무질서하고 예측하기 어려운 것도 과학이다"라는 생각은 복잡계 관점이다. 이 두 관점은 각각 중대한 한계를 지니고 있다. 단순계에서 예측 가능성은 예측이 가능한 선형적인 대상에만 적용하고 그렇지 않은 것은 배제했기에 성립할 수 있었던 결과다. 입력과 출력이 비례하는 선형적인 관계에서는, 입력의 조건만 알면 언제나 결과를 예측할 수 있다. 인과론적 결정론이다. 그리고 선형적이지 않은 대상은 배제하거나 의도적으로 왜곡하여 선형적인 대상으로 바꾸어 설명한다. 실제의 참값으로 예측하는 것이 아니라 의도적으로 배제한 부분이 사라져 근삿값으로 예측하는 것이다.

반면에 복잡계의 '예측하기 어려운 것도 과학'이라는 명제가 경제·경영과 같은, 유기적이고 비선형적인 현상이 일어나는 분야에서 성립하기 위해서는 단순계의 인과론적 결정론과 같은 예측에 대한 구체적인 방법론이 있어야 한다. 또는 예측이라는 개념 대신 현상을 설명하고 일반화할 수 있는, 대안적인 개념을 제시할 수 있어야 한다. 그러나 아쉽게도 아직까지는 예측에 대한 복잡계 관점의 방법론이나 구체적인 대안은 뚜렷이 존재하지 않는다.

프랙탈은 단순계 결정론과 복잡계 확률론의 두 줄기를 합쳐놓은 것이다. 이 책에서 프랙탈 개념에 주목하고 구체적인 방법론으로 활용하는 이유이다. 프랙탈은 질서로부터 무질서로 넘어가는 가교이며, 무질서에서 질서가 탄생하는 창조의 원동력이다. 다시 말하면, 프랙탈 방법론으로 기존 질서에 대한 법칙뿐만 아니라 무질서에 대한 숨겨진 법칙을 밝혀 새로운 현상을 예측(사실은 재현)할 수 있다.

또한 프랙탈은 부분이 전체이고 전체가 부분에 있음을 알려준다. 프랙탈은 자기 유사성을 바탕으로 끝없이 자기복제를 한다. 따라서 부분을 알면 전체가 보이고, 전체를 예측할 수 있다. 예측에 대한 단순계의 한계와 복잡계의 대안 부재를 해결해주는 방법론이 바로 프랙탈이고, 프랙탈 관점의 전략이다.

프랙탈 관점의 방법론, 즉 브랜드 X팩터 전략은 비선형적 현상에 대해 왜곡이나 배제 없이 예측할 수 있는, 현재로서는 유일한 대안이다. 그러나 브랜드 X팩터 전략에서 예측이라는 용어는 단순계의 결정론을 언급할 경우에만 쓰일 것이다. 그 이유는 인과관계에 따른 예측이라는 용어의 뜻이 이미 우리에게 너무 익숙해서 새로운 의미를 담기에는 오해의 소지가 있으며, 또한 예측보다 더욱 적합한 개념이

예측: A ⇨ B (유클리드 관점)

재현: A ⇨ A' (프랙탈 관점)

예측과 재현

있기 때문이다. 그것이 '재현'이다.

위의 표를 보자. '예측prediction'은 'A하면 B한다'는 유클리드 관점의 인과론적 결정론으로 선형적 관계를 설명한다. 예측에서 A는 요인 또는 원인이고 B는 결과다. '눈이 오면 미끄럽다'거나 '자동차 타이어가 펑크 나면 교체한다' 등이 예가 된다. '재현recurrence'은 'A하면 A'한다'는 프랙탈 관점의 포괄주의적 시스템 사고로 비선형적 관계를 설명한다. 재현에서 A는 부분(부분적인 현상)이고 A'는 전체(전체적인 현상)가 되며, A와 A'는 같거나 혹은 통계적으로 같다.

따라서 예측이 원인과 결과를 규명하여 예측 가능성을 설명하는 개념이라면, 재현은 부분적인 현상과 전체적인 현상의 관계를 규명하여 재현 가능성을 설명하는 개념이다. 전체를 설명할 수 있는 재현에는 이미 기존의 예측이라는 의미를 포함하고 있다고 할 수 있다. 다시 강조하자면, 부분적인 현상이 자기 유사성을 전제로 자기복제하여 전체적인 현상을 만들어가는 것이 프랙탈이기 때문에 재현이 가능한 것이다.

일본 교토대 경제학부 교수 요시다 가즈오와 오사카대 경제학부 교수 시오자와 요시노리는 『복잡계 경제학』에서, "예측 가능한 것만이 과학이라고 생각하는 발상으로는 복잡계를 적용하더라도 그 벽을 넘을 수 없다"고 말한다. 그리고 "자연과학에서조차도 정말로 예측 가능한 것은 매우 적다. 따라서 앞으로는 예측이라기보다는 재현 가능한 현상을 설명한다고 표현하는 것이 더 정확할 것이다. 재현 가능성과 예측 가능성은 명백히 다른데도 불구하고 이에 대한 구별 없이 기존의 경제학에서는 예측 가능한 것만이 과학이라고 생각했기 때문에 '경제 모델'이란 것이 오랫동안 신봉될 수 있었다"고 강조한다. 예측에 대한 단순계 관점의 한계와 복잡계 관점의 대안 없음을 정확하게 지적한 내용이다. 아울러 지금까지의 예측 가능성은 참값이 아닌 근삿값일 수밖에 없음을 자성하는 말이기도 하다.

열린 시스템에서 단순계와 복잡계 각각의 방법론으로는 여전히 근삿값밖에 구할 수 없다. 다양한 상호작용으로 질서와 무질서가 혼재하고 비선형적 결과를 나타내는 현상은, 단순계와 복잡계를 합친 프랙탈 관점을 통해 '재현'이라는 참값으로 설명해야 한다. 예측하기 어려운 것도 과학임을 프랙탈 방법론으로 말할 수 있게 되었다.

새로운 질서도
구질서가 된다

기업의 평균 수명이 짧아지고 있다. 1930년대에는 평균 90년이던 기업의 수명이 2000년대에는 20년이 채 안 된다. 이는 세계적인 기업들에도 해당된다. 세계적인 신용 평가 회사인 S&P에 따르면 세계 100대 기업의 평균 수명이 1990년 이후에는 10여 년밖에 안 된다고 한다. 대다수 경영 전문가들은 장수하는 기업이 되기 위해서는 미래에 대한 예측과 더불어 적절한 대응 방안이 필요하다고 입을 모은다.

과연 그럴까? 그들의 주장처럼, 새로운 예측 시스템과 경영 전략 모델로 무장하면 불확실한 시장 상황을 뚫고 장수하는 기업이 될 수 있을까?

지금은 거의 모든 분야에서 불확실성이 더욱 가중되고 있으며, 비선형적 현상이 일반화됨에 따라 예측보다는 재현이 더욱 필요한 시대다. 비선형적인 현실 세계에 선형적인 예측 시스템 또는 경영전략 모델의 적용이 어느 정도나 효과적일까? "예측할 수 있는 것만이 과학"이라던 20세기까지의 패러다임에서도 과학의 원조 격인 물리학과 수학 등에서조차 기존 과학적 상식으로는 이해할 수 없고 예측하기 힘든 현상들이 나타난다. 하물며 다양한 구성원들이 비선형적 상호작용을 하는 경제·경영 분야에서는 더욱 그렇지 않을까?

지금까지의 결정론적이고 선형적인 관점의 위기관리 경영이나 미래 예측 시스템은 당장의 미봉책일 뿐 복잡한 시장 상황을 돌파할 진정한 해결책이 되기는 어렵다. 여러 차례 언급한 대로 심층 기반의 변화로 인해 패러다임 자체가 바뀌고 있기 때문이다. 무엇보다도 복잡성과 불확실성이 증가한 열린 시스템에서는, 경영 전략이나 브랜드 전략 수립에서 이전과는 다른 종류의 경쟁 원리가 작동하고 있음을 간과해서는 안 된다.

시장은 기존 질서, 무질서, 새로운 질서가 반복되면서 진화한다. 게다가 변화의 폭이나 깊이에서 현재의 1년은 과거의 10년과 비슷하다고들 말한다. 시장을 지배하게 되었다고 느끼는 순간 이미 발밑에서 새로운 변화가 시작될 수 있다. 브랜드 X팩터 전략의 출발점이 브랜드와 소비자가 만들어내는 질서와 무질서의 복잡함을 밝히고자 하는 것이라면, 궁극적인 목적은 지속적인 진화를 통해 강력한 브랜드가 되는 것이다. 따라서 강력한 브랜드가 되기 위해서는 시장에서의 질서와 무질서, 지속적인 진화에 대해 명확히 이해해야 한다.

연속적인 브랜드 진화 전략이 필요하다

강력한 브랜드의 다른 표현은 '브랜드가 구축해놓은 기존 질서를 지속적으로 유지하는 힘'이고, 이를 경영학 관점에서는 '지속적 경쟁 우위sustained competitive advantage의 획득'이라고 한 정의를 되새겨보자. 그런데 복잡하고 치열한 시장 상황에서 기존 질서를 유지하거나 또는 지속적 경쟁 우위를 획득하는 것이 얼마나 어려운 일인가. 앞서 밝힌 대로, 미국 다트머스대의 리처드 다베니 교수는 기업 간 경쟁이 격화되어 경쟁 우위를 지속하기가 어려워지는 상황을 '무한 경쟁hypercompetition'이라고 말했다. 리처드 다베니의 무한 경쟁에서 강조하는 것은, 지금의 경쟁 우위가 지속적인 것이 아니라 일시적이라는 점이다. 따라서 불확실성이 가득한 무한 경쟁 시대의 브랜드는 이러한 '일시적인 경쟁 우위를 연속적'으로 획득해나가는 것이 중요하다.

중저가 화장품이라는 새로운 진화 공간을 만들어 업계 1위를 지키던 미샤가 불과 10여 년도 안 되어 다른 경쟁 브랜드에 밀려 점차 힘을 잃어가는 것도 '지속적 경쟁 우위'에 대한 과신 때문이었을 것이다. 지금과 같은 무한 경쟁 시대에 경쟁 우위는 지속적인 것이 아니라 일시적인 것이 더 자연스럽다. 이런 이유로 브랜드 X팩터 관리 전략에서 말하는 '연속적인 브랜드 진화'가 필요하다. 경영 전략에서 강조하는 연속적인 일시적 경쟁 우위는 브랜드 X팩터 전략에서의 연속적인 브랜드 진화와 동일한 의미이다.

브랜드가 진화에 성공한 후 새로운 질서를 구축하면 한동안은 선두 브랜드로서 달콤함을 누린다. 몇몇 후발 브랜드들이 새로이 시장에 진입하면 시장의 규모가 오히려 커지므로 선두 브랜드는 반사 이익을 더 누리게 된다.

하지만 후발 브랜드들이 진입하는 요동의 단계에서 무질서한 현상이 발생하기 시작한다. 반사 이익에 취해 이를 간과한다면, 경쟁 브랜

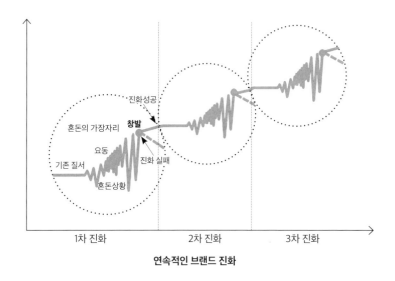

연속적인 브랜드 진화

드가 시장을 더욱 혼돈의 상황으로 이끌어 새로운 질서를 구축하려 할 것이다. 따라서 기존 질서에서 선두를 점한 브랜드는 시장에서 만들어지는 미시적인 상호작용과 거시적인 현상을 늘 주시하여 새로운 진화를 만들어가야 한다.

새로운 질서도 곧 구질서가 된다. 시장에서 경쟁 우위를 지속하기 위해서는 연속적인 브랜드 진화가 필요하다. 그러기 위해서는 매력 있는 브랜드로서 브랜드 X팩터를 끊임없이 관리해야 한다. 진화하는 브랜드만이 살아남는다.

2장

딥체인지, 브랜드를 다시 생각하다

우리가 수행한 거의 모든 연구에서 동양인과 서양인은 사고방식의 차이를 보였고 그 정도 또한 매우 큰 편이었다. 대부분의 경우 그들은 질적으로 아주 다른 방식의 행동 양식을 보였다. 예를 들어, 미국인들은 배경 속에서 일어난 변화를 발견하는 데에 어려움을 겪었지만, 동양인들은 배경 속의 사물에서 일어난 변화를 잘 발견하지 못했다. 미국인들은 행동을 제약하는 상황의 힘을 잘 인식하지 못했지만, 한국인들은 이를 매우 잘 인식했다. 대다수의 미국인들은 '규칙'에 의거하여 범주화했지만, 대다수의 한국인들은 유사성을 근거로 사물들을 짝지었다. 서로 상반되는 주장이 동시에 제시되었을 때 미국인들은 상대적으로 어느 한쪽 주장으로 극화되었지만, 중국인들은 두 주장을 모두 수용하는 타협을 선택했다.

—리처드 니스벳,
『생각의 지도』(김영사, 2004) 중에서

패러다임의 전환,
단순계에서 복잡계로

'단순계'는 말 그대로 '단순함이 최선이다'라는 명제에 충실한 세계관이다. 그러나 단순계 방법론으로는 현상을 부분적으로밖에 파악할 수 없다. 21세기의 열린 시스템에서는 대부분의 현상이 이상적인 평형상태나 안정적인 질서에 고정되어 있는 것이 아니라, 지속적으로 변화하면서 균형에서 이탈하려는 성질이 있기 때문이다.

　복잡계 패러다임은 바로 이러한 현상의 변화를 속성이나 요인 단계까지 '파고들어' 분석하고 이해하려는 것이 아니라, 복잡하고 예측하기 어려운 현상을 '있는 그대로 받아들여' 문제를 해결하려는 사고의 틀이다. 복잡함을 있는 그대로 받아들인다는 것은 구체적으로 어떤 뜻일까?

　그것은 복잡한 현상을 '쪼개는' 것이 아니라 '놔두는' 것을 의미한다. 현상에 나타나는 질서와 무질서를 쪼개고 또 쪼개어 단순화시키는 것이 아니라, 질서가 포함되어 있는 무질서 그 자체를 합쳐 전체를 보는 것이다. 예를 들어, 과학은 영어로 'science'이다. 'science'의 어원은 그리스어 'sceadan'으로 '따로 떼어내다'라는 뜻이다. 단순계 세계관에서는 그 출발점에서부터 사물이나 대상을 따로 떼어내 관찰하고 분석하고자 한다. 반면에 복잡계에서 '복잡한complex'의 어원은 라틴어로 'complexus'로 '함께 엮는다'라는 뜻이다.

　복잡함을 있는 그대로 보는 것의 핵심은, 잘게 쪼개 분리되어 '죽어 있던' 요소에서 스스로 움직이는 요소들로 구성된 '살아 있는' 전체로 관심의 대상을 옮기는 것이다. 살아 있는 전체를 보아야 쪼개서 죽어 있던 구성 요소들의 '상호작용' 의미를 제대로 파악하고, 따라서 살아 있는 유기체가 만들어내는 비선형적 현상에 대해 근삿값이 아닌 참값을 알 수 있다.

복잡계 패러다임은 세계적인 흐름

우선 앞에서 언급한 '패러다임 전환'이라는 용어의 의미를 살펴보자. 1962년 미국의 과학자이자 과학철학자인 토머스 쿤은 『과학혁명의 구조』(까치, 2013)라는 저서에서 '과학적 패러다임 전환'이라는 개념을 제시했다. 과학의 발전은 새로운 연구·실험의 결과가 과거의 지식을 대체하면서 선형적·누적적으로 이루어지는 것이 아니라, 각각의 연구와 실험의 심층 기반에 놓인 '눈에 보이지 않는' 패러다임 간의 충돌로 인해 비선형적·단절적인 방식으로 이루어진다는 주장이다.

이런 심층적 충돌은 장기간에 걸쳐 이루어지기 때문에 명백하게 입증된 실험 결과조차도 장기간 저항을 받으므로, 과학계에서 공인된 지식으로 인정받기까지는 오랜 시간이 걸린다. 실제로 아인슈타인의 상대성 원리와 하이젠베르크의 불확정성 원리가 대학 교과서에 등장하는 데 50년 이상의 시간이 소요되었다고 한다.

자연과학 분야에서 혁신적인 연구와 실험이 쏟아져 나와 과학 전반에 충격적 자극을 주기 시작한 것은 1950~1960년대로, 생물학과 화학, 컴퓨터 공학과 사이버네틱스 분야에서의 새로운 발견(소산 구조, 프랙탈, 카오스 이론과 자기 조직화 이론 등)이 등장했다. 그러나 이런 개별 연구들이 심층 기반에서 패러다임 전환을 가져오는 데까지 강한 영향을 미친 것은 2000년대에 들어서라고 볼 수 있다. 소위 '물리학 중심에서 생물학 중심으로', '단순성의 과학에서 복잡성의 과학으로'의 패러다임 전환이 그것이다.

20세기 후반의 다양한 이론적·실험적 성과를 통해 학문 분야를 가리지 않고 확산되기 시작한 '복잡계 과학'이라는 용어가 일반화된 것도, 이 명칭을 처음 사용한 미국의 산타페 연구소가 1984년에 설립되었던 것에 비하면 대략 30여 년 전후의 편차가 있는 셈이다. 한국에서는 삼성경제연구소에서 '복잡계 경제 연구회'가 만들어진 것이 1999년이었고, 이후 관련 연구 모임이 만들어진 것은 '시스템 다이나믹스 코리아 연구회'(2006년), '복잡계 과학 포럼'(2006년), '복잡계 정치 연구회'(2007년) 등이다.

보편성을 생명으로 삼는 자연과학에서조차 개별 연구와 심층 패러다임 간의 괴리가 장기간 지속되는 것이 상례라면, 개별적이고 특수한 현상들의 충돌이 일반화되어 있는 사회·경제 현상 내에서 현상과 심층 간의 괴리를 극복하는 일이 더욱 지체되는 것은 어찌보면 자연스러운 현상이라고 할 수 있다.

그동안 사회적 차원에서 보면, 1980년대부터 정보·기술의 비약적 발전과 자본과 금융의 세계화에 따른 글로벌 기업의 확산 등으로, 경제사회 시스템도 안정적 차원에서 불확정성의 차원으로 급격히 변화했다. 다차원적이고 복잡계적인 시공간 지식 체계가 산업 차원으로도 확산되면서 이에 상응하여 학문 체계도 탈분과적, 학제적, 복합 학문적인 차원으로 급변했다. 이런 흐름을 자연과학 분야와 비교해보면 다음과 같은 판단이 가능하다. 20세기 초반 자연과학 분야에서 추상적 이론 차원에서 나타난, 비선형적이고 복잡하게 상호작용하는 시공간 지식 체계가 1960~1970년대에 자연과학과 기술공학 전반에서 복잡계 과학으로 집약된 후 20세기 후반에는 사회경제 시스템 전반으로 구체화되어 확산되면서, 이제는 모든 분야에서 20세기 사회경제 시스템의 심층 기반을 이루었던 시공간과 지식 생산의 기본 패러다임이 거의 모두 변할 수밖에 없게 되었다.

이런 점에서 복잡계 과학에서 말하는, 불확정적이고 요동치는 시공간의 흐름 속에서 나타나는 복잡한 지식 체계가 21세기 사회 시스템 전체를 움직이는 새로운 동력이 되었다고 할 수 있다. 그러나 앞서 말했듯이 복잡계 과학은 최근의 사회경제적인 복잡성이 작동하는 핵심 원리를 이해하고 그에 따른 새로운 흐름을 예측하는 데 배경지식을 제공하기에는 적합하지만, 경영 현장에서 현실적이고 전략적인 방향감각을 잡아나가기에는 지나치게 추상적이다. 이런 이유로 이 책에서는 복잡계 패러다임을 전략의 전제로 삼되, 시공간적으로 무질서한 현실적 변화를 분석하고 전략 수립에 적합한 프랙탈 논리를 방법론으로 삼았다.

현대 기업의 사활을 좌우하는 브랜드 전략과 그 바탕이 되는 브랜드 이론 역시 이렇듯 세계적 차원에서 나타나고 있는 거대한 패러다임 변화로부터 자유로울 수 없다. 앨빈 토플러가 『부의 미래』(청림출판, 2006)를 통해 잘 지적하고 있고 대다수 미래학자들이 동의하고 있듯이, 세계적으로 열린 시스템으로의 변화, 브랜드와 관련된 시장 환경 변화, 소비자의 변화 등 패러다임 변화를 현실적으로 담아내야 하는 브랜드 이론과 전략 역시 바뀔 수밖에 없다.

방법론의 전환,
유클리드에서 프랙탈로

복잡계 패러다임의 방법론으로서 프랙탈의 핵심 개념은 '합쳐보기'다. 앞에서 잠시 살펴본 바와 같이 프랙탈은 정수 차원의 한정된 유클리드 공간 사이의, 무한한 분수 차원의 공간을 의미한다. 1과 2라는 두 정수 사이에 무한히 존재할 수 있는 분수들이 프랙탈 집합이 되는 것이다. 프랙탈의 합쳐보기는 1과 2의 명확한 질서뿐만 아니라 수많은 분수들의 불규칙하고 복잡하며 예측하기 어려운 무질서까지 합쳐서 보는 것이다.

프랙탈의 합쳐보기는 시장에서의 소비자 행동을 이해하는 데에만 국한된 개념은 아니다. 최근 사회, 경제, 문화, 교육 등 다양한 분야에서 화두로 떠오른 '통섭', '통합', '융합' 등의 개념 또한 합쳐보기의 또 다른 표현이라고 할 수 있다.

제품에서는 어떨까? 제품에서의 합쳐보기는 '스마트폰'이라는

21세기 최고의 제품 중 하나를 탄생시켰다. 만일 스마트폰이 없었더라면 휴대폰, 카메라, 노트북, 게임기, MP3 플레이어 등 우리는 가방이 넘칠 만큼 전자제품을 넣고 다니느라 고생했을지 모른다. 일본의 소니와 파나소닉 등 전자제품 왕국의 신화를 썼던 기업들은 합쳐보기를 소홀히 하며 단순계 세계관을 고집한 결과 하루아침에 쇠락의 길로 접어들고 말았다.

프랙탈 방법론의 구조와 특징

앞서 살펴본 프랙탈 정의와 특징(분수 차원, 자기 유사성, 자기복제)을 종합하여 복잡계 패러다임의 브랜드 방법론으로서 개념적 정의를 내려보자.

브랜드 방법론으로서 프랙탈 이론을 활용하는 이유는 '비선형적 현상에서 나타나는 무질서의 숨겨진 법칙을 밝히는 것' 때문이다. 이를 '시장 관점market-driven point of view'으로 보면, '질서 공간 사이의 무질서 공간을 찾아 새로운 시장을 형성하여 진화하는 브랜드'가 된다. 또한 소비자 관점으로 보자면, '소비자의 미시적인 상호작용과 거시적인 현상으로 창발하는 브랜드'가 될 수 있다. 이를 정리하면 다음 도표와 같다.

도표에 정리된 개념은 대부분 앞에서 설명했으므로, 여기서는 프랙탈 방법론의 핵심이라고 할 수 있는 '부분과 전체는 같다'에 대해 조금 더 알아보려 한다. '부분과 전체는 같다'는 프랙탈의 특징인 자기 유사성을 표현하는 명제이다. 비선형적 현상의 과정에서 나타나는

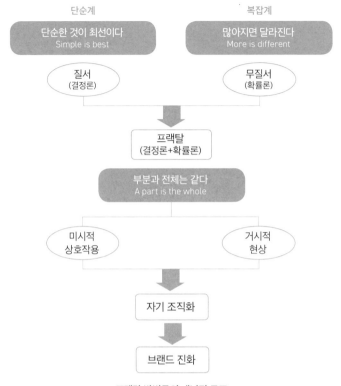

프랙탈 방법론의 개념적 구조

부분적인 현상이, 결과로서 나타나는 전체적인 현상과 '모양이나 구조 혹은 특성이 같다'는 뜻이다. 리아스식 해안선, 동물의 혈관 분포형태, 나뭇가지 모양, 창문에 성에가 낀 모습, 산맥의 모습 등이 모두 이러한 자기 유사성을 갖는 프랙탈 구조이다.

부분과 전체가 같다는 프랙탈 현상은 우리 주변에서도 쉽게 찾아볼 수 있다. 우리는 흔히 어떤 사람을 애기할 때 "하나를 보면 열을 안다"거나, "세 살 버릇 여든까지 간다"라고 하기도 하고, "될성부른 나무는 떡잎부터 알아본다"라고 말하기도 한다. 작은 한 부분의 행동을 보면 그 사람의 인간 됨됨이나 행동을 충분히 유추할 수 있다는 의미다. 이는 인간이 기본적으로 복잡한 두뇌 구조를 갖고 있긴 하나 어떤 자극에 대한 반응은 사실 패턴화할 수 있을 만큼 나름대로 일정하게 구조화된 방식을 가지고 있고, 그러한 패턴이 지속적으로 반복된다는 통찰에서 나온 지혜다.

다만 한 가지 유의해야 할 것은, 위의 명제에서 말하는 '부분'은 쪼개고 나눈 하나의 구성 요소가 아니라 최소한의 상호작용의 결과로 나타난 부분적인 현상을 말한다는 점이다. 다양하고 많은 구성 요소들이 상호작용에 의해 복잡한 현상을 만들어내는 현실 세계에서는 구성 요소들 자체에 대한 분석도 필요하지만, 복잡한 현상의 부분적인 원형이 무엇인지 구체적으로 알아보는 것이 매우 중요하다.

프랙탈 방법론을 적용하면, 설명이 불가능하다고 여겼던 복잡한 현상들을 몇 개의 반복적인 형태로 나타내 잘 설명할 수 있다. 그러면 부분적인 현상과 전체적인 현상의 관계성에 대해 프랙탈 도형을 활용하여 알아보자.

다음은 이탈리아 수학자 주세페 페아노Giuseppe Peano가 만든 이른바 '공간을 채우는 곡선Space-filling Curve'이다.

다음 그림을 보면, ①~⑥까지가 페아노 곡선의 형성 과정이다. ①은 직선을 3등분하여 만든 최초자이고, ②는 최초자를 연결하여 만든 1차 발생자이며, 마지막 ⑥이 공간을 꽉 채우는 페아노 곡선, 즉 프랙탈 도형이 된다.

　페아노 곡선을 통해 '부분과 전체는 같다'를 생각해보자. 전체를 나타내는 마지막 ⑥을 유추해내는 것은 어느 단계의 모양(도형)에서 가능할까? 즉 몇 번째에서 가장 효율적으로 부분적인 현상을 나타내고 있을까?

　어렵지 않게 추측할 수 있겠지만, ①과 ②까지는 부분적인 현상이라기보다는 구성 요소로 보는 것이 맞다. 이러한 최초자와 1차 발생자의 구성 요소들의 조합만으로는 ⑥이라는 전체적인 현상(도형)을 만들어내기가 쉽지 않다. 다시 말하면, 이들만의 조합으로는 ⑥이 아닌 여러 가지 다른 모양의 곡선(결과)을 만들어낼 가능성이 훨씬 높다. (이처럼 구성 요소로부터 전체 결과에 대해 예측하는 방식이 바로 유클

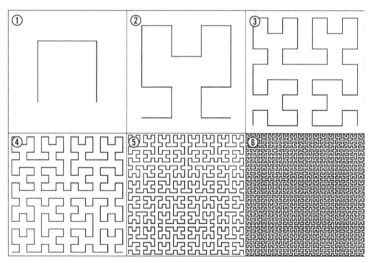

페아노 곡선

리드 방법론의 요소환원주의적, 인과적 결정론이다.)

그러면 ⑤는 어떤가? ⑥의 전체적인 도형(현상)을 설명하기에는 결과에 너무 가깝지 않을까? 만일 ⑤라고 생각한다면, 이는 전체인 ⑥의 모양을 뚜렷이 나타내고 있기 때문에, 현실 상황이라면 예측의 가치를 인정받기 어려울 것이다. 그리고 예측 가능한 결과를 분석하기 위해 필요 이상의 노력과 시간, 비용을 지불해야 하므로 비효율적일 것이다.

그렇다면 ③과 ④중 하나가 될 텐데 어느 것이 더 바람직할까? 또 둘의 차이는 무엇일까? 부분적인 현상(모양)으로 전체의 현상(모양)을 완벽히 재현해내기에 가장 적합한 것은 ④번째 단계(모양)이다. ④의 단계에서는 현상의 구조적인 측면이나 닮음의 차원에서 거의 100퍼센트에 가까울 정도로 전체를 표현해낼 수 있기 때문이다. 한편 ③의 단계에서도 이미 전체의 모양이나 구조적인 특성을 충분히 가지고 있다. ③은 요소로서의 최초자(단순계의 결정론)와 발생자(복잡계의 확률론)를 '합쳐보기'하여 만들어진 프랙탈한 부분적 현상이기 때문이다. 다시 말하면, 결과의 요인이 되는 최초자와 1차 발생자를 포함하고 있는 ③은 전체적인 현상을 충분히 재현해낼 수 있는 부분적인 현상이다.

③과 ④는 전체적인 현상과 구조적인 측면이나 닮음의 차원에서는 거의 동일하지만, 전체를 나타내는 구체화의 정도에서 차이가 조금있다. 이를 현실 상황에 대입해본다면 기업 경영은 늘 시간, 비용, 인력 등의 제약에 쫓기므로 최소의 노력으로 최대의 효과를 얻기를 원한

다. 따라서 ③처럼 결과를 유추할 수 있다는 전제 아래 최소한의 단계에서 브랜드 전략을 수립하는 것이 바람직하다.

프랙탈 방법론으로 상호작용에 의해 나타나는 부분과 전체가 닮았음을 이해했다면, 합쳐보기를 통해 알게 된, 부분적인 현상으로 전체적인 현상을 재현(예측)할 수 있음도 이해할 수 있을 것이다.

프랙탈 방법론의 의미

새로운 시장 환경 변화를 담지 못하는 전통적인 브랜드 전략의 한계를 프랙탈 방법론으로 극복할 수 있을까? 무엇보다도 브랜드 3.0 패러다임의 작동 원리로 적합할까?

프랙탈 방법론의 의미는 다음 세 가지로 요약할 수 있다.

첫째, 복잡함을 뚫고 나올 수 있는, 숨겨진 질서를 밝히는 새로운 방법론이다. 최근 나타나고 있는 다양한 변화의 물결에 대해 기업의 경영자나 브랜드 매니저들은 기존 지식에 근거한 논리들이나 전통적 경영 모델 혹은 브랜드 전략 모델을 활용하려 하지만, 이러한 방식으로는 대처 방법은커녕 딥체인지의 실상조차 파악하기 어렵다. 단순계 방법론의 기계적인 경영 모델이나 브랜드 전략 모델은 선형적 사고, 통제, 간결한 예측 가능성 등에 기초한다. 그러나 기업 경영이나 브랜드와 관련하여 최근에 나타나는 현상들은, 비선형적이고 유기적이며 매우 복잡하다. 이러한 현상들을 제대로 이해하고 분석하고 결과를 예측(재현)하기 위해서는, 비선형적 현상에 숨어 있는 질서와 무질서를 정확히 설명할 수 있는 전략 모델이 있어야 한다. 프랙탈 방법론은 있는 그대로의 복잡한 관계 속에서 복잡한 비선형적 현상들의 규칙을 찾아내주는, 복잡계 패러다임의 구체적인 방법론이다.

둘째, 기존 이론이 지금까지 유지해온 보편타당한 가치를 인정하고 배제하지 않으면서 여기에 새로운 프랙탈 가치를 부여함으로써, 브랜드가 새로운 질서를 만들어가도록 하는 방법론이다. 이는 프랙탈 방법론이 기존 단순계의 결정론적 논리와 복잡계의 확률론적 논리를 통합한 개념이기 때문에 가능하다. 지금까지 단순계의 기계론적 세계관은 기업 경영이나 브랜드 차원에서 합리성과 과학적 접근을 근간으로 인과관계를 규명하는 데 많은 도움이 되었으며, 앞으로도 반드시 필요하다. 질서와 무질서가 공존하는 불확정성의 시기에 기존의 단순계적 합리성과 선형성만으로는 새로운 질서를 만들어가기에 부족하다. 그러므로 복잡계적 사고로 전환하여 새로운 전략으로 재무장할 수 있도록 해주는 프랙탈 방법론은, 급변하는 세계 질서에서 앞서 나아가고자 하는 기업이나 브랜드에 꼭 필요하다.

셋째, '무에서 유'를 창조하는 것이 아닌 '유에서 유'를 만들어가는 방법론이다. 프랙탈이란 기존 정수 차원의 유클리드적 사고를 뛰어넘어 분수 차원의 사이(공간) 찾기에서 시작된다. 크로스오버 개념의 새로운 음악 장르나 다양한 퓨전 음식 같은 예도 무에서 출발하는 것이 아니라, 기존에 존재하고 있는 것들의 사이(공간) 찾기에서 새롭게 탄생한 산물들이다. 이와 같은 프랙탈한 결과들은 향후 다양한 분야에서 더욱 활발히 등장할 것이다. 혁신을 만들어내는 가장 좋은 방법이 이미 존재하는 지식과 지식을 조합하는 것처럼, 프랙탈 방법론 또한 시장에 존재하고 있는 것들의 강점을 합쳐 새로운 사이(공간)를 만들어 진화할 수 있는 토대를 마련한다.

세 가지로 요약한 프랙탈 방법론의 핵심은, 복잡하고 무질서해 보이는 현상의 이면을 들여다보고 그 속에 숨어 있는 일정한 질서를 찾아내, 브랜드의 지속적인 경쟁 우위를 위해 새로운 진화를 만들어내는 것이다.

가치의 전환,

서양에서 동양으로

브랜드 X팩터 전략은, 소비자들의 관계에 의한 상호작용을 밝히고자 하는 것이 핵심이다. 소비자들이 만들어내는 상호작용에 의해 비선형적 현상이 발생하고 거시적인 질서가 형성되기 때문이다. 그러나 소비자들의 관계와 상호작용으로 만들어지는 비선형성은 서양 중심의 단순계 과학에서는 무시되어왔던 부분이다. 그 이유는 무엇일까? 브랜드 X팩터 전략의 근간이 되는 '소비자들의 관계'를 정확히 이해하기 위해서는 보다 멀리 시간 여행이 필요하다.

서양과 동양 사상의 뿌리

오늘날 지구상에 살고 있는 사람들 중

약 10억 명 정도가 고대 그리스의 지적 전통을 물려받은 사람들이라면, 그보다 훨씬 많은 20억 정도는 고대 중국의 지적 전통을 물려받았다. 그런데 지금부터 2,500년 전의 고대 그리스와 중국은 인간을 바라보는 관점과 사회 구조 면에서 매우 달랐을 뿐만 아니라, 철학과 문명에 있어서도 서로 극명히 대조적이었다. 흥미로운 점은, 그런 차이가 현대를 살고 있는 동양인과 서양인 사람들의 사고방식에 큰 차이를 가져왔다는 것이다.

'본질essence'이란 한 사물의 가장 핵심적이고 필수 불가결한 속성이다. 본질이 바뀌면 그것은 더이상 그 사물이 아니다. 본질적이지 않은 속성은 우연적 속성이다. 이것이 근대 이후 지금까지 서구의 과학철학을 꿰뚫는 핵심이다. "단순한 것이 최선이다"라는 명제가 이를 대변한다. 이러한 사상은 17세기 뉴턴의 『프린키피아』를 통해 활짝 꽃피웠다. 뉴턴은 이 책에서 만유인력 법칙과 세 가지 운동 법칙을 제시하며 자연현상 또한 수학으로 증명할 수 있음을 밝혔다. 뉴턴에 의해 서양철학에서 갈구해오던 질서의 탐구와 이에 근거한 예측이 가능해졌고, 이는 곧 단순계 패러다임의 근간이 되는 '인과적 결정론'의 시작이 되었다.

18세기 들어 인과적 결정론은 전 유럽으로 확산되었으며, 프랑스 피에르 시몽 마르키스 드 라플라스Pierre Simon Marquis de Laplace의 '천체 역학'으로 더욱 정교하게 발전되었다. 그는 사회현상을 포함한 모든 자연현상은 수학으로 기술되는 인과론적 원리에 의해 완벽하게 설명할 수 있다고 강조했다.

서구 사상이 발전하는 데 있어서 데카르트를 빼놓을 수 없다. 그는 『인체의 기술』이라는 책에서 인체를 하나의 기계로 간주하고, 인체라는 기계를 이해하기 위해서는 보다 작은 요소들로 분해하여 그 각각의 기능을 탐구해야 한다고 주장했다. '요소환원주의'다. 이후 20세기까지 인과적 결정론과 요소환원주의는 과학, 철학, 의학 등 사상과 문화를 지배하는 모든 영역에 엄청난 영향을 끼쳤으며, 새로운 지식과 방법론으로 단순계 패러다임의 기계론적 세상을 활짝 열었다.

이러한 서구 사상의 뿌리는 어디서부터일까? 그것은 바로 기원전 300년경, 그리스의 수학자 유클리드에서 시작되었다. 유클리드는 저서 『원론』에서 기하학에 관해 체계적인 논리를 최초로 수립했다. 그의 이론 체계는 기하학 범주를 넘어 서구 사상의 뿌리가 되었으며, 17세기에 이르러 데카르트의 요소환원주의와 뉴턴의 인과적 결정론에서 열매를 맺으며 기계론적 세계관을 완성하게 되었다.

서구 사상의 뿌리는 근본적으로 고대 그리스의 독특한 문화로부터 출발한다. 개인의 자율성을 중시했던 고대 그리스 문화는 자연스럽게 '논쟁하는' 문화를 만들어냈다. 일개 시인이 왕과도 격렬하게 논쟁할 수 있을 정도로, 언제 어디서나 누구와도 공개적인 논쟁을 피하지 않는 문화가 형성되었다. 개인의 자율성과 논쟁하는 문화, 세상에 대한 호기심이라는 고대 그리스의 정체성은 사물에 대한 어떤 '원리 principle'를 발견하고자 하는 열정의 근간이 되었다. 그리고 이러한 문화적 토대에서 유클리드라는 천재 수학자가 탄생한다.

서구 사상의 뿌리가 고대 그리스라면 동양 사상의 뿌리는 고대 중국일 것이다(이 책에서 동양의 범위는 한국, 중국, 일본에 국한하며, 동양 사상의 뿌리를 고대 중국이라고 하는 것은 동양 사상에 커다란 영향을 준 유교와 도교가 고대 중국에서 비롯되었기 때문임을 밝혀둔다). 고대 그리스에서 '개인의 자율성'을 중요시했다면, 고대 중국에서는 '조화로운 인간관계'를 중요시했다. 고대 중국인에게 인간은 임금과 백성, 부모와 자식, 남편과 아내, 노인과 젊은이, 친구와 친구 등 수많은 관계 속에서 마땅히 지켜야 하는 질서가 있는 '관계적 존재'이다. 사회는 하나의 커다란 유기체이고, 개인은 그 유기체의 한 구성원이다.

서양 그리스 철학의 또다른 특징은 세상을 쉽게 변하지 않는 고정된 것으로 보았다는 점이다. 따라서 그리스 철학자들은 변화를 인정하지 않는 '직선적linear' 사고와 '이것이 아니면 저것either-or'이라는 이분법적 사고방식에 집착했다. 반면 중국인들에게 세상은 늘 변하며 모순으로 가득찬 곳이다. 『도덕경』에는, "무거운 것은 가벼운 것의 근원이며, 움직이지 않는 것은 모든 움직이는 것들의 근원이다"라고 쓰여 있다. 중국의 유교, 도교, 불교 모두 '조화', '부분보다 전체', '사물들의 상호 관계성'이라는 공통 관심사가 있었고, 세 철학에 공통적으로 존재하는 '포괄주의'는 우주의 모든 요소들이 서로 연관되어 있다는 믿음에 기초하고 있다.

중국인의 기본적인 세계관은, 세계가 상호 독립적이고 개별적인 사물들의 단순한 조합이 아니라 '서로 연결되어 있는 하나의 거대한 물질'이라는 것이었다. 반면에 고대 그리스 철학자들은 우주가 '입자'

로 구성되어 있다고 믿었다. 그리스 문화에서는 우주의 구성단위가 원자atom인지 아니면 파장wave인지가 중요한 논쟁거리였지만, 중국인들이 보기에 우주란 두말할 나위 없이 연속적인 파장으로 구성된 것이었다. 저명한 과학철학자인 조지프 니덤Joseph Needham은 "중국인에게 있어 우주는 연속적인 장이었고, 그 안에서 일어나는 사물들 간의 상호작용은 원자의 충돌이 아니라 파장들의 중첩이었다"라고 했다.

단순계 세계관의 기계론적 사상과 철학이 고대 그리스와 유클리드에서 출발했다면, 복잡계 세계관의 유기론적 사상과 철학은 고대 중국에 뿌리를 두고 있다.

동양과 서양의 차이

동서양의 차이를 깊이 있게 연구한 미국 미시건대 심리학과 교수 리처드 니스벳은 저서 『생각의 지도』에서, 고대 그리스와 중국의 사상과 철학에서의 차이는 현대 서양과 동양에도 그대로 이어져, 평균적인 동양인과 서양인 사이에 큰 사회심리적 차이가 존재한다고 강조했다.

동양인은 여전히 상호의존적인 사회에서 살기 때문에 자신을 전체의 일부분으로 생각하지만, 서양인은 독립적인 사회에서 살기 때문에 자신을 전체로부터 독립된 존재로 여긴다. 동양인에게 성공과 성취란 자신이 속한 집단의 영광을 의미하나, 서양인에게 성공과 성취는 개인의 업적을 의미한다. 동양인은 인간관계 속에 조화롭게 적응하기 위해 끊임없이 자기비판을 하지만, 서양인은 개성을 중시하기 때문에 자신을 긍정적으로 보려고 노력한다. 동양인은 타인의 반응에 민감하게 반응하여 인간관계의 조화를 추구하지만, 서양인은 자기 자신에게 충실하고 인간관계를 희생해서라도 정의를 추구한다. 동양인은 위계질서의 필요성을 인정하고 집단의 통제를 수용하지만, 서양인은 형평성을 존중하고 개인의 자유를 선호한다. 동양인은 논쟁을 회피하지만 서양인은 법률, 정치, 과학의 영역에 이르기까지 적극적으로 논쟁을 끌어들인다.

이러한 동서양의 차이를 다음과 같이 정리해볼 수 있다. 현대의 동양인은 고대의 동양인처럼 세상을 종합적으로 이해한다. 그들은 전체 맥락에 많은 주의를 기울이고, 사건들 사이의 관계성을 파악하는 데 익숙하며, 세상이 복잡하고 매우 가변적인 곳이라 믿는다. 또한 세상의 구성 요소들이 서로 얽혀 있고, 세상사는 양극단 사이에서 순환을 반복하는 형태로 진행되며, 그러한 사건들을 통제하기 위해서는 다른 사람과의 협동과 조정이 꼭 필요하다고 믿는다. 이와는 반대로, 현대의 서양인은 고대의 그리스인처럼 세상을 보다 분석적이고 원자론적인 시각으로 바라본다. 사물을 주변 환경과 떨어진, 독립적이고 개별적인 것으로 이해하고, 변화가 일어난다면 한방향으로 일정하게 진행될 것이라고 믿는다. 그리고 개인이 그러한 일들을 통제할 수 있다고 믿는다.

어떤 의미에서 동양인과 서양인은 서로 다른 세상을 살고 있는 것처럼 보인다. 동양인은 작은 부분보다는 큰 그림을 보기 때문에 사물과 전체 맥락을 연결시켜 지각하는 경향이 있고, 따라서 전체 맥락에서 특정 부분을 떼어내 독립적으로 바라보는 것을 낯설어한다. 그러나 서양인은 사물에 초점을 두고 주변 맥락은 무시하는 경향이 있기 때문에, 사건과 사건 사이의 관계에 대해 상대적으로 덜 민감한 편이다. 만일 그렇다면, 사건의 원인을 설명하는 과정 역시 크게 다를 것이다. 동양인은 수없이 많은 변인들 간의 복잡한 상호작용을 원인으로 보지만, 서양인은 사물 자체의 속성으로만 설명하려 든다.

리처드 니스벳은 또한, 서양인은 지나치게 단순한 모델을 가지고 세상을 파악하는 약점이 있지만, 동양인은 수없이 많은 인과적 요인들 모두에 주의를 기울이다보니 예외적인 사건이 발생해도 그리 놀라워하지 않는 문제점이 있다고 지적한다. 서양인의 단순한 세계관은 적어도 과학 영역에서는 매우 유용한 시각이다. 왜냐하면 단순한 모델은 검증이 쉽고, 따라서 개선 가능성이 그만큼 크기 때문이다. 아리스토텔레스의 물리학 이론은 검증을 통해 대부분이 오류임이 밝혀졌다. 그러나 아리스토텔레스의 이론은 중국의 물리학 이론들과는 달리 검증이 가능한 단순한 형태였기 때문에, 이후 검증 과정을 통해 올바른 물리학 원리가 확립되는 토대가 되었다.

반면 중국인은 '거리가 멀리 떨어진 곳으로도 힘이 전달될 수 있다'는 원리를 서양인보다 먼저 이해해놓고도 그것을 증명하지 못했다. 오히려 그것을 증명한 이들은 처음에는 그것을 믿지 않았던 서양인이었다. 서양인은 '서로 인접해 있는 물체들 사이에서만 마치 당구공들처럼 접촉에 의해 힘이 전달될 수 있다'라는 단순한 모델을 검증하는 과정에서 떨어진 물체 사이에서 작용하는 힘의 원리를 알아낸 것이다.

서양인의 '과학에서 거둔 성공'과 '인과적 설명에서 범하는 오류'는 뿌리가 같다. 그 뿌리란 다름 아닌 '개인의 목표를 설정하고 그것을 추구하기 위해 모델을 만드는 자유', '그 모델을 이용하여 결과로부터 원인을 추구하는 자유'이다. 그러나 그들의 모델은 사물과 그 사물의 속성에만 지나치게 편중되어 있는 탓에 맥락의 역할을 놓치고 있다. 따라서 맥락이 중시되는 상황에서 맥락을 무시함으로써 기본적 귀인 오류와 같은 오류를 범하고, 인간 행동의 예측 가능성을 과대평가하는 실수를 범하게 된다.

서양인의 '단순성 추구 경향'과 동양인의 '복잡성 추구 경향'은 인과관계에 대한 접근 방식에만 국한되지 않으며, 세상을 바라보고 조직하는 방법에도 그대로 적용된다.

범주화와 관계

리처드 니스벳은 『생각의 지도』에서, '범주화categorization'에 대한 서양과 동양의 차이를 다음과 같이 설명한다.

"서양인들은 물리적 사물, 동물, 사람을 모두 포함한 사물의 행동을 설명할 때 아주 분명한 규칙들에 의거한다. 서양인들은 범주화에 지대한 관심을 가지고 있고, 범주를 알게 되면 어떤 사물이 속하는 특정 범주를 지배하는 규칙을 사용하여 그 사물의 행동을 설명할 수 있다고 믿는다. 그리고 문제 해결 과정에 형식논리를 사용하는 경향이 강하다. 이에 반하여 동양인들은 사물을 전체 맥락 속에서 파악하고자 한다. 그들에게 세상은 매우 복잡한 곳으로 간주되기 때문에 어떤 사건을 이해하기 위해서는 수없이 많은 관련 요인들을 함께 고려해야 한다. 문제 해결에서 형식논리는 거의 사용되지 않는다. 실제로 지나치게 논리적으로 문제를 해결하려는 사람은 미숙한 인간으로까지 간주된다.”

리처드 니스벳은 ‘범주화와 관계’에 대한 동양과 서양의 차이를 알기 위해 미국, 중국, 타이완에서 각각 다음과 같은 실험을 했다.

실험에서는 세 가지 그림을 제시하고, 그중 서로 가장 관련 있는 것 2개를 연결하도록 했다. 실험 결과, 미국의 대학생들은 동일한 분류 범주에 해당하는, 즉 ‘동물’이라는 ‘범주’에 속하는 팬더와 원숭이를 연결했다. 반면에 중국과 타이완의 대학생들은 ‘원숭이는 바나나를 먹는다’라는 서로의 ‘관계’에 근거하여 원숭이와 바나나를 연결하는 경향을 보였다.

범주화와 관계에 대한 실험

만일 세상을 조직화하는 방법에 있어 범주를 이용하고 각 범주를 지배하는 규칙을 사용하는 것이 자연스럽다면, 서양인은 사물들 간의 유사성을 판단할 때 그것들이 동일한 규칙에 의해 범주화될 수 있는지 여부에 크게 영향을 받을 것이다. 그러나 범주가 그리 중요하지 않은 동양인의 경우에는 규칙과는 무관한 '사물들 간의 상호관계'에 영향을 많이 받을 것이다.

동양인은 세상을 '관계'로 파악하고, 서양인은 세상을 범주로 묶일 수 있는 '사물'로 파악한다.

동서양 가치를 융합하는
브랜드 X팩터 전략

지금까지 고대로부터 이어져온, 그리고 여전히 동양과 서양의 차이가 드러나는 사상, 철학, 문화에 대해 알아보았다. 서양에서는 사물이나 대상을 분석적이고, 기계적이고, 인위적이고, 독립적으로, 범주화시켜 이해하려 한다. 동양에서는 반면에 종합적이고, 유기적이고, 자연적이고, 연속적으로, 관계 속에서 파악하려 한다. 우리는 이러한 근본적인 차이를 어떻게 받아들여야 할까? 브랜드 전략 관점에서 시사하는 점은 무엇일까?

21세기 들어 사회와 경제 전반을 떠받치고 있는 심층 기반이 대대적인 변화를 겪고 있다. 딥체인지 시대의 이러한 변화는 세계적으로 거의 유사한 상황으로, 사회와 경제 시스템이 외부 에너지가 언제든 드나들 수 있는 열린 시스템으로 바뀌고 있다. 소위 '정보 혁명'으로 인해 정보화 시대가 된 것이다. 열린 시스템과 정보화 시대에서의 소비자들은 과거처럼 단순히 기업에서 제공하는 정보를 받기만 하는 수동적인 대상에서, 정보를 찾고 주변 사람들과 공유하며 때로는 스스로 정보를 만들어 확산시키는 적극적인 역할을 하게 되었다. 이 점이 바로 변화의 핵심이다.

특히 '미미한 다수trivial many'라고 불리는 80퍼센트의 소비자가 변화의 주역이다. 소외되고 움직임이 없던 80퍼센트의 소비자가 인터넷, 무선 이동통신, 소셜미디어 등을 통해 살아 움직이기 시작한 것이다. 이들은 기업이 전달하는 메시지와 정보보다 '그들만의 관계' 속에서 얻는 정보(댓글, 사용 후기, 블로그, 카페, 동호회, SNS 등)를 더욱 신뢰한다. 기업과 브랜드 관점에서 보자면 무질서의, 통제 불가능한 장이 열린 셈이다.

살아 움직이는 소비자들에 의한 상호작용, 즉 무질서는 복잡하고 예측하기 어려운, 비선형적 현상을 만들어낸다. 결국 시스템의 변화, 정보화의 변화, 소비자의 변화에 따른 새로운 브랜드 환경은 새로운 브랜드 패러다임을 요구한다. 새로운 브랜드 패러다임은, 기존의 질서 정연한 부분뿐만 아니라 무질서하고 예측하기 어려운 부분까지 포함해야 한다. 그러기 위해서는 지금까지 살펴본, 종합적이고 유기적이고 자연적이고 연속적이며 관계 중심의 동양적 사상의 특성들이 필요하다. 서양의 분석적이고 기계적이고 인위적이고 독립적인 범주화의 논리로는 비선형적 현상을 이해하고 설명하는 데 제한적이라는 것이 밝혀졌다.

세계화가 점점 빨라지고 있다. 동양이 서구화되어가고 서양 또한 동양적 가치들로 결합되고 있다. 리처드 니스벳은 세계화에 대한 다양한 학자들의 견해를 밝히면서, 동양 문화가 서구 문화로 통합되고 서양이 동양 문화를 받아들일 것이라는 견해보다는 '서양적인 것과 동양적인 것들이 서로 결합되는 상태'에 도달할 것이라고 예측했다. 20세기의 저명한 물리학자인 닐스 보어Nils Bohr는 양자역학에서 자신이 이룬 업적은 동양 사상을 물리학에 접목시킨 덕분이라고 주장했다. 그러면서 어떤 의미에서 우리 모두는 '이중문화적bicultural'이라고 강조한다. 현대사회를 살아가는 사람들은 다른 사람들과 더 친밀한 관계를 유지하려는 상호의존적인 특징과, 다른 사람들로부터 독립적인 존재로 살아가려는 독립성이 혼재한다는 것이다.

결론적으로, 동양의 '사상적 가치'가 더 우월하다거나 서양의 '과학적 사고'가 더 뛰어나다는 이분법적 접근으로는 질서와 무질서가 공존하는 현대사회를 제대로 이해할 수 없다. 다만 앞의 글 제목을 '가치의 전환, 서양에서 동양으로'라고 붙인 이유는, '무질서'를 제대로 이해하기 위한 새로운 접근과 전략이 새롭게, 그리고 절실히 요구되기 때문이다.

'질서'를 알기 위한 노하우는 이미 충분히 쌓여 있지 않은가? 프랙탈 방법론은 서양의 단순계 결정론과 동양의 복잡계 확률론, 이 두 줄기를 합친 것이다. 이러한 프랙탈 방법론을 이론적인 배경으로 하는 브랜드 X팩터 전략이 글로벌 시대의 새로운 브랜드 전략이고, '통섭과 융합'의 브랜드 전략 모델임을 마지막으로 강조한다.

브랜드에
대한
세 가지 사실

브랜드는
살아 움직인다

기업은 '살아 움직이는 생명체'라고 흔히 말한다. 많은 기업들이 '인간 존중 기업'이나 '사람 사랑'과 같은 슬로건으로 살아 있음을 에둘러 말하기도 한다. 하지만 브랜드에서 '살아 있는'의 진정한 의미는 무엇일까? 사회 공헌 차원에서 후원금이나 기부를 많이 하면 브랜드를 살아 있게 만들 수 있을까? 혹은 막대한 광고비를 들여 소비자 인지도를 높이면 살아 있는 브랜드라고 할 수 있을까?

　살아 있음을 이해하는 데 있어 복잡성을 회피해서는 안 된다. 복잡성을 최대한 단순화시켜 이해한다는 것은, 선형적 모형에 포함된 다른 어떤 변수들도 시스템에 외생적이며 따라서 많은 정보가 담겨 있지 않다고 여기는 것으로, 여기서 문제가 발생한다. 브랜드의 살아 있음에 대한 이해는 '내적 복잡성'과 '외적 복잡성'을 모두 포함할 때 비로소 본질을 볼 수 있게 된다. 이러한 관점에서, 브랜드가 살아 있다는 의미는 두 가지로 해석할 수 있다.

브랜드 내적으로 유기체의 관점을 갖는 것이다. 브랜드가 살아 있다는 인식은 어찌 보면 전혀 새로운 이야기가 아니다. 이전부터 경영 전략이나 브랜드, 마케팅 전략을 고민할 때 브랜드의 적응, 변화, 진화, 리더십, 개성, 정체성 등의 용어와 개념을 자주 사용하곤 했다. 이는 우리가 이미 브랜드를 살아 있는 유기체로 생각한다는 의미이다. 하지만 대부분의 경우 살아 있는 생명체로서 용어만 활용하는 것일 뿐, 실제 기업 경영이나 전략적인 접근에서는 지금까지 해온 대로 기계적인 방법론을 취하는 것이 일반적이었다.

근대화 이후 서양의 기계적 경영 모델이 과학적, 합리적, 효율적이라는 이유로 우리 사회를 지배하게 되었고, 복잡성을 배제하고 최대한 단순화함으로써 엄청난 성공을 거둔 것이 사실이다. '과학적 경영'은 표준화, 분업 체계 등의 방법으로 기업을 단순한 기계로 비유하여, 문제가 발생하면 고장난 부품을 교체하듯이 직원, 서비스, 제품을 바꾸는, 이른바 '소모품'처럼 인식한 것 또한 사실이다.

반면 유기체의 관점이란 기업 경영에서 '내부 직원들의 주체성'을 인정하는 것이다. 살아 있는 생명체는 안정적인 상태를 유지하기보다 오히려 동적인 상태를 만들어냄으로써 건강을 유지한다. 직원들이 주체성을 가질 때 기업은 끊임없는 변화를 통해 진화할 수 있으며, 따라서 더욱 건강한 기업이 될 수 있다. 살아 있는 직원과 조직이 살아 있는 기업을 만든다. 기업 경영자의 개인적인 의지와 철학과 비전으로 발전하는 시대는 이미 지나갔다.

브랜드 역시 마찬가지다. 과학적 경영, 기계론적 경영에서 좋은 브랜드의 의미는 '좋은 제품'과 동일한 개념이다. 브랜드 전략을 통해 '브랜드 개성brand personality'이나 '브랜드 정체성brand identity' 등을 부여하면 마치 생명이 있는 것처럼 보이지만, 이는 단지 정교하게 만들어진 인형에 불과하다. 지금까지 좋은 제품을 가장 잘 만들어온 국가는 일본이라고 할 수 있다. 특히 일본의 전자 제품은 세계적으로 유명하여 한때는 없어서 못 팔던 시기가 있을 정도였다. 하지만 지금은 어떤가? 일본의 소니, 파나소닉, 켄우드, 산요 등 좋은 제품을 만들어 세계를 호령하던 브랜드들이 이미 기억에서 잊히고 있지 않은가? 좋은 제품을 만드는 기업은 더 좋은 제품을 만드는 기업에게 그 자리를 내줄 수밖에 없다.

브랜드에서 유기체의 관점은, 브랜드는 살아 있는 소비자와 소통하고 교감하며 공명할 수 있어야 함을 뜻한다. 좋은 제품을 만드는 것도 중요하고 브랜드 정체성을 갖는 것도 중요하지만, 소비자와 함께 호흡하는 것이 브랜드를 살아 있게 만드는 데 더 중요하다. 앞에서 살펴본 브랜드 환경의 변화가 이를 뒷받침해준다. 변화한 환경에서 소비자는 브랜드에 대해 스스로 정보를 만들고 서로 공유하고 확산한다. 이들이 스스로 정보를 만들 수 있도록, 브랜드는 끊임없이 이들과 소

나오며

통하고 곁에 있어야 한다. 이들에게 좋은 제품 자체는 브랜드의 필요 조건이지 충분조건은 아니다.

　브랜드 외적으로는 '관계'의 관점을 갖는 것이다. 브랜드에 대한 유기체의 관점이 내적이라면, 소비자와의 '관계'는 외생적인 관점이다. 얼마 전까지 국내 기업의 브랜드 전략에서 관심을 끌었던 주제 중 하나가 바로 인문학과의 만남이었다. 인문학 관점에서 브랜드는 살아 있는 유기체이고, 그 핵심적인 개념이 '관계'이다. 따라서 '브랜드 인문학'이나 '브랜드 관계학'이라고 표현하며 브랜드에서 인문학적 관계의 중요성을 강조하고 있다.

　KAIST 바이오 및 뇌공학과 교수 정재승은 칼럼 「유니타스 브랜드」에서 브랜드와 인문학의 만남을 다음과 같이 언급했다.

　"과학자의 관점에서 봤을 때 브랜드를 정의하는 데 있어서 반드시 들어가야 하는 키워드는 '관계'라고 생각되는군요. 과학은 무언가의 보편적인 원리를 탐구하는 학문이잖아요. 다양한 브랜드들 사이에서 보편적으로 존재하는 것이 무엇인가라는 질문을 던져보았을 때, 그러니까 각각의 브랜드가 개별적으로 가지고 있는 유니크한 것이 아니라 대부분의 브랜드에서 보편적으로 찾아볼 수 있는 것이 무엇인가라는 관점에서 살펴보면 '관계'라는 키워드가 보입니다. 브랜드는 결국, 어떻게 관계를 맺고 있느냐에 대한 상징 기호라고 할 수 있어요. 과거에는 브랜드는 자신의 정체성을 확고히 다지고, 아이덴티티를 정립하여 다른 브랜드와 차별화하는 것이 중요했죠. 그러니까 '나는 누

구인가?'라는 질문에 대한 답을 찾으며, 구찌라면 구찌다움을, 루이
뷔통이라면 루이뷔통다움을 찾아가는 것이 브랜드에게는 가장 중요
한 길이었다고 생각합니다. 이러한 관점에서 브랜드 인문학은, '본질
이 무엇인가?'에 대한 답을 얻는 학문 정도로 표현할 수 있을 겁니다.
하지만 '관계'라는 새로운 화두가 열린 지금, 브랜드 인문학이라고 했
을 때는 '브랜드 관계학'이라고 정의 내려야 할 것 같아요. 그러니까
이제 브랜드가 질문해야 하는 것은 나는 누구인가를 넘어, 나는 누
구 사이에 서 있느냐, 내가 관계를 맺고 있는 사람들은 누구고, 나는
누구와 어떤 관계를 어떻게 맺고 있느냐라는 질문을 통해 내가 누구
인지가 아니라 나는 남에게 어떤 존재인가를 알아야 하는 거죠. 저는
이 관점에서 브랜드 인문학을 정립했을 때, 그것은 현재 기업에서 또
브랜드에게 너무나도 중요한 화두가 될 거라고 생각합니다."

그는 또한 브랜드 관계에서 단순히 '브랜드와 소비자 간의 관계 맺
기'에서 그치는 것이 아니라 '소비자와 소비자 간의 관계 맺기'를 인식
해야 살아 있는 브랜드임을 강조했다.

"과거에는 브리태니커 백과사전으로 상징되는, 그러니까 뭔가 정보
의 권위자가 정교하게 써내려간 그 정보에 사람들은 권위를 인정하며
가치를 부여했죠. 그런데 웹 2.0 시대가 되면서 위키피디아로 상징되
는 다수가 스스로 무언가를 만들어서 공유하는 시대가 펼쳐졌어요.
이때부터는 권위자가 사라지고 대신 'similar others', 그러니까 미적
취향, 정치적 의견, 세계관, 관심 등이 나와 유사한 사람들이 그 자리
에 서서 그들이 주는 정보가 가치 있는 정보가 되었습니다. 이처럼 나

와 어떤 방식으로든 관계를 맺고 있는 사람들이 중요해지는 사회가 대두되었기 때문에 소셜네트워크가 그 관계의 중심에 서게 된 것은 너무나도 자연스러운 현상이라고 볼 수 있지요. 이제 어떤 브랜드에 대한 정보를 알아보려면 SNS를 통해 나의 팔로어들에게 물어보면 됩니다. 팔로어들이 달아놓은 멘션이야말로 가장 신뢰할 수 있는 정보라고 인식되기 때문이죠."

정리하자면, 근대화 이후 20세기까지 서양의 기계론적 세계관의 영향으로 기업 경영에도 합리적 과학 경영이 대세를 이루었다. 그러나 이는 불확실성과 복잡함이 증가하고 열린 시스템으로 변화하고 있는 21세기의 기업 환경에서는 더이상 작동하지 않는 패러다임으로 점점 인식되고 있다.

기계는 아무리 복잡해도 질서만이 존재한다. 예측하기 어려운 상황이나 무질서는 살아 있는 유기체가 만든다. 따라서 새로운 브랜드 패러다임은 기업과 브랜드가 살아 있는 유기체라는 명확한 인식에서 출발해야 한다. 살아 있는 브랜드는 좋은 제품을 만들고 광고를 많이 하는 브랜드가 아니라, 소비자 곁에서 소통하고 교감하면서 상호작용하는 브랜드이다. 그것이 바로 살아 있는 소비자들과의 관계 맺기를 통해 살아 움직이는 브랜드가 되는 유일한 방법이다. 기업의 경영자나 담당자라면 브랜드에 대해 '잘 크고 있는지', '친구(소비자)는 잘 사귀는지', '어디 아픈 데는 없는지', '여전히 매력이 있는지' 등의 얘기가 자연스럽게 나와야 할 것이다. 그래야 죽어 있는 기계에서 살아 있는 브랜드가 될 수 있다.

브랜드는
전체를 봐야 보인다

살아 있는 유기체의 결합은 새로운 형태의 무엇인가를 만들어낸다. 우리들이 살고 있는 사회에서도 한 사람 한 사람의 개인은 이성적인 성질을 갖고 있지만, 이들이 수백 명, 수천 명 모여 집단을 이루면 군중심리라는 새로운 성질을 보인다. 또한 수많은 소비자들이 모여 형성된 시장도 일시적인 히트 상품과 유행을 만들어내는 등 개인으로서 합리적인 소비자와는 다른 새로운 성질을 보인다. 이처럼 '살아 있는 유기체가 모이면 새로운 성질을 획득한다'는 특성은 우리들이 살고 있는 세상에서 자주 나타나는 현상이다.

그러나 이러한 유기체적 특성을 이해하는 데 있어 우리가 최근까지 당연하게 여겨왔던 기계론적, 과학적 세계관은 한계에 다다르고 있다. 그중에서도 가장 두드러지는 것이 바로 '분석analysis'이라는 과학적 개념이다. 분석적 기법이란, 대상을 연구하기 쉽도록 크기를 잘게 분할하여 각 부분의 성질을 자세히 조사한 후 그것을 다시 '종합synthesis'함으로써 대상의 전체적인 성질을 이해하는 방법이다. 그러나 사회 대부분의 시스템이 열린 시스템으로 바뀌면서 비선형적 현상이 일상화됨에 따라, 과학적 분석 수단은 점차 그 한계를 드러내기 시작했다. 그 한계란 "분석을 위해 어떤 대상을 분할할 때마다 전체를 이루고 있는 진짜 중요한 무엇인가가 상실된다"는 것이다. 즉 이들 자연, 사회, 시장, 기업 등은 살아 있는 유기체로서 본래 복잡화하면 새로운 성질을 얻는 특성이 있기 때문에, 분석이라는 방법에 의해 분할되는 순간 그 새로운 성질은 사라져버린다는 이야기다. 따라서 분석을 위해 나누는 순간, 분할되기 전의 대상을 전체적으로 정확하게 인식하는 것은 불가능해진다.

살아 있는 유기체와 이들이 만들어내는 현상은, 전체를 있는 그대로 봐야 한다. '전체를 본다'는 의미는 사물의 구성 요소에 초점을 맞추어 보는 것이 아니라, 구성 요소들이 서로 맺고 있는 관계와 그들의 상호작용을 중심으로 보는 것을 말한다. 이는 구성 요소들의 관계와 상호작용의 결과로 나타나는 비선형적 현상 때문이다.

앞에서 설명한 시너지 효과를 꼭 기억해야 한다. 말 두 마리가 각각 4톤의 무게를 끈다고 할 때 단순히 이 둘을 더하면 8톤에 불과하지만, 두 마리가 함께 끌 때는 22톤을 끌 수 있다. 이는 부분의 합보다 힘을 합쳐 발생하는 상호작용의 요인이 더욱 크고 중요하다는 것을 말해준다. 이것이 시너지 효과다.

시너지 효과는 전형적인 비선형적 현상이다. 만일 시너지 효과를 부분의 합이 전체가 되는 선형적 논리로 설명한다면, 말 두 마리가 끄는 무게는 8톤에 불과하므로 두 마리 말이 서로 버팀목이 되어주면서 상호작용으로 만들어낸 14톤의 무게는 사라진다. 앞서 말한 대로 분석을 위해 나누는 순간, 분할되기 전의 대상을 제대로 이해하는 것은 불가능해지는 것이다. 결국 시너지 효과로 발생하는 14톤의 무게는, 종합적, 유기적, 연속적, 관계 속에서 파악하고 '전체를 볼 때'만 알 수 있다.

변화한 브랜드 환경에서는 소비자를 포함한 많은 구성 요소들이 더욱 복잡한 관계를 형성하고 다양한 도구들을 통해 상호작용한다. 이를 지금까지의 선형적인 브랜드 전략으로 접근한다면, 전체에서 매우 한정적인 부분만 이해하고 알 수 있게 된다. 그렇다면 살아 있는 유기체인 브랜드가 만들어내는 비선형적 현상의 전체를 보기 위해서는 어떻게 접근해야 할까?

시스템의 전체를 이해하기 위해서는 시스템 사고가 필요하다. 시스템 사고는 시스템의 메커니즘을 직관적으로 파악하여, 시스템을 효과적으로 변화시킬 수 있는 전략을 발견하기 위한 사고방식이다. 기존의 분석적 사고가 요소환원주의에 기반한 사고방식으로 시야를 좁혀가면서 사물을 관찰하는 것이라면, 시스템 사고는 포괄주의에 기반하여 시스템의 다양한 프로세스가 상호작용하는 것을 관찰한다. 분석적 사고가 죽어 있는 사물을 관찰하는 방식이라면, 시스템 사고는 살아 있는 유기체를 관찰하는 방식이다. 따라서 복잡한 시장 환경에서 만들어지는 다양한 상호작용, 특히 소비자에 의한 비선형적 현상들을 정확히 파악하려면 이들의 변화 패턴과 변화의 메커니즘을 전체적인 관점에서 이해할 수 있는, 시스템 사고로 전환해야 한다.

또한 분석적 사고의 요소환원주의는 하나의 원인에 의해 하나의 결과가 결정되는 시스템을 뜻한다. 이는 '전체는 언제나 부분의 합과 같다'는 인식을 전제로 하는 방법론이므로 '쪼개는 과학'이라 할 수 있다. 즉, 어떤 현상의 원인을 찾기 위해 쪼개고 쪼개어 최소 단위의 원인을 찾아 결과를 규명하는 논리로, 지난 수 세기 동안 근대 과학을 지탱해온 핵심적인 방법론이다.

　반면에 시스템 사고의 포괄주의는, 복잡해지고 변화한 시스템은 구성 요소의 단순한 합으로는 설명할 수 없으므로 전체적으로 바라봐야 한다는 접근 방식이다. 시스템 사고의 포괄주의를 정의하자면 '전체는 개별의 합보다 크다'가 된다. 이는, 전체는 개별 구성 요소의 합을 넘어서는 무언가가 있다는 관점이며, 이것이 바로 구성 요소들의 상호작용에 의해 나타나는 비선형적 현상이다. '합치는 과학'이라 할 수 있다.

　브랜드 역시 마찬가지다. 브랜드 전략 수립을 위해 전체적인 브랜드 진단을 할 때, 일반적으로 시장 점유율, 매출액, 경쟁사 동향, 소비자 인식 등을 분석한다. 그리고 브랜드 진단에서 얻은 시사점을 종합하여 브랜드 전략을 수립한다. 그러나 이러한 분석적 사고의 방법론에 의한 시사점은 여전히 전체를 담아내지 못한다. 살아 있는 유기체, 즉 경쟁사나 소비자가 만드는 역동적인 현상은 배제되어 있기 때문이다.

　고층 빌딩 위에 올라가서 아래를 내려다본 적이 있는가. 도로 위의 복잡하고 무질서해 보이는 많은 것들이 빌딩 위에서 보면 나름대로 일정한 질서가 있음을 느낄 수 있다. 수천 마리 개미들의 움직임 또한 바로 옆에서 보면 정신없이 바쁘고 흐름을 알기 어렵지만, 조금만 위에서 내려다보면 일정한 질서가 있다는 것을 알 수 있다. 브랜드가 만들어내는 복잡하고 비선형적인 현상을 이해하고 파악하기 위해서는 전체를 봐야 하고, 전체를 보기 위해서는 현미경보다 망원경이 필요하다. 브랜드 X팩터 전략의 시스템 사고가 망원경 역할을 할 것이다.

브랜드는
소비자가 만든다

"브랜드는 소비자가 만든다"는 말은 어찌보면 당연한 얘기처럼 들린다. 소득 수준의 향상, 다양해진 소비자 욕구, 치열해진 경쟁 상황에 따라 대량 생산, 대량 소비의 시대가 지나가고 소품종 소량 생산의 시대가 되었다. 소비자의 중요성이 커진 것이다. 게다가 정보의 대중화가 이루어지고 SNS 시대가 되어, 소비자의 목소리가 더욱 커졌음을 피부로 느낄 수 있다.

그런데 정말로 브랜드는 소비자가 만드는 것일까? 현실적으로는 그렇지 않은 경우가 더 많은 것 같다. 기업의 브랜드 담당자들은 깊이 있는 시장 분석과 고민 끝에 브랜드를 런칭하고, 적지 않은 광고와 마케팅 비용은 물론이고 전사적 노력을 들여 브랜드를 만들어간다. 즉, 브랜드는 기업이 만들고 관리해야 하는 대상인 것이다. 이는 다음의 브랜드 관리 전략에 잘 나타나 있다.

전통적인 브랜드 관리는 기업 차원의 전략적 브랜드 아이덴티티와 소비자 차원의 브랜드 이미지가 겹쳐지는 부분을 브랜드 관리 영역이라 하고, 마케팅과 커뮤니케이션 활동 등으로 이 부분을 넓혀가는 것이 기업이 해야 할 역할이라고 설명한다. 또한 이러한 활동을 통해 브랜드를 만들어간다고 생각한다.

그러나 지금까지 살펴본 바대로, 복잡하고 무질서한 시장에서 실제로 나타나고 있는 현상은 브랜드 아이덴티티와 브랜드 이미지의 공

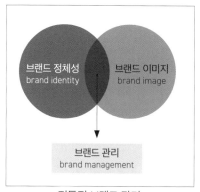
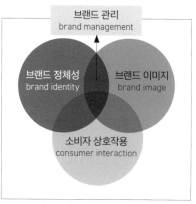

| 전통적 브랜드 관리 | 브랜드 X팩터 전략의 브랜드 관리 |

브랜드 관리 전략의 차이

통되는 부분 못지않게 소비자들이 스스로 상호작용하여 만드는 새로운 부분이 훨씬 중요하다는 것을 보여준다. 게다가 소비자들의 상호작용으로 만들어지는 부분이 바로 기존의 선형적 논리에서 배제되었던, 비선형적 상호작용에 해당되는 영역이다.

따라서 소비자들의 상호작용을 인정하고 그 중요성을 이해할 때, 비로소 제대로 브랜드 관리를 할 수 있다. 그리고 브랜드 관리란 기업이 브랜드를 만들어가는 과정이 아니라, 소비자가 브랜드를 잘 만들 수 있도록 관리하는 것임을 인식해야 한다.

그렇다면 소비자들이 어떻게 스스로 브랜드를 만들어갈까? 이 질문에 대한 답은 '자기 조직화'에 있다. 자기 조직화란 '외부의 의도적인 간섭 없이 구성 요소들의 상호작용을 통해 스스로 새로운 질서를 만들어내는 것'으로 정의할 수 있다.

아프리카 초원 지대에 사는 누는 건기가 되면 먹잇감인 풀을 찾아 넓은 대지와 계곡, 하천을 건너 새로운 초지를 향해 떠난다. 그들의 집단 이동은 말 그대로 장관을 연출한다. 다큐멘터리 해설에 따르면, 누떼는 새로운 초원 지대를 찾아 떠나기 전에 우선 그들의 우두머리를 뽑는다고 한다. 우두머리가 되기 위해 자발적으로 나선 몇몇 힘센 누들이 힘겨루기를 통해 최후에 남은 한 마리 누를 우두머리로 선정한다. 그리고 우두머리로 선정된 누는 이전의 경험에 따라 가장 적절한 시기에 가장 적절한 초원 지대를 향해 앞장서 달려나가기 시작하고, 나머지 수백, 수천 마리의 누들은 우두머리의 뒤를 일사불란하게 따른다는 것이다. 만일 그들이 어리석은 우두머리를 뽑았거나 우두머리가 잘못된 판단을 내려 엉뚱한 방향으로 갈 경우, 약육강식의 야생 초원에서 누의 희생이 커진다고 한다.

바로 이러한 설명이 단순계 패러다임의, 인과적이고 선형적인 접근 방식이다. 얼마나 명확하고 이해하기 쉬우며 합리적인 설명인가? 또한 우리에게 매우 익숙하여 충분히 설득력 있게 들린다. 우두머리 후보군에서 대장 누를 선발하고 선발된 대장의 결정에 따라 일사불란하게 움직이는 집단 이동 과정은, 인과적 결정론에 의한 선형성을 확실히 보여준다. 다른 설명이 끼어들 여지가 전혀 없는 듯 보인다. 새떼의 집단 이동 사례 역시 마찬가지로 분석하고 설명한다.

그러나 좀더 생각해보면, 이들 누떼에서 대장 역할을 하는 우두머리가 정말 있을까? 설령 그렇더라도 나머지 수백, 수천 마리가 그 한 마리 대장 누를 일사불란하게 따를 수 있을까? 앞장선 대장 누와 꽁

무니 쪽의 누는 수백 미터 이상 떨어져 있는데, 대장 누의 명령과 행동을 따르게 하도록 통제력을 발휘할 수 있을까?

지도자 역할을 하는 누가 나머지 무리를 통제한다는 추측은, 지금까지의 단순계 관점에 의한 분석 결과인 듯 보인다. 아니면 모든 누들이 인간처럼 고도의 지적 판단력까지는 아니더라도 최소한 통제력을 발휘하고 일사불란한 행동을 유지할 수 있는 사고 능력을 갖추었다고 판단해야 한다.

누의 집단 이동과 같은 행동은 새떼, 혹은 다른 동물이나 곤충 집단에서도 나타난다. 뉴스나 다큐멘터리에서 수를 헤아릴 수 없을 정도의 엄청난 메뚜기떼가 농촌을 덮쳐, 농작물은 물론 심지어 잔디나 야자수까지 모조리 휩쓸고 지나가는 장면을 본 적이 있을 것이다. 메뚜기들은 기본적으로 떼를 지어 사는 군집 형태의 곤충이 아니기에 이러한 집단적인 행태는 전문가들조차 이해할 수 없는, 매우 돌발적인 것으로 해석되곤 한다. 물론 원인을 캐어가는 인과론적 분석에 의하면, 전년도에 비가 풍족하게 내려 아프리카 대평원 지대의 땅이 흠뻑 젖어 풀이나 식물들이 잘 자라게 되었고, 그에 따라 메뚜기들이 왕성하게 번식할 수 있는 조건이 갖춰졌다는 것이다. 그리고 최적의 번식 기회를 거치면서 그 개체수가 주체할 수 없을 정도로 늘어나 메뚜기들이 먹을 풀이나 식물들이 턱없이 부족해지기 시작했고, 결국 서식 밀도가 높아져 먹이가 없어지면서 다른 지역으로 이동하게 되었다는 것이다. 그러나 이러한 분석과 설명에도 불구하고 어떻게 헤아릴 수 없는 수의 메뚜기떼가 집단으로 일사불란하게 움직일 수 있느냐는 여전히 의문으로 남는다.

전문가들은 메뚜기가 누 또는 새에 비해 지능이 특별히 좋지 않고 특별한 사고를 하는 것도 아니며, 지도자 역할을 하는 특정 메뚜기가 있어 조직을 이끄는 것도 아니라고 한다. 언제 어디서 집단을 이루어 이동하자는 약속이 각각의 메뚜기 유전자에 각인되어 있는 것 또한 아니다. 사실 이러한 현상은 서식 밀도가 충분히 낮을 때는 온순하게 따로 살던 메뚜기가 서식 밀도가 높아지자 어느 순간부터 강하게 상호작용하기 시작하면서 주변 메뚜기에 의해 자극받고 반응함으로써, 국소적이며 단순한 행동 규칙만으로 한 차원 높고 거대한, 새로운 질서를 만들어냈다는 것이다.

누떼와 새떼, 메뚜기떼의 예와 같이 비평형 상태에서 일어나는 자발적인 질서 창출이 바로 자기 조직화다. 즉 외부 간섭 없이 시스템이 스스로 구조를 갖추고 새로운 질서를 만들어내는 것을 뜻한다. 그리고 자연계와 사회 경제계에서 일어나는 광범위한 질서는 위에서 강제로 조직된 '하향식' 질서가 아니라 아래에서 자발적으로 조직된 '상향식' 질서다.

누떼와 새떼의 집단 현상처럼 스스로 질서를 구축하고 창발하는 자기 조직화 과정을 실제적으로 구현해낸 사람이 크레이그 레이놀즈Craig Reynolds이다. 그는 컴퓨터 시뮬레이션 프로그램으로 새들이 자기 조직화를 통해 새로운 질서를 구축해가는 과정을 정확히 보여주었다.

충돌 방지

가까운 새에
접근하면 멀어져
충돌을 피한다

속도 조화

가까운 새의
속도와 방향에
맞춰간다.

중앙 정렬

근처에 있는
새와 가까운 거리를
유지한다.

크레이그 레이놀즈의 무리 이론 Flock theory

시뮬레이션에서는 컴퓨터상의 공간에 새의 개체들을 무작위로 배치한다. 그러면 새의 개체들은 신속하게 하나의 무리를 형성하고, 진짜 새떼처럼 행동하면서 함께 비행하고 선회하고 장애물을 피한다. 특히 컴퓨터상의 새떼는 장애물에 부딪히는 순간 순식간에 흩어졌다가 다시 합류하여 날아가는데, 그 행동은 마치 생명력 있는 새들의 실제 행동과 다름없어 보인다.

시뮬레이션을 통해 알 수 있는 것은, 하나의 전체로서 살아 있는 집단이 보이는 행동은(무리의 일사불란한 움직임은) 개체들 간의 간단한 상호작용 법칙에서 창발하는 것이지 특정한 지도자 때문이 아니라는 것이다. 또한 크레이그 레이놀즈의 이 같은 작업은 집단의 움직임이 결코 한 마리 한 마리의 움직임의 합이 아니라 그 이상의 의미를 지니고 있음을 시사한다. 즉 '개individual'가 모여 전체를 이룰 때에는 전혀 다른 행동양식이 나타날 수 있으며, '개'에게는 없었던 다른 차원의 구조를 구성할 수 있다는 것이다. 크레이그 레이놀즈의 무리 이론은 시너지 효과와 마찬가지로 '전체를 봐야 알 수 있다'는 사고 틀의 필요성을 재확인해주었다. 새떼의 행동 요령은 비단 특정한 새 떼에 국한된 것은 아니며, 대평원을 이동하는 누떼와 개미떼에 이르 기까지 집단을 이루는 모든 무리에 해당된다.

또한 크레이그 레이놀즈의 새떼 시뮬레이션 사례에서 강조하는 점은, 세 가지 규칙이 무리 전체의 행동을 제어하지도, 무리 지으라는 강제적인 통제도 하지 않는다는 것이다. 다만 가까이 있는 새들과의 충돌 방지, 속도 조화, 중앙 정렬 등 '상호 관계'만을 규정할 뿐이다. 그리고 새 한 마리 한 마리의 행동 양식, 기후 조건, 서식하는 지역의 환경 등 다양한 세부 요인을 분석하고 종합하여 예측할 수 있는 현상이 아니라, 이들 무리 전체의 현상을 이해하고 파악해야 정확하게 재현해낼 수 있다는 점이다. 컴퓨터 시뮬레이션에 의하면 전체보다 작은 소규모 무리의 새떼에서도 역시 동일한 현상을 보인다고 한다.

자기 조직화 현상은 소비자들 사이에서도 나타난다. 온라인 쇼핑이 활성화되면서 전에는 볼 수 없었던 다양한 현상들이 생겨났다. 인터넷에서 활동하는 대형 동호회와 리뷰 사이트, 파워 블로그 등이 마케팅의 중요한 대상이 된 지 오래다. 네티즌들은 그들만의 공간에서 자신이 느끼는 욕구나 불만을 표출하고, 구매에 대한 상세한 정보를 스스로 게시판에 올리면서 다른 소비자들에게 이를 전파한다. 소비자들은 제품을 구매하기 전에 이들의 사용 후기를 읽어보고, 가격 비교 사이트에서 최저가 판매 업체를 검색하거나 저렴한 가격에 공동 구매를 추진한다. 또한 최근에는 해외에서 직접 구매하는 소비 행태도 일반적인 현상이 되어가고 있다. 게다가 다양한 SNS에서는 소비자들의 브랜드 관련 정보가 넘쳐나고 있다.

이러한 현상은 기업이 만들어가는 것이 아니다. 바로 소비자들 사이의 긴밀한 상호작용의 결과로 나타나는 자기 조직화의 한 단면이다. 자기 조직화는 마치 미사일의 원리와 같다. 적의 비행기를 추격하여 격추하는 미사일은, 직선으로 나아가는 것이 아니라 비행기의 경로를 뒤쫓아가 명중시키는 개념이다. 비선형적 개념이다. 수시로 변화하는 조건들을 극복하면서 예정된 목표를 향해 나아가는 것이다.

결론적으로 딥체인지 시대에 브랜드를 제대로 이해하기 위해서는, 브랜드가 살아 움직이는 유기체로서 소비자와 관계 맺기를 해야 하고, 시스템 사고로서 부분의 총합 이상을 나타내는 전체를 볼 수 있어야 하며, 자기 조직화를 통해 소비자가 브랜드를 만들어간다는 전략적 사고의 틀이 필요하다. 이러한 인식의 전환이 이루어져야 비로소 복잡하고 치열한 시장 상황을 뚫고 새로운 경쟁 우위를 창출하는 브랜드가 될 수 있고, 꼬리표를 가진 진정한 브랜드가 될 수 있으며, 소비자의 되먹임을 통해 진화하는 브랜드가 될 수 있다.

브랜드 X팩터가 새로운 질서를 만들어내는 강력한 브랜드의 필요충분조건이 아니겠는가?

"제품은 기업이 만들고, 브랜드는 소비자가 만든다."

감사의

말

선형적인 질서가 합리적이라고 생각하는 현실에서, 비선형적인 무질
서에 참값이 있다고 말하는 것은 외롭고 힘들다. 약 10여 년 동안 복
잡계─프랙탈 이론에 브랜드 전략을 접목하고자 분투하면서, 끝을
알 수 없는 어두운 터널을 달려온 느낌이다. 이번 『브랜드 X팩터』 또
한 내용 수정, 용어 정교화, 사례 보완 등으로 쉽지 않은 작업이었다.
그런 와중에 터널 끝에서 환한 빛을 밝혀준 소중한 분들이 있다.

먼저, 이번 책이 나올 수 있도록 시작부터 함께한 신현지씨, 김은영
부장에게 출간의 모든 공을 돌린다. 두 분이 아니었으면 이번 책은 없
었다. 또한 장순에게도 같은 마음을 전한다. 이미 브랜드 업계의 저명
한 저자이자 전략가인 최장순은 브랜드를 화두로 늘 따끈한 담론을
함께 나누는 멋진 친구다. 그리고 코끼리…

류현준과 최장순은 말로 표현하기 어려울 만큼 나에게 깊이 존재한다. 『브랜드 X팩터』에 진심으로 지지를 보내준 김현수 이사도 평생 잊을 수 없을 것이다.

무엇보다 출판사 아템포 신정민 대표의 열정에 고마움을 전한다. 새로운 인연이 꽃피울 수 있다는 생각이 든다. 편집을 맡은 박민주님과 디자인을 담당한 이현정 과장은 나의 의도를 단숨에 알아채고 한 술 더 떠 책의 완성도를 높여주었다. 모두에게 감사하다.

경영 컨설턴트의 길을 걷고자 학교와 학회 일로 날마다 밤샘 공부를 마다하지 않는 철우, 그리고 이기적인 두 남자를 늘 헌신적으로 보살피는 수련은 틈나는 대로 '브랜드 X팩터'에 대해 나와 대화를 나누며 지속적으로 영감을 주었다. 프랙탈 가족임을 자부하는 아내와 아들에게 미처 전하지 못한 사랑의 마음을 이 책으로 대신한다.

이분들과 이 책을 읽은 당신이, 『브랜드 X팩터』의 다다.

- 김규회 외, 『의심 많은 교양인을 위한 상식의 반전 101』, 끌리는 책, 2012
- 김용운, 『카오스의 날갯짓』, 김영사, 1999
- 김용운 외, 『프랙탈과 카오스의 세계』, 도서출판 우성, 1998
- 니스벳, 리처드, 『생각의 지도』, 최인철 옮김, 김영사, 2004
- 레이먼드, 마틴, 『미래의 소비자들』, 박정숙 옮김, 에코비즈, 2006
- 무어, 조프리, 『벤처 마케팅』, 유승상 옮김, 세종서적, 1997
- 박찬정, 『프랙탈 경영 전략』, 책든사자, 2009
- 심광현, 『프랙탈』, 현실문화연구, 2005
- 요시나가 요시마사, 『복잡계란 무엇인가』, 주명관 옮김, 한국경제신문사, 1997
- 윤영수 외, 『복잡계 개론』, 삼성경제연구소, 2005
- 이리야마 아키에, 『세계의 경영학자는 지금 무엇을 생각하는가』, 김은선 옮김, 에이지21, 2013
- 카우프만, 스튜어트, 『혼돈의 가장자리』, 국형태 옮김, 사이언스북스, 2002
- 코스코, 바트, 『퍼지식 사고』, 공성곤 외 옮김, 김영사, 1995
- 코틀러, 필립, 『마켓 3.0』, 안진환 옮김, 타임비즈, 2010
- 플로슈, 장 마리, 『기호학 마케팅 커뮤니케이션』, 김성도 옮김, 나남출판, 2003
- 홀런드, 존, 『숨겨진 질서』, 김희봉 옮김, 사이언스북스, 2001
- 히스, 칩, 『스위치』, 안진환 옮김, 웅진 지식하우스, 2010
- J. Paul Peter · Jerry C. Olson, *Consumer Behavior & Marketing Strategy*, Richard D Irwin, 1995

밀레니얼 세대

- 「'미래 기업 운영의 뇌관' 밀레니얼 세대 공략법」, 삼성뉴스룸, 2018년 1월 31일
  https://news.samsung.com/kr/?p=364340

방탄소년단

- 「'방탄' 키운 방시혁의 리더십 5가지」, 4차혁명트렌드랩, 2018년 10월 13일
  http://smnanum.tistory.com/621
- 「BTS 유엔 연설 이후 전 세계 반응은?」, 세계일보, 2018년 9월 29일
  m.segye.com/view/20180928005496
- 「정만기의 산업칼럼: 방탄소년단(BTS)처럼 미술의 글로벌 진출 위한 K-Painting은 불가능
  할까?」, 스타트업4, 2018년 11월 6일
  http://www.startup4.co.kr/news/articleView.html?idxno=11126
- 「방탄의 미국 열흘, 국가대표 된 것 같았다」, 중앙일보, 2017년 12월 11일
  https://news.joins.com/article/22191780
- 「'2조 5000억원' 가치 BTS 탄생시킨 사람들」, 이코노믹리뷰, 2018년 10월 4일
  http://www.econovill.com/news/articleView.html?idxno=346564
- 「빅데이터에서 방탄소년단은 '만수르'… 4차 산업혁명의 원유 뚫어라」, 국민일보, 2018년
  12월 1일 https://news.v.daum.net/v/gv5qTfJ7Sm?f=p
- 「BTS 팬클럽 아미 "우리가 함께라면 사막도 바다가 된다"」, 시사저널, 2017년 12월 27일
  http://www.sisajournal.com/news/articleView.html?idxno=172942

BMW 미니

- 채영석의 자동차 세상 블로그, 2014년 4월 10일
- 「BMW 미니狂들의 대장정 '미니런'…미치광이라 불러도 포기 못하는 이유」, 한경닷컴, 2014년 2월 23일

  https://www.hankyung.com/news/article/201402219218g

한국민속촌

- 「으~ 등골이 서늘하구나 한국민속촌의 쿨한 변신」, 중앙일보, 2013년 8월 16일

  https://news.joins.com/article/12353468
- 「국내외 문화예술단체의 활용 사례 '한국민속촌 SNS를 두드리다'」, 예술경영웹진, 2013년 3월 21일

  http://www.gokams.or.kr/webzine/wNew/column/column_view.asp?idx=1071&page=1&c_idx=36&searchString
- 「200 대 1 경쟁률 뚫고 정규직 된 거지의 사연은?」, 조선일보, 2017년 6월 8일

  http://news.chosun.com/misaeng/site/data/html_dir/2017/06/08/2017060800842.html
- 「소셜 마케팅 국내 성공사례 2: 한국민속촌, 전통의 재해석으로 고객과 함께 놀다!」, Contenta M, 2016년 1월

  http://magazine.contenta.co/2016/01/시리즈2-소셜-마케팅-국내-성공-사례-한국민속촌-전-2/
- 「한국민속촌 "우리의 경쟁 상대는 에버랜드나 롯데월드"」, 아시아경제, 2012년 9월 10일

  http://www.asiae.co.kr/news/view.htm?idxno=2012090923240353345

브랜드 X 팩터

성공하는 브랜드의 숨겨진 비밀

초판 1쇄 인쇄   2019년 7월 22일
초판 1쇄 발행   2019년 8월 2일

지은이   박찬정
펴낸이   신정민

편집   신정민 박민주
디자인   이현정
저작권   한문숙 김지영
마케팅   정민호 정현민 김도윤
모니터링   이희연 황지연
홍보   김희숙 김상만 오혜림
제작   강신은 김동욱 임현식
제작처   영신사

펴낸곳   (주)교유당
출판등록   2019년 5월 24일 제406-2019-000052호

주소   10881 경기도 파주시 회동길 210
문의전화   031-955-8891(마케팅) 031-955-3583(편집)
전자우편   paper@munhak.com

ISBN   979-11-967230-7-1 03320

• 이 도서의 국립중앙도서관 출판예정도서목록(CIP)은 서지정보유통지원시스템
  홈페이지(http://seoji.nl.go.kr)와 국가자료공동목록시스템(http://www.nl.go.kr/kolisnet)에서
  이용하실 수 있습니다. (CIP제어번호: CIP2019028605)